费秉勋古典审美三部

中国古典哲学的

玄与美

费秉勋 / 著

陕西新华出版　陕西人民出版社

图书在版编目（CIP）数据

中国古典哲学的玄与美 / 费秉勋著 . — 西安 : 陕西人民出版社 , 2023.10

ISBN 978-7-224-15066-7

Ⅰ.①中… Ⅱ.①费… Ⅲ.①古典哲学—研究—中国 Ⅳ.① B21

中国国家版本馆 CIP 数据核字 (2023) 第 167395 号

出 品 人 : 赵小峰
策划编辑 : 张孔明　彭　莘
责任编辑 : 姜一慧　王彦龙
整体设计 : 杨亚强

中国古典哲学的玄与美

ZHONGGUO GUDIAN ZHEXUE DE XUAN YU MEI

作　　者　费秉勋
出版发行　陕西人民出版社
　　　　　（西安北大街 147 号　邮编：710003）
印　　刷　西安市建明工贸有限责任公司
开　　本　880 毫米 × 1230 毫米　1/32
印　　张　10.75
字　　数　240 千字
版　　次　2023 年 10 月第 1 版
印　　次　2023 年 10 月第 1 次印刷
书　　号　ISBN 978-7-224-15066-7
定　　价　69.00 元

序

贾平凹

费秉勋，西安蓝田人。二十世纪六十年代曾在陕西省仅有的一家杂志社当编辑，八十年代任教于西北大学中文系。他当编辑的时候，我还是一名学生，经他力荐，发表了我第一篇作品，从此我走上了文学之路。我就一直叫他老师。

我们交往了五十年，既是师生，更为知己。同在一个城里，常常是一月两月没见了，想着该去看看他吧，他却就来了。但我们见面并没多话，喝喝茶，看着日光在窗台流过。他说走呀，起身就要走。我送他到电梯口，电梯口就是我的村口。

费老师除了教学、做学问，再就是搞文学与艺术的评论。他似乎从不在主流之列。出席会议，总是安静地坐在一旁，点名到他发言，拘束起来，脸上表情羞涩。但他每次观点独立，语惊四座。以至于任何场合，众声喧哗，到最后了，大家都扭头看他，听他怎么说。他的己见，或许不合时宜，引起一些非议，而时过境迁，他的观点又最有价值。

费老师拙于交际，但追随者甚众。

晚年后，他因老得丑了，闭门不出。我去看他，他有时面对着白墙，呆坐半天，有时却在从窗外射进来的光柱里数那些浮物，天真像个儿童。

他才情横溢，兴趣广泛，在文学评论上，音乐、舞蹈的理论研究上，颇多建树，而书法、操琴、卜卦又独步一时。

他形象柔弱，性格倔强，不趋利避害，自守清白。我读书读到古人的一联语，"秀才风味，前辈典型"，拿去让他看，说：你百年后我给你写这八个字。他说：我都死了要它何用？

他于二〇二三年七月去世，临终遗言：鸟儿喜鸣，我奔极乐。

费老师放下人世间的一切去了，而人世界却珍贵着他的著作。曾经出版的再版，散落的篇章收集在编，风气流传，现象可观。

2023 年 8 月 2 日

目 录

CONTENTS

老子发展观的前瞻性和难于实践

　　古往今来，产生过无数的哲学家，讲过各种各样深刻而动听的哲理，而当永恒的时间之钟走到二十一世纪的时候，站立在时空高端鸟瞰地球，便感到有迫在眉睫的问题，横亘在人类的面前，无法回避，日益严峻，亟待解决。这就是人类已面临各种空前危机：战争、海啸、地震、洪水、空难、飓风、毒品、奥密克戎、能源危机、物种灭绝、恐怖主义、水资源匮乏，等等，不断吞噬和毁灭着大片地球，而且这些危机还在日渐加剧。

　　譬如上述诸危机中的一项，就是物种灭绝。科学家研究指出，地球史上已发生过五次生物大灭绝，最严重的一次生物大灭绝发生在距今两亿五千万年时，灭绝的地球生物达百分之九十五。现在正经历着第六次生物大灭绝。《自然》杂志称，五十年后一百多万种陆地生物将从地球上消失。所不同的是，以前的生物大灭绝都是因为自然原因，而第六次生物大灭绝，即现在正发生的这次却是人类活动造成的，是人为的。以前五次是天灾，这一次是人祸。为什么前五次是天灾，而这一次是人祸呢？就是在前五次那段时间里，科学技术还未发展到相应的高度，人类活动对自然的影响还达不到现代这种力度。科学家发现，人类活动造成的生物灭绝比自然灭绝的速度要快一千倍，平均每小时便有一个物种灭绝。上面把地球危机说得那么可怕，并不是危言耸听，也不是杞人忧天，而是我们每一个人只要细心体察，都能感觉到的事实。

在这样的历史时刻，如何避免、减轻和延缓这些危机，就成了人类的首要课题，这样，老子也便成为人们最关注的一位东方哲学家。因为早在两千五百多年前，老子所提出并阐发的有关世界发展的主张，现在在现实面前一下子放射出了耀眼的光芒。

老子似乎清醒地预料到，人类如果越来越聪明机巧，科学技术和各种人类文明不断发展下去，随着人类对世界主宰的加深，上述的诸种世界危机必然会出现和爆发。所以他在《道德经》中为社会描画了一幅永不发展而保持原始、自足、纯朴、和平的美好蓝图："小国寡民，使有什佰之器而不用；使民重死而不远徙。虽有舟舆，无所乘之；虽有甲兵，无所陈之。使民复结绳而用之。甘其食，美其服，安其居，乐其俗。邻国相望，鸡犬之声相闻，民至老死，不相往来。"在这种社会中，人民无忧无虑，心静安适，没有奢求，没有争斗和倾轧。空气是清新的，流水是清澈的，草木是绿茂的，没有污染和破坏，大地的面目是千百年不变的。

　　老子是道家的宗师，《道德经》五千言，主要就是讲"道"的。其实，中国先秦的思想家都讲"道"，但"道"和"道"不同。《易经》也讲道。许多人以为《易经》是道家的书，在四库和十三经中，《易经》是以儒家典籍的身份出现的，客观地说，这部书是百家共有的中华文化财富。《易经》的"道"就不同于《道德经》的"道"。《易传》说"一阴一阳之谓道""形而上者谓之道""天地定位，山泽通气，雷风相薄，水火相射"，阴阳的对立、交感、往来变化，这就是"道"。所以"易道"强调运动变化。老子之"道"强调冲和虚静。"有物混成，先天地生。寂兮寥兮，独立而不改，可以为天地母，吾不知其名，故强字之曰道。""道之为物，惟恍惟惚。惚兮恍兮，其中有象；恍兮惚兮，其中有物。"在这里"道"是个神秘的东西，它是一种非物质的绝对精神，是"无"，却生出世界万物来。道生万物，而万物"复归其根，归根曰静，是曰复命"，万物最终要复归于道，道是静止的，常住不变的。这就是"易道"与老子之"道"的根本区别。前者积极，后者消极，而对消费地球来说，消极比积极好，可惜办不到。

　　几千年来，人类似乎有一个共识，恰好与老子这种主张相反，那就是人类越聪明越好，人类越发展科学技术，越能役使自然来供人享用，这就是世界的进步。人类没有想到一个问题——地球上供人享用的资源就是那些，不能再生；也没有想到，人类只是地球上的成员之一，人类应同其他地球成员平等相处，共享地球。人类以为他们的如意日子会万世不竭。而几千年自然和社会的现状，也一直把只有到一定历史时期才显露的危机包藏着，所以在两千多年时间里，《道德经》中只有那些深刻简约的辩证哲理，作为东方智慧被重视着。《道德经》中想指导社会的那些话，如"使民无知无欲""绝圣弃智，民利百倍""古之善为道者，非以明民，将以愚之""我有三宝，恃而宝之：一曰慈，二曰俭，三曰不敢为天下先""小国寡民，使有什佰之器而不用"等被视为消极、反动、谬误、可笑的胡言乱语。只有到了当今，世界的危机似乎开始总爆发，人类行为的弊端已为人们意识到，但这些行为已如射出的箭，难以收煞，想悬崖勒马，为时已晚。这时再来看老子的话对整个人类来说，句句都是金玉良言。

首先要解决一个问题，就是老子是不是仅仅是某一个阶级的思想代表？我说不是。在多年的《道德经》研究中，老子被说成是没落奴隶主贵族的代表，或者说是农民小私有者的代表，老子所考虑的是整个人类的去就和选择。要不然，他的话就只会有没落领主们或小私有者感兴趣，为什么过了两千五百多年，时至二十一世纪，老子的学说却得到不同阶层的重视，在几千年历史的思想长河中，他都堪称人类的思想精英。

只有认清几千年人类处置社会发展问题的重大失误，才能认识到《老子》的无限价值。地球资源虽然巨大而丰富，以至在几千年里人类意识不到这种资源最终是有限的，是可以枯竭的，对于这些资源（包括矿藏、森林、物种、水、土壤、空气等）是否珍惜爱护和尽量节制开发，直接关系到地球寿命的长短。资源的存在量与科

技的发展是成反比的，科技越发展，人类越富足，资源的存在量锐
减得越快，地球的寿命也越短。

现在全世界都在疯狂消费，醉生梦死，地球的衰飒还不是指
日可待吗？据说美国人口仅占全球的十七分之一，而每年所消耗的
矿物资源，却是世界年产量的三分之一，可见美国是多么厉害地消
费和毁灭着地球。而由于这种分配不公，穷国又不能正面做有效抗
争，于是恐怖应运而生。道理很简单，胡汉三花天酒地，潘冬子饥
寒交迫，前者还欺压后者，后者又无力与他正面交手，只有一把火
烧了他的房子，这就是恐怖主义。地球上的烦人事多得很，基本都
对地球寿命不利。我做个比喻，地球的寿命就像养电子狗。养电子
狗你养得越勤快，它长得越快，最后大到五百磅它就死了，得从头
再来，这就等于是地球的一劫。这个过程可以是一个月，也可以
是三天。养得勤快了，及时喂食、打扫粪便、治病，让它适时晒太
阳、玩耍、学习，它长得很快，几天就走向老死；如果少喂食，少
侍候它，只要维持不死，它可以活一个多月。这是因为在这个电子
宠物中，喂养它的电子能量是一个常数，快用早完，慢用迟完。老
子的世界发展观，说简单些，就是尽量处于自然经济状态，控制科
技发展，淡化人的物质欲望，简缩物质消费，从而保持环境的原本
面目，免受污染和破坏。这样，地球寿命的延长，可能是用千万年
计算的。

老子最核心的理论就是"无为"，"圣人处无为之事，行不言
之教。万物作焉而不辞，生而不有，为而不恃，功成而弗居"。"无

为"就是尽量不要干预自然，也不要干预其他人群，不打破自然界和人类社会的和谐性。作为统治者不要以赋役和政令扰民。人类不但不干预自然，还要向自然学习，"人法地，地法天，天法道，道法自然"，"道法自然"，就是"道"纯任自然，自然而然，以它自身本性为法则，根据自己本来的样子存在着。人在天地宇宙面前，要有敬畏之心。

比如 1998 年，我国长江地区暴发特大洪涝灾害，人民解放军英勇抗洪，牺牲了许多人，当时喊的口号是"战胜洪魔"。其实江河无罪，这一切都是人自己造成的。南方大发洪水，好像是长江的水太多了；黄河经常断流，好像是黄河的水太少了。其实长江的水并不多，黄河的水也不少。长江的洪灾是上游滥砍伐森林和破坏植被，泥沙大量下沉使河床升高造成的。黄河的断流是滥修水库和无节制地引黄造成的。大地上的大山大河怎样摆放，山向哪边高，水向哪方流，大自然是有章法和内在合理性的。老子说："天之道，其犹张弓欤，高者抑之下，下者举之，有余者损之，不足者补之。天之道损有余而补不足；人之道则不然，损不足以奉有余。"宇宙中的客观存在受到了某种总的调配。大自然造物主既公平又精妙，我们观察自然界有时会感到吃惊。近年来，以自然科学家为群体、以易学理论为指导进行新型学科构建的"科学易"派别中，创立了"地球经络穴位"说，已经对地核、地幔的测定和研究做出了卓越的贡献。这个学说，就是以坚信大地结构具备固有章法为基本观念而创立的。

人不能与天争职，人只能办人自己当办的事，不要越权去干预天和地的事。在这一点上，荀子和老子的观点是一致的。他们都强调"常"。荀子说"天行有常"，并说"不为而成，不求而得，夫是只谓天职"。不胡折腾，四时行焉，百物生焉，这是天的职任，人要越权去干天的事，荀子说这就成了"与天争职"，夺天的权，这是人的迷惑。老子说："复命曰常，知常曰明，不知常，妄作，凶！"回复到本性就是自然的常性，认识自然的常性可以说是明智；不认识自然的常性，夺天的权，这就是轻举妄动，胡作非为，一定会带来祸患。我国古代神话说，共工与颛顼争帝位，一时性起，拿头去撞不周山，天柱折，地维绝，故天倾西北，地陷东南。自远古以来中国大地即西北高而东南低，水从西北往东南流，这是水道的自然常性，就像人体，水从嘴里喝下去，从下边排出，人再口渴也不能来个下水上调。因为这是违背自然常性的。你看着混沌脸上没有眼睛、鼻子、嘴，倏和忽想当然给它动手术搞美容，凿七窍，结果"日凿一窍，七日而混沌死"（《庄子·应帝王》）。

老子的另一个重要主张是"愚民"。他说："古之善为道者，非以明民，将以愚之。民之难治，以其知之。故以知治国，国之贼；不以知治国，国之德。""绝圣弃智，民利百倍。""智慧出，有大伪。""民多智慧，而邪事滋起。"老子看到，人聪明了，天下的事就复杂了，人的聪明大部分是用来谋私并给别人打主意的。再者，人一聪明，欲望就多起来，老子说"不见可欲，使民心不乱"，所以要"常使民无知无欲"。老子这个观点非常荒谬，因为随着文化的传承和实践积累，个体人和整个人类都会越来越聪明，越有智慧，这是自然规律，老子嘴里不离"道"，却把这个"道"忽视了，并且背道而行，这是老子的荒谬。但是，如果把这·点放到他世界发展观的大背景下来考量，自然有其合理的一面，后世不是也有"难得糊涂"和"吃亏是福"的话吗？特别是关于制欲方面，在物欲横流、金钱崇拜的当今之世，老子的话犹不失为一帖应时的清凉剂。如他说的"罪莫厚于甚欲，咎莫憯于欲得，祸莫大于不知足"，你看，这对贪腐行为是一面多么对症的镜子。

与"愚民"相联系的，是老子反对改进工具，"小国寡民，使有什佰之器而不用"，也就是说效率可提高十倍百倍的工具不要使用。这类器具最易开启民智，激发创造性，这是老子最担心的。"民多利器，而家邦滋昏。"他认为先进工具一出现，天下就会陷于混乱。你可以说，这是反对社会进步，是反动的。对了，老子就是反对社会进步，而社会进步实际就是加速资源的消耗，亦即加速地球的毁灭。但是工具的革新，社会的进步，又都是历史发展的必然规律，是任何人也阻挡不了的。所以老子这个观点是高远的，又是荒谬的。

把老子这个观点发挥到极致的是庄子。《庄子·天地》描写，有一次，孔子的学生子贡在从楚国去晋国时，路过汉阴，碰见一个种菜的老汉。这老汉费了极大的气力，挖了一条道到河里去打水，把水舀到瓮里，然后抱着瓮给高处的菜地浇水。子贡对老汉说，有一种机械效率很高，又很省力，就是桔槔，事半功倍，你为什么不采用呢？想不到这老汉不但不感谢子贡，反而忿然冷笑说："吾闻之吾师，有机械者必有机事，有机事者必有机心。机心存于胸中，则纯白不备；纯白不备，则神生不定；神生不定者，道之所不载也。吾非不知，羞而不为也！"老汉说，你们这些孔丘之徒，到处沽名钓誉，神气将要消散，形体也将毁坏，差不多快完蛋了，连自身都弄不好，还能治理天下吗？你赶紧走你的路，不要影响了我浇地。子贡当时羞愧不已，走了三十多里路，还没缓过神来。回去给他的学生说：我曾经以为天下就孔子一个人是圣人，看来世上还有高人啊！和他们相比我们倒显得是计较名誉功利的俗人了。

从这里我们就可以理解老子为什么说"使有什佰之器而不用""民多利器，而家邦滋昏"了。提高到世界发展观的理论高度上来认识，就是反对科技进步和文明发展。只有这样才能造福子孙，拯救地球。但这在实际上是不可能的。北宋改革家王安石就写了一首诗发表议论："赐也能言未识真，误将心许汉阴人。桔槔俯仰妨何事，抱瓮区区老此身。"老子反对先进技术的理论，虽然有着他的深刻性，但处在科技向前疯跑时代的人，无论如何也丝毫不会考虑他的那些建言，认为他是胡说八道。

富有穿透力的哲理声音，往往会在遥远的历史天空中产生回响。1984年我在一次文学会上，听老作家朱定讲过一个故事。朱定和美国"垮掉的一代"的代表诗人金斯堡是好朋友，曾长期在金斯堡家里住过。他对朱定说，"现代化早已把美国搞腐烂了，你们中国为什么还要步美国的后尘，搞什么现代化！"金斯堡购买过很大一片山地，他说谁都可以到他的山地里去居住，但他是有条件的，就是不准把任何机器带进去，而且在里面必须过自给自足的农耕生活。你看这不是一个二十世纪的汉阴抱瓮老人或者说是一个现代的实实在在的老子主张的躬亲实践者吗？

金斯堡也许读过《老子》，我们可以说他是老子虔诚的学生。也许他根本不知老子为谁，那就是在两千五百年时间两端的两个人，从心灵深处发出了同一呼声，这呼声在长长的时间隧道两端发生了奇迹般的感应。

不特如此，这种历史的回声在西方变得越来越大。1972年《增长的极限》一书问世，对增长癖文化进行了批判。此书尖锐指出，由于地球资源、能源和容积有限，人类社会的发展和经济增长必然有一定的限度。用快速增长去求得社会发展，注定会使社会物质和能源两个方面达到极限，给人类带来毁灭性的灾难。接着，一部引起世界普遍震惊的书出版了，这就是美国学者杰里米·里夫金所著的《熵：一种新的世界观》。作者认为人类科学技术的迅速发展，正产生出比它创造出来的财富更多更有害于人类的垃圾。根据热力学第二定律，每当能量从一种状态转化到另一状态时，我们会得到一定的惩罚。这个惩罚就是我们损失了能在将来用于作某种功的一定的能量，这就是所谓的熵。熵是不能再被转化作功的无效能量的总和的测定单位。熵的增加就意味着有效能量的减少，每当自然界发生事情，一定的能量就被转化成了不能再作功的无效能量，这些无效能量就构成了我们所说的污染。

我现在挑这本书中的几段话，抄在下面，让大家看看老子的声音在当今西方学术界发出了怎样的回响。

> 人们为殖民手法（人类肆无忌惮对地球所有生态场所的控制和攫取）而自食恶果。就在人类竭力继续增加能源流通的时候，世界总的能源环境却在日益枯竭，浪费和混乱越来越严重。人类要生存，唯一的希望就是放弃对地球的掠夺，转而适应自然秩序。
>
> 我们的客观世界有朝一日将完成它的旅程而停止存在。然而我们却不愿接受这样一个事实，这恰如我们不愿承认个人在地球上的逗留时间有限那样。
>
> 我们每个人使用的能量越多，身后的所有生命的可得能量就越少。这样，道德上的最高要求便是尽量地减少能量耗费，这样做，我们便表达了我们对生命的热爱，也说明我们满怀爱意地支持所有生命的继续发展。
>
> 爱是对展开过程的一种最高支持行为。这就是为什么爱的最高形式是自我牺牲——为了维持生命本身，不惜委曲求全，甚至在必要的情况下，牺牲自己的生命。

两千五百多年前老子在世界发展观方面的学说，无比高远，无比清醒，代表了人类的最高智慧。但他的主张是抗不过人类利己的本性的，人类不断趋于聪明智慧的文化走向以及不断提高物质和精神享受的欲望，是谁也阻挡不住的。还因为老子的话在几千年里超出了人类的想象力，不可能为人类所理解。而当人类享用和经营地球真正撞到南墙的时候，他的话才引起全球的关注，并成为人类过热发展的清凉剂。这时候他的理论主张不但显出巨大的理论价值，而且具有指导实践的现实意义。

我用杰里米·里夫金的一段话来结束全文："复杂的技术和浪费性经济增长，只会毁掉我们人类的前程，我们为何还要执迷不悟？我们这一代人有机会开始一场地球变革，使濒临灭绝的世界进入有序的新时代。我们应为此而感到欢欣鼓舞！"

我理解的"神秘"

辩证唯物主义承认，对真理的追求是永无止境的，世界永远存在未被认识的领域，这些未被认识的领域，当然会有许多还未作为现象呈现到人们的感观中来，而也有不少却早在数千年中反复出现，呈现了神秘的吸引力，对人类的认识做出逗弄和挑战，探求者中有不少人为之倾泻了热情，付出了心力和生命。

人类可怜啊！他们在这些神秘现象面前，像一个痉挛的原始舞者，面对着崇拜而又恐惧的对象，忽而靠近，忽而退远，却始终未曾企及。有人说"神鬼打不倒"，说的正是人类这种认识的悲喜剧。虽然早在汉代，就出生了桓谭、王充等破除迷信的斗士，但直到二十世纪末科学技术突飞猛进的当代，穿西装和牛仔服的怕鬼信神的人却并不少。实证的西方科学虽然把握并控制了物质性的声光化电，却远没有扫描尽冥冥宇宙中操持事物运行变化的神秘的推动力。

有许多被中国人以其特殊思维和悟性掌握并讲出道理的东西，包括中国医学对疾病的辨析和治疗，其原理和认识路径都与西方科学大相径庭。中国人对人类认识的神秘疆域，似乎比西方现代人更接近，更了解，这一点是现代以来西方不少大科学家也承认的，难怪他们要把哲学和学术的视角转向东方。

数年之前，我们不加分析地抛弃了我国古圣所得出的关于神秘文化的认知成果，这显然是一个偏颇。对于这种偏颇，民众中就自发掀起纠正的潮流，这当然与国门打开之后西方文化流入而给予促进是有极大关系的。实在非常有趣，中国古人对神秘领域的认知成果，是中国民主斗士用西方工业革命以来的科学文化打下去的，现在是广大民众和善于探索的文化人，把打下去的东西又请出来，这个螺旋式的循环，周期大约是六十年。社会、文明、科学、文化其实就是这样向前发展的。

何谓"占"

中国占筮的本质根源无疑是巫术，但占筮却已挣脱了巫术，或者说它是巫术文化的理性化发展。它和巫术的相同之点是冀求解决依凭正常实践不能把握的机遇、命运、吉凶祸福诸问题；而随着历史的发展，主要是由于"易"的构建，占筮越来越表现出和一般巫术的根本差异。这种差异即巫术是一种带有神话性和戏剧性的感情发泄的行为，巫术的施行者都程度不等地处于某种迷狂状态，依靠其行为动作，诉诸人们的心理反应，以达到它的社会功能和文化功能。占筮在它的初期可能尚有着与巫术较多的共同点，而越到后来则越成为冷静的数理推衍，成为根据严密的逻辑和复杂的联系性，对宇宙间万事万物的一种特殊的认识和把握。它所尊崇的不是某种人格化的神奇力量，而是自然的数理规律，只是这种数理规律同社会人事中各种关系及性质间的沟通和关联，并不都具有客观的必然性，并不都是科学的。即使科学合理的成分，直至目前也还不能凭人们的一般认识和科学常识进行透彻而服人的解释。

从历史记载和文物来看，我国在殷商时代已经有了较为完整的卜筮制度。二十世纪初以来，在河南安阳的殷都故址发现了数以万计的卜骨和卜甲，就是殷商时代占卜的遗物。这些卜骨和卜甲上，有钻灼后出现的兆纹，有的还刻有卜辞。所谓卜筮包括两种类型，这就是"卜"和"筮"。"卜"指钻灼龟甲兽骨观察兆纹以定吉凶；"筮"指用蓍草演卦以占吉凶。从《尚书·洪范》记载商代旧臣箕子的话知道，殷商时代国家立有专门进行卜筮的"卜筮人"。《周礼》也载有朝廷设立大卜二人、卜师四人、卜人占人筮人各八员的制度。国王要决定国家大事，首先自己做慎重考虑，再和卿士商量，和庶民商量，并通过下筮决以疑难。从箕子所说的决策参考依据看，卜筮比人的意见更为重要。其中大致有六种情况：①国王、龟、筮、卿士、庶民意见一致，称为"大同"，事情大吉大利。②龟、筮和国王的主张一致，而卿士、庶民都反对，就照国王的主张行事，也是吉祥。③龟、筮、卿士赞同的事，王和庶民反对，即按龟、筮所占行事，也为吉利。④龟、筮、庶民赞同的事，王和卿士反对，按龟、筮所占行事，仍为吉利。⑤王与龟卜一致，卿士、庶民反对，占筮与卿士、庶民意见吻合，在这种情况下，内部祭祀等事可行，外部征伐等大事则不宜行动。⑥王、卿士、庶民一致同意的事，龟卜、占筮都不吉利，则不能行动，行动为凶。

先秦古籍中有不少关于卜筮的记载。《诗经》中的《绵》是周人陈述他们的祖先古公亶父率领部族迁移择居的史诗，其中写到当他们来到周原这片肥美的土地时，"爰始爰谋，爰契我龟。曰止曰时，筑室于兹"，经过龟卜，卜兆指示，就在这里筑室定居，大吉大利。《诗经》的《文王有声》中说"考卜维王，宅是镐京。维龟正之，武王成之"，记载周武王定都镐京时也用龟卜。周部族创业时，一些重大的人事抉择也是和占卜有关的。有一天，周文王要去打猎，首先进行占卜，其结论是今天将要有重大收获，但不是熊罴虎豹之类的猎物，而是上天赐给的一个辅佐他的重要人物。据说夏禹就是这样识得皋陶的，其卜兆就和这天的兆纹非常相像。果然出猎到磻溪时，遇到了已经八十岁的吕尚，经过谈话，感到确是一个非凡的人物。文王非常高兴，对吕尚说："我的先君太公曾说，要有圣人出来兴周，这个人就是您啊！我的太公早就盼望您了！"于是就把吕尚的号称为"太公望"，让他和自己乘坐一个车子回去，拜为国师。这都说明周人和殷人一样，对卜筮是很重视的。

周代的卜筮有一系列规定，如《礼记·曲礼》谈卜筮的时间时说："外事以刚日，内事以柔日。"就是郊外之事用奇日一、三、五、七、九（甲、丙、戊、庚、壬），郊内之事用偶日二、四、六、八、十（乙、丁、己、辛、癸）。卜日的规矩是，丧事先就远日卜，吉事先就近日卜。所谓就远日卜，如本月下旬先卜来月下旬，来月下旬不吉，再卜来月中旬；下中旬皆不吉，然后卜来月上旬。就近日卜，即在最近日中卜求吉日，近日无吉日，再由近及远求之。又有"卜筮不过三""卜筮不相袭"等规矩。所谓"小筮不过三"即占卜一次仍有疑，可占二次，二次还不能决定，可以占第三次，但须就此终止，否则就是一种亵渎行为。所谓"卜筮不相袭"，是对卜和筮的关系的规定，即龟卜不吉，不能再行占筮；占筮不吉，也不能再用龟卜。《周礼》等书又有"大事卜，小事筮""大事先筮而后卜"的说法。显然，卜比筮更受重视，即所谓"筮短龟长""筮轻龟重"。这一系列讲究之间有着明显的矛盾，说明有些规定在后来被逐渐推翻或做了新的修正。当政者对卜筮往往并不拘泥于陈规，特别是一些英明有识的君相，有了重大的政治或军事抉择后，主意坚定，根本不管什么卜筮的吉凶。早在公元前十四世纪，殷商的第二十王盘庚打定主意要把国都从山东曲阜一带西渡黄河迁到河南的殷地，遭到苟安的东方大奴隶主的反对，他们放出流言，煽惑民众反对迁都，其中所恃的一个重要武器就是攻击盘庚刚愎自用，不遵古制，不用龟卜。又如，武王伐纣时卜筮的结论是"大凶"，姜太公推开筮草蹈碎龟甲说："枯骨死草，知道什么吉凶！"东汉的王充说，蓍筮龟卜就像圣王的统治天下，卜筮的兆数恰如明君治世时出现的瑞应，其实都是一种偶然。瑞应无常，兆数诡异。对诡异的兆数，占者感到惶惑；无常的瑞应，引起人们的疑虑。武王伐纣时曾出现乌鱼之瑞，但是卜筮却是大凶，这两者就是矛盾的。如果说武王不该伐纣，就不应出现瑞应；如果说他应当伐纣，就不应出现凶卜。由此看来，卜筮是不可信的。

由于卜筮有着卜问神意的宗教神秘意义，所以卜筮所用的蓍草和龟也被神秘化。如说龟千岁而灵，蓍百年而神。蓍草生长到一百年才会长出百茎，蓍草长到百茎，上边便会有云气覆盖，下边便会有神龟守护。又据说占卜时用的龟，天子一尺二寸，诸侯一尺，大夫八寸，士六寸；占筮所用蓍草，天子九尺，诸侯七尺，大夫五尺，十三尺。

如果从殷商算起，卜筮到现在已经有三千多年的历史了，它作为一种民族文化的遗传基因，渗透在中国文化的深层，不同程度地影响着全民各层人的文化心理，直到现在及至今后很长的时期内，仍旧作用于各个文化层次的国民的深层文化意识中。无视这种实际存在的根深蒂固的文化现象，绝不是实事求是的、历史唯物主义的态度。正确的态度应当是积极地认识它、研究它。中国几千年的卜筮史告诉我们，仅用"迷信"二字给卜筮下判语，是肤浅的、简单化的做法，毫不唐突地说，这是一种科学和巫术相渗透相融合的文化事实。即使像巫术、神话、宗教等，作为带普遍性的人类文化现象，尚且有必要深入研究，何况其中存在着科学成分的占筮，更应当提到我国文化研究的日程上来。当然，对占筮中巫术与科学的剥离，似乎不是短暂的历史时期内可以办到的事情；然而又必须承认，随着世界数理科学和人文科学突飞猛进的发展，对中国占筮的科学认识和科学把握，将会日益成为现实，甚至会使它的科学应用价值绽放出惊人的光彩。对于文史工作者来说，第一步的工作主要是研究中国卜筮的起源，它在古代的历史地位，演变发展过程以及对中国文化的影响，而且必须深入其中，摸清它的全部底细，包括它的具体内容和技术方法。

春秋时的占筮，主要是用《周易》六十四卦的卦辞、爻辞和卦象推占吉凶。战国时产生了阐释《周易》经文的各篇传，这些阐发涉及自然科学和人文科学的各个学科，可以说是开放性的。到西汉，易学的地位大升，易学遂成为显学。刘汉初兴，易学本由田何一人传承。按《汉书·儒林传》，他是孔子易学的第六代传人。田何之后，易学的传授源流如下图。

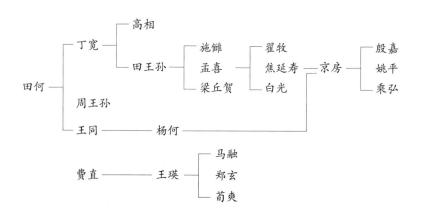

田何体系为今文《周易》。另有费直一系，不知传自何人，为古文《周易》。在西汉的易学派别中，焦延寿一派虽然出自孟喜，但多言灾异，走了另外一条路子。这一派传到京房，对占筮灾异则踵事增华，所以《汉书·儒林传》记载刘向称"诸《易》家说……大谊略同，唯京氏为异"。京房的易学著作达十余种之多，他创制纳甲之法，把五行引入筮法之中，使占筮发生了一个极大的转变，卦中分八宫，定世应、言飞伏，对后来的易卦占筮影响极为深远。

其后魏晋时期的管辂、郭璞，唐代的李淳风，宋代的邵雍，走的都是这一条路子。明清时期胡宏所著《黄金策》、程良玉所著《易冒》、野鹤老人所著《增删卜易》，纯以纳甲占卦，世应飞伏而外，对元辰、忌爻、旬空、月破、衰旺、刑冲等多有发明，卦术至此，更加周密详备，其影响及于市井和乡村。近人研究易学的，只有尚秉和、高亨两家重视占筮，但两人的主张和研究侧重又有很大不同。高氏摒弃象数，只重筮辞；尚氏则极重易象，他研读《焦氏易林》几十年，从中发现了许多为汉魏人所不知的《周易》古象。尚氏又对宋代邵雍的后天八卦说很表赞同，因此他在研究《周易》时又兼及纳甲。

《周易》到底是一部什么书

经常碰到有人问我："《周易》到底是一部什么书？"我如据实回答，他便没精打采了。我知道他希望我说"是本算卦书"，但我偏不这样回答。《周易》本来早已不是算卦书了，我说它是算卦书不是自欺欺人吗？

如果要调查我在易学方面的学术观点，我将十分肯定地表白我最重要的一个观点，这就是倡导"易"的"大用"。

当然，如果只说《周易》要用于科学研究，用于天文学、水文学、地震学，要用于决策科学和管理科学，这对于一般人来说，调子似乎有点过高。一个工人、普通公务员或扛镢头的老农，他会说："拉倒吧！我的文化水平只能达到看报、写信，这'学'那'学'跟我沾不上边！"那意思他只知道《周易》能算卦。

其实，即使对一个普通人来说，既要学用《周易》，也应注重其"大用"，而不要把兴趣倾注在算卦一类的"小用"上。对个人来说，《周易》的"大用"就是用它来解决完整的人生问题。《周易》不但告诉我们世界、自然、人事的产生、发展、变化规律，而且以其具象性给人以操作的启悟。这是与西方哲学思维迥异的一种独特哲学，因此学了《周易》，每个人都将程度不等地知道怎样面对人生、立身处世；怎样"自强不息"效法天的刚健运行，充分发挥自己的生命创造活力；怎样"厚德载物"效法地的宽厚和包容，处理好人际关系及人与自然的关系，以谋求稳定与和谐；怎样把握时机，待时而动；等等。这样，一个人便会成为自己的主人，掌握命运的航向。以《周易》作大用，人生就变得清醒、主动、坚韧。

以易学占筮，不过是符号模式的特殊比附，它往往可以与事物的实际性状和发展相吻合，但也常常与实际南辕北辙。一个对术数玩得再熟的人，也绝对不可能百发百中地预测事物，凡是说能百发百中的，都是撒谎和吹牛。但目下不少人得了时行的"荒谬症"，他就喜欢有人来对他撒谎和吹牛，上瘾一般从中得到某种满足，而对诚实的真话，则兴趣索然。

我对求卦者都有悲悯和同情，不是对他的遭遇，而是对他的人格。我觉得他像一个人生战场上狼狈的逃窜者。以《周易》为占筮之"小用"，虽然可以满足某种类似赌博的碰好运和一种期待的刺激，但最终只能使人意志、人格变得破碎和虚浮。

我虽然研究易学，但从来不给别人算卦，更不给自己和家人算卦。

让易学思维生活化

我们办了一个杂志叫《周易与生活》，有人一看这个刊物的名称，肯定会想：《周易》与我们的生活会有什么关系呢？《周易》那么难懂，哪能用到生活上来呢？再说，不要说一般老百姓，就是广大学者有几个认真拜读过《周易》，不都生活得好好的吗？说明《周易》与生活并不相干。

这样想也有道理。但大家应该知道，大部分人虽然没读过《周易》，但不等于完全不知《周易》的思想。《周易》是中国文化的总纲，它的思想渗透在传统学术的各个领域。中国文化以"道"统领，在诸子百家中，不光是道家讲"道"，各家各派都讲"道"，《孙子》为军事著作，首篇则说"一曰道，二曰天，三曰地，四曰将，五曰法"；《淮南子》首篇即是《原道》，称"夫道者，覆天载地……高不可际，深不可测"；《文心雕龙》是论文学的，而首篇却是《原道》。各家各派谈本派学说，都从"道"谈起，而《周易》则是其共同尊崇的经典。正如《四库全书总目提要》说的，"易道广大，无所不包，旁及天文、地理、乐律、兵法、韵学、算术"，易学思想甚至渗入民众的日常生活中，"百姓日用而不知"（《系辞上》），如民间谚语说的"三十年河东，三十年河西""话不可说尽，势不可使尽""太平本自将军定，不许将军见太平""十分聪明使九分，留着一分与儿孙"等，都蕴含着深刻的易理。这是因为各家各派中都融进了易学思想，造成中国文化的总特征，这对全民思想的影响是巨大的。中华文化普遍受着"易道"的指导，你能离开"易道"吗？正如《中庸》说的："道也者，不可须臾离也，可离非道也。"

既然你不自觉地受着易学思想的影响，你的生活和行为受益于《周易》的指导，何不就自觉起来，主动接触一下这部经典，有余力还可以来学习它，研究它，听别人来讲解它，我想这对你是绝对有好处的。

关于《周易》

在中国的古书中，《周易》和《山海经》是最奇特的两部。这跟它们都是"巫书"有关。《山海经》，鲁迅断为"巫书"。至于《周易》，古代研究它的学派很多，对这部书的许多问题，到现在仍然意见歧出，不一而足，但没有人否认这是一本占筮的书。因为中国的文学学术自古以来没有不带有神秘色彩的，于是《周易》便成了中国神秘文化的一部总经典，"以言者尚其辞，以动者尚其变，以制器者尚其象，以卜筮者尚其占"（《系辞上》）。不特卜筮者用《周易》来占断吉凶休咎，而且道家修气炼丹、医家辨证施治、儒家治国修身、理学家言天理性命、兵家论战阵变化，莫不以《周易》为理论依据。

一、《周易》经文的结构体例

这部书为什么叫《周易》呢？"周易"是什么意思？这是我们接触这部书首先会产生的一个疑问。

先说"易"字，这个字本来是一个象形字，整个字像一只蜥蜴在爬行，"日"是蜥蜴的头，"勿"是它的四肢和尾巴。另外，纬书解释"易"字说，这是一个会意字，是由"日""月"两部分构成的，表示日月运行，阴阳变化。这当然是汉儒的附会，因为这不会是文字初创时代人们的思维方式，原始文字不会有如此抽象的哲理意蕴。《说文解字》在解释"易"字时，以蜥蜴的意思为主，同时也备录了纬书的说法："易，蜥易。蝘蜓、守宫也，象形。《秘书》曰：日月为易，象阴阳也。"可能蜥蜴的形体和颜色都富于变化，所以就从它身上引申出变易的意思来。这样说来，纬书的说法也不是没有道理的，这个解释融进文明时代人们的宇宙观。东汉经学家郑玄认为，《周易》的"易"字包括三层含义，这就是易简、变易和不易。"易简"是说它的概括性；"变易"是说它所阐发的宇宙万物的运动变化性；"不易"是说它所揭示的规律性。还有些学者，如清代的朱骏声、近代的高亨等认为"易"就是"覡"的假借字，覡即巫，在古代是管卜筮的，所以把占筮之书称作"易"。

《周易》虽在春秋时代就可简称为"易"，但当时实际还有别的易书，只不过《周易》的影响最大罢了。另外还有两部较有影响的易书是《连山》和《归藏》，也都是用六十四卦。《连山》《归藏》至秦汉已衰微，至晋永嘉之乱中，基本散佚失传。据说《连山》以艮卦为首，艮象为山，内外卦皆艮，故称"连山"；《归藏》以坤卦为首，万物皆藏于地，故称"归藏"。

那么，《周易》的"周"字又是什么意思呢？汉郑玄、唐陆德明都认为"周"是普遍的意思，"周易"就是易道放之四海而皆准、普遍贯穿于自然人事的各个方面的意思。为《周易》王弼注作"疏"的孔颖达则认为"周"是指朝代，即《周易》标示出此书为周代产生的易书。目前，赞同两种意见的学者都有。在我们看来，对"周"字的不同理解，对于研究《周易》关系不大，知道《周易》是一部关于宇宙万物结构关系及其运动变化的占筮书籍就行了。

我们说的《周易》，一般包括"经""传"两部分。"经"的部分无章无节，和一般书的体式不一样，是以卦为单位的，分上经、下经两部分。上经从"乾""坤"到"离"，共三十卦；下经从"咸"到"未济"，共三十四卦。上下经合起来共六十四卦。每卦先列卦画如 ䷀、䷁、䷂ 等。一般挨着卦画的右方或下方还写明内外经卦名，如在屯卦画 ䷂ 右方或下方写"震下坎上"或"下震上坎"，在蒙卦画 ䷃ 右方或下方写"坎下艮上"或"下坎上艮"。然后另起一行，与卦画平齐，写卦名"乾""坤""屯""蒙"等。接着卦名写卦辞，如屯卦的卦辞是"元亨，利贞。勿用有攸往。利建侯"。接着卦辞，再从初爻到上爻，写每爻的爻辞。这里我们举

《周易》中蒙卦的全部经文为例，以见《周易》经文体式之一斑：

☶ 坎下
　 艮上

蒙，亨。匪我求童蒙，童蒙求我。初筮告，再三渎，渎则不告。利贞。

初六，发蒙，利用刑人，用说桎梏，以往吝。

九二，包蒙，吉，纳妇，吉，子克家。

六三，勿用取女，见金夫，不有躬，无攸利。

六四，困蒙，吝。

六五，童蒙，吉。

上九，击蒙，不利为寇，利御寇。

可以看出，每卦经文，包括四个部分：①卦画；②卦名；③卦辞；④爻辞。

卦画：传说八卦符号是伏羲氏创制的，每个经卦由三个爻画组成。爻画分阴阳两种。"—"为阳爻，"--"为阴爻。由这两种爻画组成的卦共八个，即乾 ☰、坤 ☷、坎 ☵、离 ☲、震 ☳、巽 ☴、艮 ☶、兑 ☱。八卦中的每个经卦（三爻之卦）与自身和其他七个经卦相重叠，可成为八个重卦（六爻之卦），这样八八共得六十四个重卦。《周易》经文中的"卦画"即是由六个爻画组成的卦体，如 ䷀、䷁、䷂、䷃ 等。

卦名：原来可能并无卦名而只有卦画，卦名是从卦辞、爻辞中产生的。一般为卦辞中的第一个字，或前两个字，如"泰""否""小畜""中孚"等。在大多情况下，作为卦名的字，在爻辞中出现得最多。如蒙卦中的"蒙"字在初、二、四、五上爻中都出现了；需卦中的"需"字在初、二、三、四、五爻中都出现了；同人卦中的"同人"二字在初、二、五、上爻中都出现了；观卦中的"观"字在六爻爻辞中全都有。当然也有个别卦名在爻辞中并不出现，如"大畜""既济"等。

卦辞：卦辞概括全卦的内容和吉凶休咎。有些卦的卦辞较长，如坤卦卦辞是"元亨，利牝马之贞。君子有攸往，先迷，后得主，利。西南得朋，东北丧朋。安贞吉"。有些卦的卦辞非常简短，如大有卦的卦辞只有"元亨"两个字，大壮卦的卦辞只有"利亨"两个字，家人卦卦辞为"利女贞"，睽卦卦辞为"小事吉"。一个卦为什么写这样的卦辞，一般认为主要是根据卦象来的，有这样的象，才系这样的辞，才断这样的吉凶。从西汉以来的大部分易学著作，其内容主要就是对每卦卦爻辞的阐释。

爻辞：系于卦中各爻的文字称作爻辞。每爻先冠以该爻的爻位和阴阳性质（用"六""九"二字表示），如"初九""六二""九三"等，高亨先生称作"爻题"。六爻的次序是从下往上数，其爻位是第一爻称"初"，第二、三、四、五爻分别称"二""三""四""五"，第六爻称"上"。其阴阳性质阴爻称"六"，阳爻称"九"。如乾卦☰从下到上的爻题分别为"初九""九二""九三""九四""九五""上九"；又如既济卦☲从下到上的爻题分别为"初九""六二""九三""六四""九五""上六"。每爻先标爻题，爻题之后写爻辞。同一卦的各爻爻辞都有一定的联系，一般易家认为爻辞是据爻象即此爻在该卦中所处的位置及与他爻的关系而写成的，大多是用具体事物形象说明抽象道理以指示休咎。如乾卦爻辞为："初九，潜龙，勿用。九二，见龙在田，利见大人。九三，君子终日乾乾，夕惕若厉，无咎。九四，或跃在渊，无咎。九五，飞龙在天，利见大人。上九，亢龙，有悔。用九，见群龙无首，吉。""用九"为乾卦所专有，"用六"为坤卦所专有，其他卦都没有。

卦辞、爻辞是谁写的，从来都有不同的说法。西汉的司马迁、扬雄，东汉的班固、郑玄，都认为周文王演周易，即卦爻辞为文王所系。东汉的王充、马融等人，又说是文王作卦辞，周公作爻辞，唐代的孔颖达、宋代的朱熹等人相信此说。从卦爻辞的实际内容来看，这些说法都不可信。《周易》的经文应当是殷周之际长期积累、汇录占筮资料的产物。《周礼》说，当时的制度是，每次的卜筮的事情结束之后，便把要占问的事情和相应的卜筮结果，一起写在祭神的帛上，作为档案收藏起来，以便到年终查验卜筮的准确程度。我们推想，这样经过几年的积累，便可以筛选出一些著名的有奇验的筮案，编为一册。后来的人又在此基础上补缀修订，并加一些哲理性的话进去，就成为六十四卦俱全、每爻都有爻辞的书册了，这就是《周易》经文的基本面貌。

二、周易大传

"传"就是对"经"的解释和阐发。《周易》的传和其他先秦经书的传不同。其他经书的传，形式比较单纯；《周易》的传，却有七种之多，这就是《彖》《象》《文言》《系辞》《说卦》《序卦》《杂卦》。其中《彖》和《象》，随经分上、下两篇，也便有《彖》上、下篇，《象》上、下篇；《系辞》独立成篇，因篇幅较长，也分上、下。这样，《周易》的传就共有十篇，古人称为"十翼"，这就是"周易大传"。司马迁、班固都说周易大传为孔子所作。宋代的欧阳修认为不是孔子所作，也非出于一人之手。清代有些学者与欧阳修持相同的看法，但也还有皮锡瑞等相信司马迁、班固的说法。近人尚秉和就认为"十翼"为孔子门人辑录荟萃孔子之说而成，"十翼非孔子不能为，不敢为"。不过就总的情况看，易传非孔子所作，到今天基本上已为学术界所公认。

周易大传是解释阐发《周易》经文的，大部分出自战国时期学者之手，本来不与经文相连属，到东汉的郑玄为《周易》经文作注时，则将易传的《彖》《象》和经文合到一起；到曹魏时代的王弼，则将《象》分拆开来，插于相应的卦辞、爻辞之后，又把《文言》分附于乾、坤两卦之后。我们今天所看到一般《周易》的本子，就是这样的体式。

下面极简要地概述一下易传各篇的内容。

《彖》

"彖"字的本义是猪跑动的意思，易传中的"彖"字不按本义用，而是一个假借字。古人注《周易》时说："彖，断也。断定一卦之义。"《彖》传是专门解释每一卦的卦辞的。解释卦辞时，一般都以卦画、卦象为依据。如屯卦卦辞是"元亨，利贞。勿用有攸往。利建侯"。《彖》传则说："屯，刚柔始交而难生。动乎险中，大亨贞。雷雨之动满盈，天造草昧。宜建侯而不宁。""刚柔始交"指内卦的震 ☳ 而言。震为一阳始生，即乾交于坤的初爻，乾为刚，坤为柔，所以说"刚柔始交"。"难生"指外卦的坎 ☵，象征天地（乾坤）交会，坤体内受孕而难产。"动乎险中"是内外卦合说，"动"指下震，"险"指上坎。（《说卦》："震，动也；坎，陷也。"）"屯"字表示草木萌芽才穿透地皮而未得到伸展的情况。震为雷，坎为水，所以说"雷雨之动满盈"。"天造草昧。宜建侯而不宁"，是说雷雨满盈，天地交媾，这正是天地造物的杂乱冥昧之时，应当立君治理，但必须加倍努力，不遑宁处，而不可苟且偷乐。

《象》

《象》传是阐释卦辞和爻辞的。阐释卦辞的《象》传称为大《象》，阐释爻辞的《象》传称为小《象》。仍举屯卦 ☵ 为例。其大

《象》说：“云雷，屯，君子以经纶。”屯卦震下坎上，水在雷上，将雨而未雨。君子治理杂乱冥昧的乱世，犹如绩麻治丝，定要理出头绪来。其小《象》如下：

初九《象》说：“虽磐桓，志行正也。以贵下贱，大得民也。”指初爻居二阴之下，徘徊不前，但却有行事的志向，阳贵阴贱，初爻贵而处下位，大得民心，可以为君。

六二《象》说：“六二之难，乘刚也。十年乃字，反常也。”二爻为阴爻，其下初爻为阳爻，阴爻在阳爻上叫“乘”，这里是“二乘初”，所以说“乘刚也”。六二为初爻所迫，但贞洁自守而不嫁，等待十年，乃反于常情，嫁与正应的五爻。

六三《象》说：“即鹿无虞，以从禽也。君子舍子，往吝，穷也。”“即鹿无虞”“君子舍”“往吝”都是爻辞中的话，是说六三爻以阴爻居阳位而不中，硬欲逞强，就像没有驱兽人打猎，只能跟在猎物之后乱跑而放掉猎物。在这种情况下还是舍弃田猎，否则将会招致悔恨和困境。

六四《象》说：“求而往，明也。”这是解释六四爻辞“求婚媾，往吉，无不利”而说的，指六四爻阴柔，无力济难，下求初九；初与四应，欣然上往。

九五《象》说：“屯其膏，施未光也。”指九五爻虽居正位而陷于二阴之中，坎体虽积膏润，不能下施以光大。

上六《象》说：“泣血涟如，何可长也。”“泣血涟如”是上六爻辞中的话，指等待变动出险，以至流泪泣血。上六为屯卦之终，终则当变，岂能长此以往！

《文言》

《文言》分附于乾、坤二卦之后，是专门阐释乾、坤二卦的卦爻辞的。乾《文言》篇幅较长，先从卦德角度解释卦辞，后从人的道德修养阐释爻辞。又从人事、阳气变化两个方面分论六爻，并进一步对《象》传进行解释，最后仍归结到人的修养。坤《文言》较短先论述卦义，后阐释爻辞。

《系辞》

这是周易大传中理论色彩最浓的文章，分上、下两篇。《系辞》传对"易"做了高深的论述和阐发，在易传中具有纲领性。全文从宇宙观入手，论述了"易"的绝对真理性。圣人根据宇宙本体及阴阳变化的自然规律而制易，人只有体现这种规律以加强道德修养，立身行事，才能立于不败之地，文中剖析了"易"的数理依据和数理推衍原理，把占筮纳入天地自然的对立统一变化规律之中。

《说卦》

这是论述八卦卦象的专文。八卦取象分几个层次，其最高层次是以总体把握的宇宙图式为基点，把八卦卦象纳入宇宙的结构和运动变化的大框架中去，这就是天、地、风、雷、水、火、山、泽八个自然大象。第二个层次是以人做比附，这包括人际关系（乾为君为父，坤为众为母，震为长男，巽为长女，坎为中男，离为中女，艮为少男，兑为少女）和人体本身（乾为首，坤为腹，震为足，巽为股，坎为耳，离为目，艮为手，兑为口）。第三个层次是"远取诸物"，在这个层次中，八卦被赋予各种细琐事物的象征意义。所谓卦象，除了象征具体事物而外，还包括八卦所具有的性质、作用、形态和相互关系等。

《序卦》

此文解释上下经六十四卦的次序，牵强而费解。

《杂卦》

此文用极短的语言去解说卦义，大部分将互为"倒象"的二卦放在一处。次序错杂，不同于经文次序。

有不少研究者将《周易》的"经"与"传"严格分开，以易传多不合经义而贬低它的价值，想抛开周易大传去探讨经文的原始含义，这种泥古态度实不可取。一方面我们应当看到"传"与"经"的联系性，它毕竟表述了古代学者对《周易》经文的理解，这一点战国时期的人有长于我们之处。经文所涵蕴的许多隐秘意义，在易传中得到揭示，不然的话，易经传到今天在很大程度上就会成为一部难以索解的天书。另一方面应当认识到，周易大传是对《周易》原经的一种伟大发展，这种经过发展的思想文化财富，其学术价值和应用价值并不在原经之下。我国古代能产生数千种易学著作，这和易传所提供的丰富的概念、命题和哲学思想是分不开的，作为思想文化，它比原经放射出更多的光彩，极大地激发了古代学者研究探索的热情。

易卦常识

用于占筮的《易》，在西周时有三种，即《连山》《归藏》《周易》。其后《连山》《归藏》失传，所谓"易"，即指《周易》而言。《周易》的主要因素是"象""数""理""占"。近年出版的易学书籍，大部分是对《周易》经传文字的诠释，与占筮的直接关系不大。这里我们将避免和这些书籍内容的重复，对于《周易》的义理即卦爻辞所包含的哲学思想和社会内容，一般不再涉及，而尽量通俗系统地介绍一下有关"象""数""占"的易卦知识。

一、八卦和六十四卦

关于"卦"字的本义，《说文解字》说："卦，所以筮也，从卜圭声。"这种解释隔靴搔痒，仍然不能让人明了"卦"字的原本含义，因为我们仍然会有疑问：占筮为什么就要用"卦"字？《周易》孔颖达疏引《易纬》说："卦者，挂也。言悬挂物象以示于人，故谓之卦。"这是用声训诠释"卦"的含义的，就是说，"卦"和"挂"的意思是有联系的，也就是说"卦"是指一种最原始的表意符号。这种诠释也许比较接近于"卦"字的本义。

所谓"八卦"，就是乾 ☰、坤 ☷、震 ☳、巽 ☴、坎 ☵、离 ☲、艮 ☶、兑 ☱。可以看出，八卦的每一卦都是由三个"—""--"符号组成的。"—""--"称作爻，"—"是阳爻，"--"是阴爻。《系辞上》说："一阴一阳之谓道。"爻分阴阳，就给占筮中由爻画组成的卦及其变化，赋予了万物的属性、结构、联系、变化的丰富而复杂的含义，使占筮具备了高度概括和象征的功能。

由三爻组成的这八种卦称作"经卦"。《系辞上》说："八卦而小成。"朱熹注说："谓九变而成三画，得内卦也。"所以八种经卦又称"小成之卦"。八种经卦象征着宇宙间八种大的自然现象，这也就是乾为天，坤为地，震为雷，巽为风，坎为水，离为火，艮为山，兑为泽。八卦各有着丰富的取象，而天、地、雷、风、水、火、山、泽则是八卦最基本最主要的卦象。

熟记由三爻组成的卦画符号，是最基本的易卦常识。朱熹在《周易本义》中编了一首《八卦取象歌》，对于记忆八经卦的卦画符号有一定作用。其歌诀曰："☰乾三连，☷坤六断，☳震仰盂，☶艮覆碗，☲离中虚，☵坎中满，☱兑上缺，☴巽下断。"

《系辞上》传有一段话，可解释八经卦的生成和含义："易有太极，是生两仪，两仪生四象，四象生八卦。"太极指宇宙本源，即天地未分之前，是浑然一体的元气。太极分化，生出阴阳，一阴一阳的对立状态就是"两仪"。就大的方面说，阳轻清上为天，阴重浊下为地；从小的方面看，万事万物都有阴阳；体现在卦上就是爻画"—""- -"。这可以视作卦的初爻。在天地阴阳之上，又产生了"四象"，即春、夏、秋、冬的四时代序；体现在卦上就是—、- -之上再生—、- -，形成 ⚌、⚎、⚍、⚏。⚌ 为少阳，象征春；⚌ 为老阳，象征夏；⚍ 为少阴，象征秋；⚏ 为老阴，象征冬。这四个符号可视作卦产生了初、二两爻。在天地四时运行之后，形成宇宙间各种物象，其中最基本的八种自然物象为天、地、雷、风、水、火、山、泽；体现在卦上就是"四象"之上再生阴阳：老阳 ⚌ 之上生阳成 ☰ 乾（天）；生阴成 ☱ 兑（泽）。少阴 ⚍ 之上生阳成 ☲ 离（火）；生阴成 ☳ 震（雷）。少阳 ⚎ 之上生阳成 ☴ 巽（风）；生阴成 ☵ 坎（水）。老阴 ⚏ 之上生阳成 ☶ 艮（山）；生阴成 ☷ 坤（地）。这是八个经卦。

正如《说卦》说的，"《易》六画而成卦，《易》六位而成章"。单独的经卦不能占筮，占筮的卦为六爻的"大成之卦"。六爻的生成仍是一爻一爻往上加的，其法是用蓍草分二，挂一、揲四、归奇，经过此四营而为一变，经三变而成一爻。一爻三变，六爻共经十八变，即《系辞上》所说的"十有八变而成卦"（关于演卦问题详后）。这种六爻之卦对三爻的"经卦"来说，称为"别卦"；对"小成之卦"来说，称为"大成之卦"。

别卦六爻的次序是从下往上数，依次为初爻、二爻、三爻、四爻、五爻、上爻。阳爻称"九"，阴爻称"六"。一个别卦的阳爻，自下而上称为初九、九二、九三、九四、九五、上九；阴爻，自下而上称为初六、六二、六三、六四、六五、上六。

六爻之卦还可以视作两个经卦上下相重叠，所以又称"重卦"。重卦的上下两个经卦，下边的称内卦，上边的称外卦。春秋时期称内卦为"贞"，外卦为"悔"。重卦共六十四个，即以每一经卦为内卦，其上每配一经卦为外卦就成为一个重卦。如乾下乾上为☰，仍称乾卦；乾下坤上为䷊泰卦；乾下震上为䷡大壮卦；乾下巽上为䷈小畜卦；乾下坎上为䷄需卦；乾下离上为䷍大有卦；乾下艮上为䷙大畜卦；乾下兑上为䷪夬卦。人们在称谓六十四卦时，往往还在卦名之前冠以外卦和内卦的卦象。如震上乾下的大壮卦，因震象征雷，乾象征天，故大壮卦称"雷天大壮"。同样的道理，以乾为内卦的其他重卦称"地天泰""风天小畜""水天需""火天大有""山天大畜""泽天夬"。除乾经卦而外，其他七个经卦都可作为内卦与八个经卦相配组成重卦。这样八个经卦上下相组合所产生的重卦，其数为八的平方，共六十四卦。在这六十四卦中，有八个卦的内卦和外卦为相同的经卦，这就是乾☰、坤☷、震☳、巽☴、离☲、坎☵、艮☶、兑☱。这八个重卦的名称各与组成它的内外经卦名称相同。这八个重卦叫纯卦，䷀称乾纯卦，䷁称坤纯卦，余卦仿此。

由经卦两两重成六十四卦，可用下表来表示：

外卦＼内卦	乾为天	兑为泽	离为火	震为雷	巽为风	坎为水	艮为山	坤为地
乾为天	乾纯卦	泽天夬	火天大有	雷天大壮	风天小畜	水天需	山天大畜	地天泰
兑为泽	天泽履	兑纯卦	火泽睽	雷泽归妹	风泽中孚	水泽节	山泽损	地泽临
离为火	天火同人	泽火革	离纯卦	雷火丰	风火家人	水火既济	山火贲	地火明夷
震为雷	天雷无妄	泽雷随	火雷噬嗑	雷纯卦	风雷益	水雷屯	山雷颐	地雷复
巽为风	天风姤	泽风大过	火风鼎	雷风恒	巽纯卦	水风井	山风蛊	地风升
坎为水	天水讼	泽水困	火水未济	雷水解	风水涣	坎纯卦	山水蒙	地水师
艮为山	天山遁	泽山咸	火山旅	雷山小过	风山渐	水山蹇	艮纯卦	地山谦
坤为地	天地否	泽地萃	火地晋	雷地豫	风地观	水地比	山地剥	坤纯卦

这个表中上卦、下卦的次序，都是按"乾一兑二离三震四巽五坎六艮七坤八"的次序排列的。这个次序是"伏羲八卦次序"（即"先天八卦次序"）的排列法。我们从这个表中一排一排往过看，直到坤纯卦，六十四重卦的次序恰好与邵雍《伏羲六十四卦次序图》相吻合。

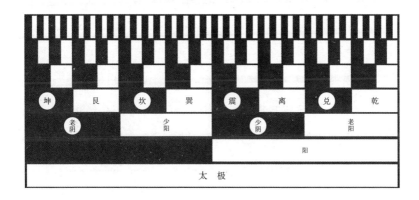

　　六十四卦在不同的地方有不同的排列次序，在《周易》中排列

次序是：

（一）乾　　　　　（二）坤　　　　　（三）屯

（四）蒙　　　　　（五）需　　　　　（六）讼

（七）师　　　　　（八）比　　　　　（九）小畜

（十）履　　　　　（十一）泰　　　　（十二）否

（十三）同人　　　（十四）大有　　　（十五）谦

（十六）豫　　　　（十七）随　　　　（十八）蛊

（十九）临　　　　（二十）观　　　　（二十一）噬嗑

（二十二）贲　　　（二十三）剥　　　（二十四）复

（二十五）无妄　　（二十六）大畜　　（二十七）颐

（二十八）大过　　（二十九）坎　　　（三十）离

以上三十卦属上经。

（三十一）咸　　（三十二）恒　　（三十三）遁

（三十四）大壮　（三十五）晋　　（三十六）明夷

（三十七）家人　（三十八）睽　　（三十九）蹇

（四十）解　　　（四十一）损　　（四十二）益

（四十三）夬　　（四十四）姤　　（四十五）萃

（四十六）升　　（四十七）困　　（四十八）井

（四十九）革　　（五十）鼎　　　（五十一）震

（五十二）艮　　（五十三）渐　　（五十四）归妹

（五十五）丰　　（五十六）旅　　（五十七）巽

（五十八）兑　　（五十九）涣　　（六十）节

（六十一）中孚　（六十二）小过　（六十三）既济

（六十四）未济

以上三十四卦属下经。

朱熹《周易本义》对此编有《上下经卦名次序歌》：

　　乾坤屯蒙需讼师，比小畜兮履泰否。

　　同人大有谦豫随，蛊临观兮噬嗑贲。

　　剥复无妄大畜颐，大过坎离三十备。

　　咸恒遁兮及大壮，晋与明夷家人睽。

　　蹇解损益夬姤萃，升困井革鼎震继。

　　艮渐归妹丰旅巽，兑涣节兮中孚至。

　　小过既济兼未济，是为下经三十四。

只有记清六十四卦在《周易》上下经中的次序，才便于查找六十四卦的卦辞和爻辞。

如果按八宫分，六十四卦又有另外的次序。这个次序在纳甲法的占筮中经常用到，因为每卦每爻的"六亲"（父母、子孙、妻财、官鬼、兄弟），跟该卦在哪一宫有关系，每卦哪一爻为"世"爻，又跟该卦为所在宫的第几卦有关系。

八宫分阳四宫和阴四宫。乾、坎、艮、震为阳四宫；巽、离、坤、兑为阴四宫。乾、坎、艮、震、巽、离、坤、兑这个次序是怎么样来的？看了"文王八卦方位图"就会明白。

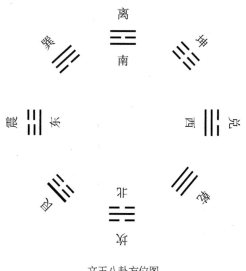

文王八卦方位图

《周易》以乾卦为首，从乾卦开始按顺时针方向旋转，所得次序就是乾、坎、艮、震、巽、离、坤、兑。那么为什么乾、坎、艮、震为阳四宫，巽、离、坤、兑为阴四宫呢？这可从"文王八卦次序图"（即"后天八卦次序图"）看出。

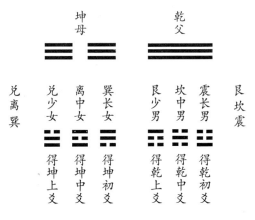

文王八卦次序图

图原是依据《说卦》画出的。《说卦》说："乾，天地，故称呼父。坤，地也，故称呼母。震一索而得男，故谓之长男。巽一索而得女，故谓长女。坎再索而得男，故谓之中男。离再索而得女，故谓之中女。艮三索而得男，故谓之少男。兑三索而得女，故谓之少女。"乾、坎、艮、震四宫为男性，故为阳宫；巽、离、坤、兑四宫为女性，故为阴宫。如果从爻画来看，乾☰、坎☵、艮☶、震☳的爻画笔道数都是奇数，奇为阳，故为阳四卦，巽☴、离☲、坤☷、兑☱的爻画笔道数都是偶数，偶为阴，故为阴四卦。

关于"伏羲八卦"（"先天八卦"）和"文王八卦"（"后天八

卦"），我们在后面还要谈到。

六十四卦在八宫中的分配及各宫中八个卦的位置，可以用下图标示。

阳四宫

乾宫：乾为大　　大风姤　　大山遁　　大地否
　　　　风地观　　山地剥　　火地晋　　火天大有
坎宫：坎为水　　水泽节　　水雷屯　　水火既济
　　　　泽火革　　雷火丰　　地火明夷　地水师
艮宫：艮为山　　山火贲　　山天大畜　山泽损
　　　　火泽睽　　天泽履　　风泽中孚　风山渐
震宫：震为雷　　雷地豫　　雷水解　　雷风恒
　　　　地风升　　水风井　　泽风大过　泽雷随

阴四宫

巽宫：巽为风　　风天小畜　风火家人　风雷益
　　　　天雷无妄　火雷噬嗑　山雷颐　　山风蛊
离宫：离为火　　火山旅　　火风鼎　　火水未济
　　　　山水蒙　　风水涣　　天水讼　　天火同人
坤宫：坤为地　　地雷复　　地泽临　　地天泰
　　　　雷天大壮　泽天夬　　水天需、水地比
兑宫：兑为泽　　泽水困　　泽地萃　　泽山咸
　　　　水山蹇　　地山谦　　雷山小过　雷泽归妹

看了八宫备卦的排列次序，我们一定会产生一个疑问：各宫中的八个卦究竟是按什么规律排出来的，似乎叫人有点摸不着头脑？其实，八宫各卦的次序井井有条，极有规律。这个变化排列规律就是爻变。由每宫纯卦变起。先变初爻，就成为该宫第二卦；再以该宫第二卦变其第二爻，就成为该宫第三卦；以该宫第三卦变其第三爻，就成为该宫第四卦。这样一直变到第五爻，为该宫第六卦。每宫纯卦之上爻为宗庙，不能变，所以变出该宫第六卦后，又向下退，以该宫第六卦变其第四爻为该宫第七卦。第八卦的变法与各卦不同，是把该宫第七卦的内卦三爻全变，就成为该宫第八卦。

现在我们举乾宫八卦为例：第一卦为乾纯卦☰，变其初爻，就成天风姤☴，这是乾宫第二卦。天风姤变其第二爻，就成为天山遁☶，为乾宫第三卦。天山遁变第三爻，就成为天地否☷，为乾宫第四卦。天地否变第四爻，就成为风地观☴，为乾宫第五卦。风地观变第五爻，就成为山地剥☶，为乾宫第六卦。山地剥退变第四爻，就成为火地晋☲，为乾宫第七卦。火地晋下卦三爻全变，为火天大有☰，为乾宫第八卦。其他七宫的变化和排列次序，其规律和乾宫相同。

每宫的第七卦称"游魂卦"，第八卦称"归魂卦"。如乾宫的火地晋为"游魂卦"，火天大有为"归魂卦"。

六十四卦的每一卦属哪一宫，这和纳甲占筮的定"六亲"、飞伏神都直接相关。每宫中哪一卦属第几卦，则和安"世""应"直接相关。

二、关于卦象

《系辞上》说："圣人有以见天下之赜，而拟诸其形容，像其物宜，是故谓之象。"《系辞下》说："八卦成例，象在其中矣；因而重之，爻在其中矣。刚柔相推，变在其中矣；系辞焉而命之，动在其中矣。吉凶悔吝者，生乎动者也。"这就是说，"易"的产生是从对宇宙间万事万物形象的观察提炼入手，而通过抽象性的卦象，概括为宇宙图式，以表述万物的运动变化规律；而卦爻辞正是根据卦象爻象系写的。如果说这是一个归纳过程的话，那么占筮则是一种在不同层次上的从抽象卦象到具体事物的衍绎过程。卦象是这两个过程的维系中介。这种归纳和衍绎，都是不脱离"象"的一种推衍思维活动，而所谓"象"，在不同阶段，又有着不同的性质。圣人"仰则观象于天，俯则观法于地；观鸟兽之文与地之宜，近取诸身，远取诸物，于是始作八卦"，这个观察、提炼、归纳的作卦过程，是从具体的"物象"到抽象性的"卦象"；而易卦占筮推断吉凶休咎的衍绎过程，则是从抽象性"卦象"，到具体"物象"。正如《系辞下》说的："易者，象也。象也者，像也。""像"在这里是动词，即摹拟的意思。所以无论是研究《周易》还是探讨卦占，都不能抛开"象"，像王弼、程颐那样执理扫象是不行的。朱熹晚年曾针对程颐治《易》的弊病说："先见象数，方得说理，不然事无实证，虚理易差。"但因他觉悟得较晚，不然他所著的《周易本义》就会对象数更重视一些。尚秉和在《周易古筮考》中谈卦象时曾说，占卦时首要的当然是卦辞、爻辞，但是卦爻辞往往和所占的事情不发生关联，这时卦象就非常重要了，因为"象者，易之本也"，《周易》的卦爻辞，全都是由象而来的，所以学占筮者必须把《说卦》中所载明的和古人使用过的八卦卦象记熟，然后才能应用不穷。

乾、坤、震、巽、坎、离、艮、兑分别象征天、地、雷、风、水、火、山、泽，这是主象，大象；除此而外，八卦还分别代表许多事物的形象。《说卦》传说是一篇卦象的专文。所谓"象"不光代表万物形象，还体现万事万物的性质，如"乾，健也；坤，顺也；震，动也；巽，入也；坎，陷也；离，丽也；艮，止也；兑，悦也"，即乾如天运行之刚健，坤如地承天而行的柔顺，震如雷的惊动万物，巽如风的无孔不入，坎如水的陷于低洼，离如火的附丽于物，艮如山的静止不动，兑如泽使万物怿悦。又如乾为寒，为大赤；坤为吝啬，为均；震为玄黄，为决躁（迅疾）；巽为绳直，为工巧，为高，为进退不定；坎为隐伏，为赤，为通达；兑为毁折等。

按《说卦》，八卦作为"象"，所象征的事物主要为：

乾为天、君、父、玉、金、冰、良马、老马、瘠马、驳马、木果。

坤为地、母、布、釜、子母牛（小母牛）、大舆、众、柄。

震为雷、龙、勇、华、大涂（大路）、长子、苍筤竹（青色幼竹）、萑苇，为马的善鸣、白蹄、善奔，为稼禾的反生（豆类带甲而生）。

巽为风、木、长女、臭（气味）、寡发、广颡（宽额）、多白眼、鸡。

坎为水、沟渎、隐伏、矫輮、弓轮，为人的加忧、心病、耳痛，为马的美脊、亟心（心急好动）、下首（低头）、薄蹄（蹄磨损）、曳（拖蹄而行），为舆的多眚（载重路艰），为月、盗，为木的坚而多心。

离为火、日、电、中女、甲胄、兵戈，为人的大腹，为蚌、蟹、蠃、龟，为木的科上槁（枯槁空心）。

艮为山，径路（小路）、小石、门阙、果蓏、阍寺（管门禁者）、指（手指）、狗、鼠、黔喙之属（鹰隼类禽鸟），为木的坚而多节。

兑为泽、少女、巫、口舌，为地的刚卤（碱土板结），为妾、羊。

作为人体的象征：乾为首，坤为腹，震为足，巽为股，坎为耳，离为目，艮为手，兑为口。这就是《系辞下》所说的包牺氏作八卦时的"近取诸身"。

除了《说卦》中这些卦象而外，古代的易学著作中还传有许多"逸象"，荀氏易中的八卦取象竟达三百三十多种。荀爽《九家易》中比《说卦》多出的三十四种卦象，载于唐陆德明《经典释文》。

荀爽九家集解本，乾后更有四：为龙，为直，为衣，为言；坤后更有八：为牝，为迷，为方，为囊，为裳，为黄，为帛，为浆；震后有三：为玉，为鹄，为鼓；巽后有二：为杨、为鹳；坎后有八：为宫，为律，为可，为栋，为丛棘，为狐，为蒺藜，为桎梏；离后有二：为常，为辅颊。注云：常，七方神也。

尚秉和先生认为，这三十四种卦象，汉人注《易》时差不多都用到，在《焦氏易林》中也能得到佐证，不可视之为"逸象"，所以他在《周易尚氏学》中，把这些取象全部插入《说卦》之中。

以上《说卦》和荀爽《九家易》中所列的这些卦象，在我们看来似乎荒诞不经，而易学家却都能自圆其说。例如说坤为地，万物借大地而成熟，故坤为釜，如釜之煮物使熟；万物不择地而生，大地把恩惠不偏不倚普施给他们，故坤为均；大地生生不已，如小母牛的又生小牛，故坤为子母牛；万物依凭大地为本，故坤为柄。又如震下爻为阳，中上二爻为阴，下阳如竹萑苇之节，上二阴如其圆而中空，故震为竹，为萑苇；震为雷，鼓声如雷，故震为鼓；鹄又为鼓精，故震为鹄。巽为风，风可进可退，故巽为不果；风可以吹送气味，故巽为臭；巽上二阳爻如人的宽额颅，故巽为广额。离为目，中间的阴爻如人的黑眼珠，巽上二爻皆为阳，如眼珠伏在下边，故巽为多白眼。坎为隐伏、为人之心病，为马之美脊、为木之坚心，都是以阳夹在二阴中间来取象的。离中虚，故如人之大腹；蟹、蚌等现象，都取于离卦卦体的外坚中虚……如此等等，不一而足。

我见过台湾地区的一些易卦著作，根据现代生活的特征，以"类化"之法，对八卦取象又做了新的发挥，除了传统取象而外如：

乾为主人、总统、董事长、高楼大厦、教堂、奇珍异宝、火车、镜子、发烧等。

坤为太太、劳动者、故乡、古老的、盆景、海绵、消极等。

震为暴躁的人、森林、钢琴、肝脏、东方等。

巽为旅客、货运、飞翔、迷途、旅行、信件、香烟等。

坎为作家、哲学家、外柔内坚的东西、黏液、伤痕、阴影等。

离为美女、华装、书店、学校、法院、股票、心脏、色彩等。

艮为继承人、仓库、停车场、桌子、关节、脊髓等。

兑为情妇、讽刺语言、酒家、借款、神经质、破旧物等。

八卦取象既复杂而又变通，所以使用时必须在熟悉的基础上运用得既灵活又准确，不能凝滞死板，也不能随心所欲。

三、关于"象变"

在占筮和断卦中，常常会遇到一种情况就是一个六爻的重卦卦体，由于六爻全部做有规律的变化，便会成为新的卦体，体现出新的卦象。这种情况，我们称之为"象变"。"象变"与"爻变"不同。"爻变"是一个重卦由于一爻或数爻变动而成为新的卦体；"象变"则指六爻全变，这种六爻全变不一定只是阳爻变阴爻、阴爻变阳爻，还包括卦体整个颠倒和内卦外卦互换位置这样的规律性变化。"象变"包括"倒象""换象""错象"三种情况。

（一）倒象

将一重卦颠倒过来，就成了另一个新的重卦，这个新的重卦就是原来重卦的"倒象"。古人又称"反对之象"。如在八个纯卦中震卦 ☳ 颠倒过来就是艮卦 ☶；自然，艮卦颠倒过来便是震卦，震艮二卦互为"倒象"。巽卦 ☴ 颠倒过来就是兑卦 ☱；自然，兑卦颠倒过来便是巽卦，巽兑二卦互为"倒象"。另外四个纯卦乾 ☰、坤 ☷、坎 ☵、离 ☲，颠倒之后仍是本卦体。这四个颠倒过来卦体不变的纯卦叫"正卦"，前四个颠倒过来变成另一卦体的纯卦叫"隅卦"。为什么叫"正卦""隅卦"？根据"伏羲八卦方位"（即"先天八卦方位"），乾、坤、离、坎四卦，分别位于南、北、东、西四

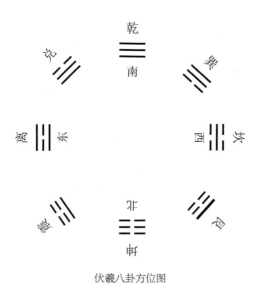

伏羲八卦方位图

个正的方位，故称"正卦"；而震、艮、巽、兑四卦，分别位于东北、西北、西南、东南四隅，故称"隅卦"。

其实，六十四卦全都可以做这样的倒象变化。六十四卦重卦中除乾、坤、坎、离四正卦颠倒不变外，还有山雷颐 ䷚、泽风大过 ䷛、风泽中孚 ䷼、雷山小过 ䷽ 四卦，也是倒象为本体。

倒象常常被用于占筮。如宋代的程迥在余姚僧舍下榻时，占了一封为巽 ䷸，他判断说，寺内会发生风火之恐，但伤不到自身。当晚，果然发生了火灾，火烧到他的住处就熄灭了。事后，县里给两个和尚处了杖刑。程迥为什么会做出有火灾而不伤及自身的判断，我们到谈互象时再做分析，这里只说两个和尚受杖刑在卦上是怎样表现的。程迥分析说，巽为"寡发"，二巽相重，就是两个没有头发的和尚之象，而巽卦的倒象为兑卦，兑为"决"，为二僧受杖刑之象。又如《三国志》载诸葛原将蜂窝等物放在密器中让管辂射覆，管辂经过占卦，全都算出来了。其中对蜂窝的断辞是"家室倒悬，门户众多，藏精育毒，得秋乃化——此蜂窝也"。据尚秉和先生分析，认为是震卦 ䷲，是震艮的倒象，而艮为门阙，震卦的三至五爻又组成坎经卦，坎为宫（荀爽《九家易》）。所以说"家室倒悬，门户众多"。坎又为隐伏，为病毒，所以说"藏精育毒"，坎为水，至秋金旺生水，所以说"至秋乃化"。这里最重要的筮法就是用了倒象和互象。

（二）换象

将一个重卦的内卦和外卦互相交换位置而变为另一个新的重

卦，就叫作"换象"。古人称为"上下象易"，即重卦的上、下两个经卦互相换易。因八纯卦的上卦与下卦相同，所以八纯卦的换象仍是其本象不变。六十四重卦中，除八纯卦而外的五十六卦，其中二十八卦就是另外二十八卦的换象。如泽天夬与天泽履、火天大有与天火同人、雷天大壮与天雷无妄等，都互为换象。

（三）错象

一个重卦与另一个重卦的每一爻画都阴阳相反，它们就互为"错象"。即汉唐易学家之所谓"旁通"。错象最明显的如乾 ☰ 与坤 ☷，一个六爻全阳，一个六爻全阴。又如水火既济 ䷾，从初爻到上爻，爻画的阴阳依次为阳阴阳阴阳阴，那么从初爻到上爻，爻画的阴阳依次为阴阳阴阳阴阳的火水未济 ䷿ 就是它的错象。

错象的概念是根据《说卦》来的，《说卦》说："天地定位，山泽通气，雷风相薄，水火不相射，八卦相错。"这里把八卦所代表的卦象分为四对，即天地、山泽、雷风、水火，每对的两卦之间，就是互为错象的。天地即乾 ☰ 坤 ☷，山泽即艮 ☶ 兑 ☱，雷风即震 ☳ 巽 ☴，水火即坎 ☵ 离 ☲，每对二卦之间，爻画正好阴阳相对应。

在先天八卦方位中，乾坤、艮兑、震巽、坎离也正好两两相对，乾为南，坤为北，离为东，坎为西，震为东北，巽为西南，艮为西北，兑为东南。这都说明，错象之间的对应关系有着丰富的内涵。

我们在"八卦和六十四卦"一节中，曾列过《周易》中六十四卦的次序，当时读者并不一定理解那个次序是按什么规律排出来的，似乎随心所欲，杂乱无章，其实那正是根据倒象、错象排列的。其中上经开头的乾☰与坤☷，末尾的颐☶与大过☱、坎☵与离☲，下经末尾的中孚☴与小过☶、既济☵与未济☲，都是根据错象排列的，除此而外的五十四卦，都是把互为倒象的两卦排在一起的，如屯☵和蒙☶、需☵和讼☰、师☷和比☵、小畜☴和履☱等。而泰☷与否☰、既济与未济，则错象、倒象兼之。

四、关于爻象

卦由爻组成，每爻为卦的一部分。卦有卦象，爻又有爻象。爻象包括爻的阴阳和位次所体现的事物意义。阳爻象征阳刚之物、雄性之物、高亢之物、动态之物；阴爻象征阴柔之物、雌性之物、低弱之物、静态之物。《说卦》说："立天之道，曰阴与阳，立地之道，曰柔与刚，立人之道，曰仁与义，兼三才而两之，故易六画而成卦；分阴分阳，迭用柔刚，故易六位而成章。"从整个卦体而言，上两爻为天，中两爻为人，下两爻为地。而"天""地""人"三部分又各分为二。天的部分，五爻为阳，六爻为阴；人的部分，三爻为仁，四爻为义；地的部分，初爻为刚，二爻为柔。以内外卦两卦而言，则上爻与三爻为天，五爻与二爻为人，四爻与初爻为地。所谓"分阴分阳"，是说初爻、三爻、五爻为阳，二爻、四爻、上爻为阴，阴阳各半。爻的位次，从不同角度构成"三才之位""阴阳之位"和"贵贱之位"。

1.三才之位：五爻、上爻为天位，三爻、四爻为人位，初爻、二爻为地位。

2.阴阳之位：初、三、五爻为阳位，二、四、六爻为阴位。阳爻居阳位、阴爻居阴位为"得位"，"得位"也叫"当位""正位""在位"，吉利；否则为"失位""不当位""不得位"，不吉利。

3.贵贱之位：上爻为太庙，五爻为天子，四爻为公侯，三爻为大夫，二爻为士人，初爻为庶民。

社会人事各方面的事，都可以按其地位、部位、距离、大小、轻重之不同，分配到六爻中去，如《卜筮全书》中的《六爻诸占定位表》所示。

事类＼爻位	上爻	五爻	四爻	三爻	二爻	初爻
天时	天天	雨日月	雷虹	风霞	电露	云雾
家宅	祖宗栋宇	父人	母门户	兄弟床	妻妾灶	小口井
国事	太庙	天子	公侯	大夫	士子	庶民
鬼神	天神	社司	土地	家先	出命	井神
求谋	国事	官事	人事	家事	身事	心事
疾病	头脑	心肝	肺	体骨腰足	皮肉	五脏
六畜	马	牛	羊	猪	犬	鸡
出行	店舍	道路	车马	行李	伴侣	己身
买卖	地头	店舍	中途	侣伴	己身	行货
蚕桑	蚕	箔	桑	人	伴	种
田禾	水	天	牛	人力	秧	种

爻位 事类	上爻	五爻	四爻	三爻	二爻	初爻
行人	地头	道路	户	门	身	足
节育	公婆	稳婆	夫身	看生	胎胞	产妇
斗殴	官司	刀枪	挺杖	拳手	骂詈	口舌
词讼	圣驾	部台	监司	府	州县	耆保
盗贼	外省	外府	外县	街市	都里	家贼
逃亡	外境	州	县	镇	市	乡

爻象除阴阳、位次而外，六爻之间还存在着相互关系，这些关系主要有"应""中""承""乘""比""据"六种。

1. "应"：指分别处于内卦和外卦中的两爻的呼应关系。具体说，即初爻与四爻（内卦下爻与外卦下爻）、二爻与五爻（内卦中爻与外卦中爻）、三爻与上爻（内卦上爻与外爻上爻）要互相呼应。因为这相应的两爻的爻位，一为阴位一为阳位，所以，也必须一为阴爻一为阳爻才是吉利的。如泽火革 ䷰ 六二阴爻处阴位为得位，与九五阳爻处阳位"应"，故为吉，所以六二爻辞为"巳日乃革之，征吉，无咎"。朱熹注说："六二柔顺中正而为文明之主，有应于上，于是可以革矣。然必巳日而后革之，则征吉而无咎，戒占者犹未可遽变也。"又如雷水解 ䷧ 初六为阴爻处阳位，不得位，这是有弱点的，但它和阳爻处阴位的九四爻"应"，就克服了自身的弱点，所以初六爻辞为"无咎"。朱熹注说："以柔在下，上有正应，何咎之有！"

2. "中"：又称"居中""得中""处中"。系指在一重卦中处于内卦和外卦中位的第二爻和第五爻。凡在第二爻或第五爻，无论得位与否，却都得中，为"无咎"。如山蛊 ䷑ 的九二爻，以阳爻处阴位，本为失位，但却"得中"，所以这一爻的小《象》曰："干母之蛊，得中道也。"又如风地观 ䷓ 九五爻辞为"观我生，君子无咎"，三国吴虞翻解释："得道处中，故君子无咎。"意思是说，以卦德言，此爻以阳爻处君位，为"得道"，又处于上卦之中位，所以"无咎"。

3. "承"：在一个重卦中，在下面的阴爻对于在上的阳爻来说，就是"承"的关系。如雷水解 ䷧ 的初六爻为阴爻，九二爻为阳爻，九二爻位在初六之上，故称初六爻承九二爻，简称"初承二"。所谓在下面的阴爻，并不一定专指一爻而言，如在一个阳爻的下面有几个阴爻，这几个阴爻对上边的一个阳爻来说，都是"承"的关系。同样，所谓在上面的阳爻，也不一定专指一爻而言，在一个阴爻的上面有几个阳爻，则下面的这一个阴爻，对上面的几个阳爻来说，也都是"承"的关系。如山地剥 ䷖ 是五阴承一阳，而天风姤 ䷫ 就是一阴承五阳。阴承阳为吉。荀爽在注地山谦 ䷎ 时说："初在最下为谦，二阴承阳亦为谦，故曰'谦谦'。"谦卦的内卦为艮 ☶，下边两个阴爻承上面一个阳爻，二阴承阳，"故曰谦谦"，艮之卦象为少男，故在此重卦中为"谦谦君子"。

4. "乘"：在一个重卦中，上面的阴爻对在它下面的阳爻来说，就是"乘"的关系。如火雷噬嗑 ䷔ 初九为阳爻在下，六二爻为阴爻在上，就是六二爻乘初九爻，简称"二乘初"。所以噬嗑六二《象》说："噬肤灭鼻，乘刚也。"所谓在上面的阴爻，并不一定专指一爻而言，几个阴爻都在一个阳爻之上，则这几个阴爻对这一阳爻来说，都是"乘"的关系。如荀爽注地山谦 ䷎ 时说："自四以上乘阳。"即指六四、六五、上六这三个阴爻都乘九三这个阳爻。

5. "比"：一个重卦中相邻二爻之关系为"比"。如初爻与二爻、二爻与三爻、三爻与四爻、四爻与五爻、五爻与六爻，都是"比"的关系。相比的两爻一阴一阳为吉。如泽地萃 ䷬，九四爻辞说："大吉，无咎。"九四《象》说："大吉无咎，位不当也。"意思是说此爻以阳爻处阴位，失位，只有大吉，才算无咎。其所以有大吉的可能，是此爻与初六爻"应"，又和六三爻"比"，尽得下民（坤为众）；其上又和君位的九五爻"比"，如不守臣道，将有僭越之罪；但如能谨守臣道，则可无咎。所以朱熹在《周易本义》中注萃卦九四爻辞时说："上比九五，下比众阴，得其萃（聚众）矣。然以阳居阴不正，故戒占者，必大吉然后得无咎也。"

6. "据"，在一个重卦中，一个阳爻位于阴爻之上，则这一阳爻对于其下阴爻的关系称作"据"。如地风升 ䷭ 的九二爻为阳爻，初六爻为阴爻，就是九二爻据初六爻，简称"二据初"。

最后，我们谈一个介于卦象和爻象之间的问题，这就是"互象"。互象，也称"互体"。这是占筮中用得很频繁的一个概念，是指在一个重卦中，除了内卦、外卦两个经卦而外，另外还暗含着两个经卦，这就是由二爻、三爻、四爻所组成的经卦，以及由三爻、四爻、五爻所组成的经卦。这两个卦是交叉在一起的，由于交互组成新的卦体，故称互体或互象，如纯卦艮 ䷳ 的卦体，是重叠两个经卦艮 ☶ 而成的。而由二爻、三爻、四爻又组成经卦坎 ☵ 之象；又由三爻、四爻、五爻组成的经卦震 ☳ 之象。再举重卦水雷屯 ䷂ 为例，其卦体是由内卦震和外卦坎组成的，而由其二、三、四爻又组成经卦坤 ☷，由其三、四、五爻，组成经卦艮 ☶。这样，由于互象，艮纯卦又出现了"坎""震"两个经卦之象，水雷屯又出现了"坤""艮"两个经卦之象。

起码从春秋时代开始，互象就被广泛运用于占筮。《左传·庄公二十二年》载，陈历公的小儿子敬仲生下来的时候，曾让周的太史用《周易》来占筮。占筮时本卦为风地观 ䷓，变卦为天地否 ䷋，即第四爻变动。周太史判断说，这孩子将来能成大事，他摆了一系列的卦象根据，别的我们先不说，只看他说的"风为天于土上，山也。有山之材而照之以天光"和"姜，大岳之后也，山岳则配天，物莫能两大，陈衰，此其昌也"是什么意思。这就是用了互象。风地观 ䷓ 变天地否 ䷋，本卦的三至五爻为"艮"，变卦的二至四爻为"艮"，艮为山，这里跟"山"有关系的话都是就互象艮 ☶ 而言的。"风为天于土上"，是说本卦四爻变，其外卦的"风"（☴ 巽）变成"天"（乾 ☰）而位于土（变卦否的内卦坤 ☷）之上。"山"也指本卦三至五爻、变卦二至四爻所形成的互象艮 ☶（艮为山）。"有山之材而照之以天光"，指从互象看，会据有山中丰富的物产，又为其上的天光（乾 ☰）所照。齐国为姜姓，其祖先为尧之四岳，岳就是山。因为本卦的风（巽）在（坤）上，飘忽不定，两卦又皆有"山"，山岳是配天的，两山不能都大起来，预示着象征陈国的山要衰下去，而大岳之后的齐国的山要盛起来。果然陈国后来灭亡，而早年投奔到齐的敬仲及子孙都受到齐国的礼遇，敬仲的八世孙子成子做了齐平公的宰相。

这里我们再提起前边谈倒象时说到的那个筮案。程迥住在佛寺里，占筮得巽卦 ☴，凭什么判断寺宇要发生风火之恐呢？这也是用了互象。巽 ☴ 的内外皆为"风"，而三至五爻又互为离 ☲，离为火，风吹火起，故有风火之恐。

五、八卦与时空

上边三节所谈的卦象爻象，是卦体、六爻的直接象征，也就是它们本身的取象和卦象爻象的各自内部变化及卦与卦、爻与爻之间的相互关系所产生的新象征。本节所谈的，则是八卦所标志的时空问题。具体说，就是八卦所代表的方位和四时的问题。

八卦方位有两个体系，两个体系是从"体"和"用"两个不同的立足点构成的，所以虽为两个体系而并不矛盾，在占筮中是参互运用的。这两个体系就是"文王八卦"（"后天八卦"）体系和"伏羲八卦"（"先天八卦"）体系。

"文王八卦方位"为震东、兑西、离南、坎北、坤西南、乾西北、巽东南、艮东北。这样的方位分配，在《说卦》中可以找到依据。《说卦》曰："帝出乎震，齐乎巽，相见乎离，致役乎坤，悦言乎兑，战乎乾，劳乎坎，成言乎艮。"帝指万物之主宰，震卦方位在正东，时间为春季，春雷震动，是万物生命萌发的时间。巽卦方位在东南，时间为春夏之交，万物鲜洁而齐整。离卦方位在正南，时间为夏季，阳光正烈，万物繁盛，一齐在大地上相接触。坤卦方位在西南，时间为夏秋之交，万物从大地母亲那里取得了充足的养分而继续成长。兑卦方位在正西，时间是秋季，万物成熟而喜悦。乾卦的方位在西北，时间是秋冬之交，万物由成熟走向枯老，进入生死相搏阶段。坎卦方位在正北，时间为冬季，万物已至衰亡阶段，到了休歇的时候了。艮卦方位在东北，时间为冬末春初，旧的生命已停止，却又孕育着万物生命的萌动。从"文王八卦方位"看，八卦的运行是按顺时针方向转动的。在这里，八卦既配八方，又配四时。

"伏羲八卦方位"是经宋代道士陈抟、理学家邵雍的构制阐发而完善起来，为当时及其后的易学所接受的。伏羲八卦方位为离东、坎西、乾南、坤北、巽西南、艮西北、兑东南、震东北。陈抟、邵雍构制伏羲八卦方位的主要依据，恐怕就是《说卦》中的一段文字："天地定位，山泽通气，雷风相薄，水火不相射，八卦相错。"在这段文字里，八卦被分为四组，每组都是两两相对。乾天在上，坤地在下，南为阳极，北为阴极，故以纯阳之卦乾所在的上方为南，以纯阴之卦坤所在的下方为北。《乾凿度》说："其位也天在上，地在下，君南臣北。"乾、坤二卦方位确定后，坎、离二卦的方位也自然明确了，离为日居东，坎为月居西。这样，乾南、坤北、离东、坎西，四个正卦的方位已定，其他两两相对的四隅卦也就各自有了相宜的卦位——艮为山居西北，兑为泽居东南，震为雷居东北，巽为风居西南。《乾凿度》在指出乾南坤北的同时又说："散布用事，则震东兑西，离南坎北。"这说明两种不同的八卦体系是从不同角度着眼的。先天八卦着眼于静态的宇宙本体；后天八卦着眼于天地万物的运行用事。正如清人陈梦雷在《周易浅述》中说的："以其位之尊卑而言，则宜先乾坤而后六子；以造化之流行而言，故先言六子而统于乾坤。"尚秉和在《周易尚氏学总论》中说："八卦圆布四方，备有其位而先后不同。盖易之道一动一静，互为其根。先天方位，乾南坤北离东坎西，一阴一阳，相偶相对，乃天地自然之法象，静而无为；惟阴阳相对必相交，坤南交乾，则南方成离，乾北交坤，则北方成坎，先天方位，遂变为后天，由静而动矣，《周易》所用者是也。然《周易》虽用后天，后天实由先天禅代而来，不能相离。"另外，荀爽注《周易》时说："乾舍于离，配日而居；坤舍于坎，配月而居。"又说："乾起于坎而终于离，坤起于离而终于坎。"这都是把两个八卦方位体系一起来，以先天八卦方位为参照基准，对后天八卦运行所做的描述。

关于八卦与四时的关系，汉代人有"爻辰"和"卦气"之说。

所谓"爻辰"，就是用重卦的爻与地支（也即与月份）相配。抛开具体卦而从理论上来说，一个重卦有六爻，而每一爻又有阴阳两种可能，这样六爻共有十二种可能，即六个阴爻六个阳爻。这十二种不同性质和爻位的卦爻，正好配一年十二个月。具体来说，如依月份排就是：

正月（寅）：九二爻；

二月（卯）：六五爻；

三月（辰）：九三爻；

四月（巳）：上六爻；

五月（午）：九四爻；

六月（未）：初六爻；

七月（申）：九五爻；

八月（酉）：六二爻；

九月（戌）：上九爻；

十月（亥）：六三爻；

十一月（子）：初九爻；

十二月（丑）：六四爻。

如以爻的性位排就是：

初九爻：十一月（子）；

初六爻：六月（未）；

九二爻：正月（寅）；

六三爻：八月（酉）；

九三爻：三月（辰）；

六三爻：十月（亥）；

九四爻：五月（午）；

六四爻：十二月（丑）；

九五爻：七月（申）；

六五爻：二月（卯）；

上九爻：九月（戌）；

上六爻：四月（巳）。

举"坎""既济"二卦的爻辰为例，图示如下：

-- 巳（四月）	-- 巳（四月）
— 申（七月）	— 申（七月）
-- 丑（十二月）	-- 丑（十二月）
-- 亥（十月）	— 辰（三月）
— 寅（正月）	-- 酉（八月）
-- 未（六月）	— 子（十一月）
坎	**既济**

"卦气"说是用"震""离""兑""坎"四卦分别配四季。"震"主春，"离"主夏，"兑"主秋，"坎"主冬，然后再以每卦的一爻主一节气。每卦六爻，四卦共二十四爻，主一年二十四节气，图示如下：

-- 惊蛰	-- 芒种	— 白露	-- 大雪
— 雨水	-- 小满	-- 处暑	— 小雪
-- 立春	— 立夏	— 立秋	— 立冬
-- 大寒	— 谷雨	— 大暑	-- 霜降
— 小寒	-- 清明	-- 小暑	— 寒露
-- 冬至	— 春分	— 夏分	— 秋分
坎	**震**	**离**	**兑**

卦与四时相关的另一理论是"十二辟卦"之说。"十二辟卦"之说渊源很远,东晋干宝《周礼注》所引《归藏》文字,即有十二辟卦。十二辟卦也称"十二消息卦"。在一个卦体中,凡阳爻去而阴爻来称"消";凡阴爻去而阳爻来称"息",十二消息卦即被视为由"乾""坤"二卦各爻的"消""息"变化而来的。十二辟卦即十二月卦,"辟"是君主的意思,用十二个卦配十二个月,每一卦为一月之主。这十二卦为复、临、泰、大壮、夬、乾、姤、遁、否、观、剥、坤。复主十一月,临主十二月,泰主正月,大壮主二月,夬主三月,乾主四月,姤主五月,遁主六月,否主七月,观主八月,剥主九月,坤主十月。如果我们注意一下就会发现,十二辟卦都集中在乾、坤两宫之中,即坤宫的第一卦到第六卦和乾宫的第一卦到第六卦。也就是乾、坤两宫除去"游魂卦"(晋、需)和"归魂卦"(大有、比)的全部卦。

我们知道,八宫中每宫八个卦的排列次序是按照有规律的爻变来的,十二辟卦自然也是乾、坤二纯卦有规律的爻变来的。坤卦六爻全阴，从初爻一阳息阴开始变起，这就是地雷复☷，一阳息阴建子，主十一月。依此类推。地泽临☷二阳息阴建丑，主十二月；地天泰☷三阳息阴建寅，主正月；雷天大壮☳四阳息阴建卯，主二月；泽天夬☱五阳息阴建辰，主三月；乾纯卦☰六阳息阴建巳，主四月。乾纯卦从初爻变起，天风姤☴一阴消阳建午，主五月；天山遁☶二阴消阳建未，主六月；天地否☷三阴消阳建申，主七月；风地观☴四阴消阳建酉，主八月；山地剥☶五阴消阳建戌，主九月；坤纯卦☷六阴消阳建亥，主十月。至乾纯卦阴数已终，所谓"阴绝于巳"；至坤纯卦阳数已终，所谓"阳绝于亥"。

《周易》临卦的卦辞是："元亨，利贞。至于八月有凶。"临卦主十二月，观卦才主八月，那为什么临卦卦辞却有"至于八月有凶"这个论断呢？易家用十二辟卦和倒象解释说，临☷之倒象为观☴，临卦到八月整个颠倒了，这不是凶的象征吗？

六、易数及演卦

《系辞上》说："极数知来之谓占。"意思是通过揲蓍之法，极尽天地大衍之数的演算以推知未来，这就是占筮。又说："天一地二，天三地四，天五地六，天七地八，天九地十。天数五，地数五，五位相得各有合。天数二十有五，地数三十，凡天地之数五十有五。此所以成变化而行鬼神也。"易传指出，易是用"一"到"十"这十个数字代表天地万物的。十个数字中的奇数（一、三、

五、七、九）为天数，偶数（二、四、六、八、十）为地数，通过这些数字的奇偶对立关系，以反映天地万物的联系性。占筮就是通过数的演算而得到卦，卦有卦象，再通过卦象寻绎具体事物之间的联系。

"天数五"，指天数有五个，即一、三、五、七、九。"地数五"，指地数有五个，即二、四、六、八、十。"五位相得各有合"的"五位"，指五行之位，即北水、南火、东木、西金、中土。这就是"河图"的一、六居下为水，二、七居上为火，三、八居左为木，四、九居右为金，五、十居中为土。五行顺时针旋转以相生（见"河图"）。"五位相得"指五个天数五个地数得居相应的五行之位。"各有合"指一与六合、二与七合、三与八合、四与九合、五与十合。这种"合"的规律，恰与"天干合"中的"甲与己合、乙与庚合、丙与辛合、丁与壬合、戊与癸合"相符。"天数二十五，

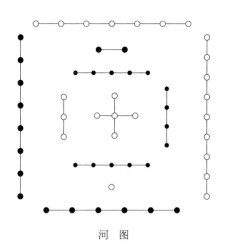

河　图

地数三十"指五个奇数（天数）相加之和为二十五,五个偶数（地数）相加之和为三十。"凡天地之数五十有五",指五个天数之和二十五同五个地数之和三十相加得五十五。

在"河图"中,白圆圈在下、左、中、上、右的数目分别为一、三、五、七、九,代表天数,其和为二十五;黑圆圈在上、右、下、左、中的数目为二、四、六、八、十,代表地数,其和为三十。白圆圈、黑圆圈总数的和是五十五。

在"一"至"十"这十个数中,一、二、三、四、五为"生数",六、七、八、九、十为"成数"。为什么叫"生数""成数"呢? 陈梦雷《周易浅述》说:"天以一生水,地以六成之;地以二生火,天以七成之;天以三生木,地以八成之;地以四生金,天以九成之;天以五生土,地以十成之。此河图五行生成之数也。'一'为老阳居北,'二'为少阴居南,'三'为少阳居东,'四'为老阴居西。东、北阳方,故一、三皆位阳;西、南阴方,故二、四皆位阴。东、南物之始生,故二少位于东、南;西、北物之收成,故二老位于西、北,此河图四象之位也。"这样,用"一"至"十"这十个数的千变万化,即可概括世界的运动变化,占筮正是通过分析审度卦象和推衍易数,来预知万事万物的未来状况,推测前景。

《系辞上》以简括的文字描述了占筮演卦的过程及其含义:"大衍之数五十,其用四十有九。分而为二以象两,挂一以象三,揲之以四以象四时,归奇于扐以象闰;五岁再闰,故再扐而后挂。乾之策二百一十有六,坤之策百四十有四,凡三百有六十,当期之日。二篇之策万有一千五百二十，当万物之数也。是故四营而成易，十有八变而成卦。八卦而小成。引而伸之，触类而长之，天下之能事毕矣。"我们根据朱熹《周易本义》卷首的"筮仪"，首先把这段文字一句一句解释清楚，然后把占筮演卦的过程通俗简化地描述一下。

"大衍之数五十，其用四十有九"：对这两句话的解释不一而足。其中有一种理解较为自然，即认为句中有脱误，原文当为"大衍之数五十有五"，脱"有五"二字。因为一个重卦有六爻，故从五十五中减去六，用四十九策（蓍草茎或竹签）来演卦。

"分而为二以象两"：将四十九策任意分为左、右两部分，象征天地初分，即太极生两仪。"象两"之"两"即"两仪"，可理解为阴阳或天地。

"挂一以象三"：从右边那部分策中取出一枚，夹在手的小指和无名指间。这样，四十九策被分为三部分，象征天、地、人"三才"。

"揲之以四以象四时"：四枚四枚一组，来分左、右两部分策，以期求出它们各自的余数。"揲四"象征一年的春夏秋冬四季。

"归奇于扐以象闰"：每部分经四枚一组分数后所剩的余数，称作"奇"。把两部分的"奇"夹在手指之间，象征积月之余日而成月，这就是"闰"。扐，读音"lè"，手指之间的意思。

"五岁再闰，故再扐而后挂"："归奇于扐"共进行两次，第二次是筮仪从头算起的第五道手续，象征五年内闰了两次。按夏历，每年余十二日，三年共余三十六日，分出三十日为一个闰月。这样还余六日。第四年余十二日，第五年又余十二日。四、五两年共余二十四日，加上前闰所余六日，共三十日，又成一个闰月。这就是"五岁再闰"。

"乾之策二百一十有六"：演卦时将四十九策经过"分二""挂一"、两次"揲四"、两次"归奇"这些手续之后，算作第一变。这时夹在指缝间的策数不是五就是九（左归奇如为一，右归奇必为三；左归奇如为二，右归奇亦为二；左归奇如为三，右归奇必为一；左归奇如为四，右归奇也为四。这样归奇的总数不是四便是八，加上挂一之数，不是五便是九）。从四十九策的总数中减去这个数。便是四十四或四十。然后开始第二变，再用这四十四或四十策"分二""挂一"、左右"揲四""归奇"。第二变时归奇的总数不是三便是七，加上挂一之数，不是四便是八。从四十四或四十中减去这个数，所得余数只能是三十二、三十六、四十这三个数。然后开始第三变。又经"分二""挂一"、左右"揲四""归奇"。归奇总数不是三便是七，加上挂一之数，不是四便是八。从三十二、三十六、四十这三个数中减去四或八，余数有四种可能，即二十四、二十八、三十二、三十六。然后以四去除，商数有四种可能，即六、七、八、九。这四个数，六为老阴，七为少阳，八为少阴，九为老阳。老阴、少阴画阴爻"－－"，老阳、少阳画阳爻"－"；不过在断卦时老阴要变阳爻，老阳要变阴爻，使卦变为另一个新卦。原卦叫"本卦"，变卦叫"之卦"，占断要两卦都看。

这样，经过三变，得出六、七、八、九这四个数中的一个，产生一个爻画。一个卦共六个，要演出一个重卦就得经过十八变。因为乾纯卦的六个爻都是老阳，就是说在演卦时，每经过三变的余策都是三十六。一爻余策为三十六，六爻余策共二百一十六，这就是所谓"乾之策二百一十有六"。

"坤之策百四十有四"：坤纯卦的六爻皆为老阴，即演卦时每经三变后的余策皆为二十四，一爻余策为二十四，六爻余策共一百四十四。

"凡三百有六十，当期之日"：乾卦的策数二百一十六，加坤卦的策数一百四十四，其和为三百六十，正好是一年的日数。期，读音"jī"，是一年的意思。

"二篇之策万有一千五百二十，当万物之数也"："二篇"指《周易》的上经和下经。上经三十卦，下经三十四卦，共六十四卦，每卦六爻，共三百八十四爻。老阳、少阴、少阳、老阴各为九十六爻。老阳一爻为三十六策，九十六爻共三千四百五十六策；少阴一爻为三十二策，九十六爻共三千零七十二策；少阳一爻为二十八策，九十六爻共二千六百八十八策；老阴一爻为二十四策，九十六爻共二千三百零四策。这四个数相加，共得一万一千五百二十策，大数为万，象征宇宙间万事万物之数。

"是故四营而成易，十有八变而成卦"："四营"指"分二""挂一""揲四""归奇"这四个步骤的经营。这里"成易"的"易"是变易的意思，是说经过四步经营，才完成一次变化；经过三变，才能画成一爻。经过十八变，才能画成六爻而成为一卦。

"八卦而小成"：三变画成一爻，九变画成三爻，成为一个经卦。经卦不能占筮，是"小成之卦"。

"引而伸之，触类而长之，天下之能事毕矣"：根据这样的变易，六爻大成之后，通过卦爻的变动，一卦可变为六十四卦，六十四卦可变为四千零九十六卦。这样，天下万事万物都可以包藏在卦中了。

已经了解了这些术语，下面我们对演卦过程进行描述就较为方便了。演卦过程大略如下：

一变：

1. 将四十九枚竹签或蓍草茎（策）任意分为左、右两部分置案上（"分而为二以象两"）。

2. 从右边部分取出一策，夹于左手小指、无名指间（"挂一以象三"）。

3. 将这部分剩下的策，每四策一组分数之（"揲之以四以象四时"）。

4. 数到最后，或余一策，或余二策，或余三策，或余四策，把这些余策夹在无名指与中指之间（"归奇于扐以象闰"）。

5. 再将左边一组四策一组分数之，数到最后余一至四策，将这些余策夹在中指与食指间（"五岁再闰"）。

6. 把指间所夹之策合起来放到一旁（"再扐而后挂"）。

以上过程为一变，所余之策为四十或四十四。

二变：

7. 把一变所余之策四十或四十四再任意分为两部分。

8. 挂一，如"一变"之 2，下同。

9. 揲四，如 3。

10. 归奇，如 4。

11. 再揲四，归奇，如 5。

12. 再扐而后挂，如 6。

这时所余为三十二策，或三十六策，或四十策。以上过程为二变。

三变：

13. 将二变所余之策分二，如 1。

14. 挂一，如 2。

15. 揲四，如 3。

16. 归奇，如 4。

17. 再揲四归奇，如 5。

18. 再扐而后挂，如 6。

这次所余或为二十四策，或二十八策，或三十二策，或三十六策，以四除之，其商或为六，或为七，或为八，或为九。六为老阴，画阴爻；七为少阳，画阳爻；八为少阴，画阴爻；九为老阳，画阳爻。老阴老阳皆为变爻，老阴称"交"，老阳称"重"。

至此，经过三变，才得出一个爻画。要画成一个六爻的重卦，就得经过十八变。一变以六道手续计算，起卦得经过一百零八道手续，十分烦琐。所以隋唐以后占筮很少用这种起卦方法。最常用的方法是以三钱代蓍。用钱摇卦的方法是：以铜钱三枚扣于两手中摇动，然后掷开，看有几枚为背面（镘），每掷一次可成一爻。一枚是背面，为"单"，画作"——"；两枚是背面，为"拆"，画作"— —"；三枚是背面，为"重"，画为"——"，而给一端做"0"的记号；三枚都是正面（字），无背面，为"交"，画作"— —"，而给一端做"x"的记号。这就是说，"单"为少阳，"拆"为少阴，"重"为老阳，"交"为老阴。所以"单""拆"不变，"重""交"都要变，"重"由阳变阴，"交"由阴变阳。前人有诀："两背由来拆，双字（一背）本是单，纯字交定位，纯背以重安。重变拆，交变单。"

宋代储泳曾以类似骰子那样的正方六面体三枚，每枚三面各刻三点，另三面各刻两点。这样掷下去，三枚如果都是三点，其数为九，为老阳之数；如果都是两点，其数为六，为老阴之数；如果两枚两点，一枚三点，其数为七，乃少阳之数；如果两枚三点，一枚两点，其数为八，乃少阴之数。据储泳自己说，这种起卦工具有这样一些含义：三枚各六面，共十八面，三枚各掷六次，都寓"十有八变而成卦"之意。三面为三，象征乾的"用九"；三面为二，象征坤的"用六"。三枚象征天、地、人三才。每枚上的点数共为十五，这是"洛书"的皇极数；三枚共四十五点，这是"河图"九宫之数。上二下三、上三下二，动静皆五，再加四十五，共五十为大衍之数。三枚成九于上，则三枚伏六于下；三枚成六于上，则三枚伏九于下，这是老阳变阴、老阴变阳之体。

　　前面已谈过"河图"，这里再谈谈"洛书"。《尚书·洪范》孔传说"天与禹洛出书，神龟负文而出，列于背，有数至于九"，所以朱熹认为"洛书"是取龟之象，九是头，一是尾，左三右七为甲之两边，二为右肩，四为左肩，六为右足，八为左足，正好是九个数。

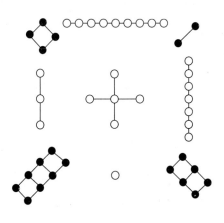

洛　书

　　我们已经知道天地数中，天以一生水，地以六成之；地以二生火，天以七成之；天以三生木，地以八成之；地以四生金，天以九成之；天以五生土，地以十成之。天地数所显示的五行，在"河图"中，是顺时针方向旋转以相生。而在"洛书"中，恰好是逆时针方向旋转以相克，即一六之水克二七之火，二七之火克四九之金，四九之金克三八之木，三八之木克五十之土，五十之土克一六之水。在"洛书"中，地数十不见了，据清人杨道声说，"洛书"中无论相对的两角或两边，相加之和皆为十，"十已默然寓于众数之中矣"。在"河图"中天地之数是奇偶重列，五行相对；在"洛书"中则是天数对天数、地数对地数，即奇对奇、偶对偶，而且相对二数之和莫不为十。更妙的是，每个边天地数之和、每条对角线天地数之和，都是十五。

古人占筮时，往往能预测物数，这就是运用河洛数推得的。如据东晋郭璞《洞林》记载，他曾占过一卦，推断扬州东北方要出土六枚铜铎。铜铎是从卦中的"兑"判断的，兑为金，又为口舌，金属的铎有舌锤可传号令。东北方是从本卦内卦艮的方位推知的，而六枚这个具体数字，则是以卦配九宫，卦中有坎卦，而坎的河图地数为六，故推知出土铜铎为六枚。

古人占筮多用后天卦配河图数，后天卦配洛书数用得较少，先天卦作为河洛数一般不用。

后天卦配河图数为：一、六为水居北，当坎位；三、八为木居东，当震、巽位；二、七为火居南，当离位；四、九为金居西，当兑、乾位；五、十为土居中，当坤、艮位而偏旺于丑未之交。

后天卦配洛书数为：离南数九，坎北数一，震东数三，兑四数七，乾西北数六，巽东南数四，坤西南数二，艮东北数八，中央数五。

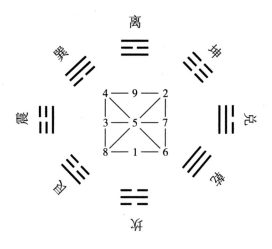

后天卦配洛书数

七、关于爻变

在上节中谈演卦时已经讲到，经过三变之后，便可得到"六""七""八""九"这四个数中的一个。这四个数中的偶数"六"和"八"为阴，画成爻画则为阴爻"--"；"七"和"九"为阳，画成爻画则为阳爻"—"。这样每经过三变产生一爻，经过十八变就产生六个爻画，六爻成卦，是"大成之卦"，即可用于占筮。

同时我们在上节中还谈到"六""七""八""九"四个数分别为"老阴""少阳""少阴""老阳"。在断卦时，"少阴""少阳"不变，而"老阴""老阳"都要变，"老阴"在本卦中画为阴爻，在之卦（即变卦）中变为阳爻；"老阳"在本卦中画为阳爻，在之卦中则变为阴爻。本卦经过"老阴""老阳"之爻一变，全卦就变成另一个卦，这就是之卦。

举例来说，如果经过十八变之后，得到一个乾卦 ☰，其中二、三、四、五、上爻都是少阳，只有初爻是老阳，那么二至上这五爻不变，而初爻要变为阴爻。这一变，乾卦就成为另一个卦"姤卦"☴。卦中的"老阳""老阴"要变为和该爻相反性质的爻，即"老阴"变阳爻，"老阳"变阴爻，这就是卦中的"爻变"。我们所举的这个例子是乾卦初爻为"老阳"，初爻要由阳爻变为阴爻，这叫"初爻变"，也叫"初爻动"。乾卦由于初爻变而成为"姤卦"，用春秋时代的术语来表述，就叫"遇乾之姤"。这里的"之"字古汉语中是一个动词，就是"往""到达"的意思，在这里引申为"变成"的意思。"遇乾之姤"，就是遇到乾卦的初爻动而变成姤卦。所以本卦乾卦在这里也称"遇卦"，变卦姤卦在这里也称"之卦"。

但是，演出乾卦时，不一定就是初爻变，也可能是初爻不变而其他某爻变，就是说，也可能"遇卦"乾的初爻是少阳而其他某爻为老阳。当然也会有更大的不同，就是不仅一爻为老阳，而是两爻或两爻以上的爻为老阳，即两个以上的爻要变，最多达到六爻全变。如果六爻全变，乾卦就变为坤卦，这叫"遇乾之坤"。

古文字学家高亨对占筮中的爻变是这样确定的：在演卦过程中，经过三变后产生的那个数（或六、或七、或八、或九）称为"营数"。从"营数"来推宜变之爻。求宜变之爻的办法是：先求出全卦六爻的总数，这是这个卦的营数；从天地之数"五十五"中减去卦的营数，便得到一个余数。然后在这个余数的限度内从初爻数起，数到上爻后，再从上爻开始往下数，数到初爻后，又从初爻开始往上数，如此往复不断，直到数到这个余数乃止，所止之爻就是宜变之爻。但是这个宜变之爻不一定能变，它如是老阳、老阴则可变，如为少阴、少阳则不能变。这样，如果把余数数尽的这一爻为老阴或老阳，则这一爻要变，阳变阴，阴变阳，而其他爻不管为"老""少"都不变；如果所止之爻为少阴或少阳，则将卦中所有营数为"九"（老阳）"六"（老阴）之爻变为相反之爻（阳变阴，阴变阳）。如六爻营数皆为"六""九"，则六爻全变为相反之爻，而不求宜变之爻。

这是高亨先生个人认为的古人的爻变法则，看来很难让人相信古人占筮时就是如此进行爻变的。既是宜变之爻，却不一定变；不是宜变之爻，却往往变。有宜变之爻，只能此一爻变；无宜变之爻，反而老阴、老阳全变。这实在于理难通。所以对高先生这一说法，也不见有人赞同，我们也不采用这种说法，而是采用通行的为老阴、老阳即变的爻变原则。

那么这种由于爻变而成为新卦的情况，对一个卦来说有多少种可能呢？这种可能对一个卦来说有六十三种，即一个卦由于爻变，可变为上下经六十四卦中除了自身以外的任一种重卦。如乾卦除了变为姤卦而外，也可能变为本宫的"天风姤""天山遁""天地否""风地观""山地剥""火地晋""火天大有"七卦；除变为本宫的另七卦外，还可变为其他七宫的所有卦。如乾卦的二、四、五爻变，就成为艮宫的"山火贲"☲，初、五、上爻变，就成为震宫的"雷风恒"☳，以至六爻全变而成为坤卦。

古典占筮法

　　所谓古典占筮法，是指先秦时代流行的用《周易》占筮的方法。《左传》《国语》中记录了不少这个时代的筮案。我们今天知道的这个时代占筮方法的大体情况，主要是从这些筮案中窥察探寻出来的。秦汉以后的占筮，就是在这种占筮基础上的继续发展。一方面是古典占筮法在秦汉以后继续使用，一方面是新筮法的创造，有时是两者的兼用，所以我们在谈古典占筮法时，虽以《左传》《国语》中的筮案为主，但同时也引用了一些后世的占筮例子。

　　我们通过谈演卦和爻变，已经知道占筮中的"卦"是怎样得到的，即通过用蓍草茎的分揲或摇掷古钱产生六个爻画，成为一个重卦，这叫"本卦"或"遇卦"；再看六爻有无老阳（营数为九）和老阴（营数为六），如果有的话，老阳再变阴爻，老阴再变阳爻，这样会变出一个新卦，这叫"变卦"或"之卦"。这个过程完成了占筮的起卦，有了"卦"，然后才可以进行占断。断卦是一件比较复杂的事情，我们就来谈古人是怎样根据所起的卦来占断的。

一、占筮通则

起卦之后如何占断？即如何根据所得到的卦来推断吉凶？在这个问题上，宋代以前的书虽然也载过不少筮案，有时也分析占断依据，但从未有书正面完整地总结过占断的基本原则。到了宋代，朱熹才在《易学启蒙》中对占法做了总结。他把占筮中可能得到的卦归纳为七种情况：

第一种情况是六爻皆不变。称作"静卦"，即演卦结果六爻全为少阴、少阳，而无老阴、老阳。

第二种情况是一爻变。即演卦结果只有一爻为老阴或老阳，其余五爻全为少阴、少阳。

第三种情况是二爻变。即演卦结果有二爻为老阴、老阳，其余四爻为少阴、少阳。

第四种情况是三爻变。即演卦结果有三爻为老阴、老阳，其余三爻为少阴、少阳。

第五种情况是四爻变。即演卦结果有四爻为老阴、老阳，其余二爻为少阴、少阳。

第六种情况是五爻变。即演卦结果有五爻为老阴、老阳，只有一爻为少阴或少阳。

第七种情况是六爻全变。即演卦结果六爻全为老阴、老阳，没有少阴、少阳。

这七种情况，各做怎样的推断呢？

朱熹是这样总结的：凡卦六爻皆不变，则占本卦卦辞。而以内卦为贞，外卦为悔。

一爻变，则以本卦变爻辞占之。

二爻变，则以本卦二变爻辞占，仍以上爻为主。

三爻变，则占本卦及之卦卦辞，而以本卦为贞，之卦为悔。前十卦主贞，后十卦主悔（三爻变，一卦可变出二十卦。这里说的"前十卦"指初爻不变的十卦，"后十卦"指初爻有变的十卦）。

四爻变，则以之卦二不变爻占，仍以下爻为主。

五爻变，则以之卦不变爻占。

六爻变，则"乾""坤"占"二用"（即乾变坤占"用九"，坤变乾占"用六"），余卦占"之卦"卦辞。

高亨先生所确定的占断法是：

六爻皆不变的静卦，以本卦卦辞占之。

一爻变，主要以本卦变爻爻辞占之。

高亨未涉及二爻变。

三爻变，因其可变之爻与不变之爻相等，是贞悔相争之卦，故以两卦卦辞占之。

四爻变、五爻变和除了本卦为"乾""坤"以外的其他卦的六爻变，因其可变之爻多于不变之爻，故主要以之卦卦辞占之。

遇乾之坤、遇坤之乾的六爻变卦，则主要分别以乾"用九"辞、坤"用六"辞占之。

把朱熹确定的占断原则和高亨所确定的占断原则加以比较，两者的异同如下：

六爻皆不变的静卦，朱、高占法相同。

一爻变卦，朱、高占法基本相同。

二爻变卦，朱以本卦变爻辞占，高未谈。

三爻变卦，朱、高占法基本相同。

四爻变、五爻变卦，朱以之卦不变爻辞占，高主要以之卦卦辞占。

六爻变卦，朱、高占法基本相同。

以上凡朱、高占法基本相同者，其相异点是朱氏说得很绝对，认为只是以某爻辞、某卦辞占，高氏则用"主要"二字，说得比较灵活，留有余地。

朱熹和高亨所说的占断法究竟对不对呢？可以说既对又不对。说对，是因为在先秦占筮的成例中，在大多数情况下，往往是按他们说的那样去占断；说不对，是因为占筮有着极大的灵活性，并不拘泥于一隅，而是机动地采取各种占断途径。所以朱熹和高亨所说的占法，并不是一种必须遵循的定则，在《左传》《国语》记载的筮案中可以找到不少例外。这是因为卦辞爻辞中的话，常常和所占事物没有任何联系性。在这种情况下，纯以卦爻辞是无法进行推断的，必须参用卦象，有的甚至完全不用卦爻辞而全用卦象。

下面我们就分静卦、一爻变至六爻变七种情况，分别谈谈与朱、高所述占法例外的占断情况。

（一）静卦

静卦以本卦卦辞占，这是常例，但有时也不用卦辞而用卦象。如秦穆公十五年（前645）秦国伐晋国时，让卜徒父占筮吉凶，得蛊卦䷑，断定说："吉，涉河，侯车败。"秦穆公不明白，问"侯车败"指的是哪一方。筮者说："这次战役是大吉大利的，最后必然要擒获晋惠公。蛊卦的内卦是风（巽为风），象征秦国，外卦是山（艮为山），象征晋国。现在正是秋季，我们为风，将吹落山上的树木的果实而取得木材，晋国实落材亡，不失败还等什么呢？果然秦国打了胜仗，擒获了晋惠公。

这主要是用卦象进行推断。

（二）一爻变

一爻变，主要以本卦变爻爻辞占之，这也是常例，但有时却不用爻辞，而用本卦与之卦的卦义、卦象来占断。如毕万流落到晋国时占断自己的官运，遇屯䷂之比䷇，初爻变。辛廖判断说，没有比这个卦更吉利的了。"屯"有坚固的含义，"比"有进入的含义，"震为土（内卦震变为坤），车（震）从马（坤），足居之（震为足），兄长之（震为长男），母覆之（坤为母），众归之（坤为众），六体不易，合而能固，安而能杀，公侯之卦也！"果然，毕万被任命为大夫并获赐封地魏，成为魏国的先祖。

这用了屯卦、比卦的卦义，又反复用了本卦与之卦内卦的卦象，却一点也没有用爻辞。

（三）二爻变

二爻变在春秋占筮中找不到例子，所以高亨没有提到二爻变的占法，朱熹确定为以本卦二变爻辞占，这是他个人的猜想。所以他在《易学启蒙》中说："经传无明文，以例推之当如此。"

（四）三爻变

朱、高三爻变占法之说都是据《国语·晋语》"贞屯悔豫皆八"（本卦为屯 ䷂，之卦为豫 ䷏，初、四、五爻变）的占语有"是在《周易》，皆利建侯"而推测的，因为屯卦、豫卦卦辞中都有"利建侯"之语，所以朱、高就确定三爻变以本卦、之卦卦辞占之。但是《国语·周语》中的另一个筮例，却与朱、高三爻变占法之说不合，朱、高却都没有顾及这一筮例。这一筮例是说，晋文公的庶子黑臀（即晋成公）从周归晋将立为国君时，晋人占筮，遇乾 ䷀ 之否 ䷋，占语是"配而不终，君三出焉"。意思是说，乾的取象为天为君，现在乾卦的内卦三爻皆变，内卦成为坤卦，本卦为乾可配为君，但他的子孙结果不好，不能为君，将变而为臣，所以说"配而不终"。三爻有变而皆在天子位九五爻以下，九五之乾不动，所以说"君三出焉"，晋之国君三次都将出于天子所在的周，第一个就是晋成公。

这一占断既未用本卦卦辞，也未用之卦卦辞，而是用本卦与之卦卦象的比较进行推断的。

（五）四爻变

对四爻变，朱、高所定占法不同，朱熹认为应以之卦二不变爻辞占，高亨以为应以之卦卦辞占。因为先秦典籍中没有四爻变的占筮例子，所以朱、高之说都是一种猜测。

（六）五爻变

朱熹重爻辞，除三爻变外皆以爻辞占。爻辞择取少者而用之，即所变爻少，则以本卦变爻辞占；所变爻多，则以之卦不变爻辞占，故五爻变，朱熹定为以之卦不变爻辞占。高亨重卦辞，故除一爻变外，均以卦辞占之。三爻以上变，均定为以之卦卦辞占之。先秦典籍中五爻变之筮案，只《左传·襄公九年》所载穆姜筮居东宫，遇艮 ䷳ 之随 ䷐ 一例。此例以之卦卦辞占之，高亨所定占法与此筮例相合，恐怕只是一种偶合。

（七）六爻全变

六爻全变之卦，先秦典籍中无例，朱、高六爻全变占法之说也都是猜测。

从以上分析可知，朱熹、高亨所定的占法，虽然也有对先秦筮例的总结，但总结得并不全面，不少是他们自己的猜测。综观先秦筮案，占断并无定则，占筮者的占断主要是在卦中搜寻与所占事物有联系性的所有因素，如卦名、卦辞、爻辞、卦象、互象等，然后再根据对事物发展前途的预感和判断，把这些因素附会上去。

二、《周易》断占术语简释

从《周易》经文中，我们可以看到，在卦爻辞中，有一些频繁使用的结论性用语。毫无疑问，这是这部占筮书典对占问吉凶者前途命运的指示。所以这些用语对于运用卦爻辞占断至为重要。这些用语主要有"亨""利""贞""吉""凶""厉""悔""吝""咎""无咎"等。易传不同篇对"元亨利贞"就解释各异，古代易学家对这四字也没有统一的训释，今根据近代以来学者的意见和我们所认为的确切含义，对《周易》中的占断术语做如下解释。

1."亨"：通达顺畅的意思。爻辞中有些"亨"字与"享"字相通，如"公用亨于天子""王用亨于西山"等，在这里"亨"字不是占断用语。"元"字常和"亨""吉"等字搭配，组成"元亨""元吉"等语，在这里，"元"字是形容词作定语，是"大"的意思，"元亨"即大为通达，"元吉"即大吉大利。"亨"在卦爻辞中作断占用语共三十余处。

2."贞"：动词，占问的意思，即以筮卦形式占问吉凶。"贞"字常和其他断占术语配合使用，如"贞吉""贞吝""贞凶""贞厉""利贞"等。"贞吉"即占问之事为吉、占问之事当吉，卦爻辞中"贞吉"共二十七处。"贞吝"即占问之事难行、占问之事将遇艰阻，卦爻辞中"贞吝"共四处。"贞凶"即占问之事为凶、占问之事当凶，卦爻辞中"贞凶"共七处。"贞厉"即占问之事将遇危难，卦爻辞中"贞厉"共七处。"利贞"即于贞有利、利于贞问，卦爻辞中"利贞"共三十八处。

3."利"：有益，有利于。和其他词搭配使用，常见的用语有"无不利""无攸利""利某事"等。"无不利"指处处有益，无所不利，卦爻辞中"无不利"共十余处。"无攸利"即没有益处，皆无所利，卦爻辞中"无攸利"共十处。"利见大人"即利于谒见在位者，瞻视在位者有益，卦爻辞中"利见大人"共七处。"利有攸往"即往某处有益，利于往某处；"不利有攸往"意思相反；"小利有攸往"指往某处小有益，稍利于往某处。卦爻辞中"利有攸往""不利有攸往""小利有攸往"共十余处。"利涉大川"即过大河顺利，过大河有益；"不利涉大川"一处。"利建侯"即建国卦侯顺利，建国卦侯有益，卦爻辞中"利建侯"共三处。"利居贞"即占问住宅吉利。

4. "吉"：吉祥，福祉。卦爻辞中"吉"共七十五处。"吉"和"元"组合为"元吉"，"元吉"即大吉，卦爻辞中"元吉"共十五处。"吉"字前冠以表事件先后阶段之词"初""中""终"组成"初吉""中吉""终吉"。"初吉"指开头阶段吉祥，"中吉"指中间阶段吉祥，"终吉"指末了阶段吉祥。

5. "吝"："遴"的假借字，是艰难、难于实行的意思。"小吝"是遇到较小的艰难。卦爻辞中"吝"共十三处，"小吝"两处。

6. "悔"：困苦的意思。"无悔"就是没有困苦，卦爻辞中"无悔"共六处。"悔亡"指困苦将去或已消失，卦爻辞中"悔亡"共二十处。

7. "厉"：危险的意思。卦爻辞中"厉"共十六处。

8. "无咎"：没有灾祸。卦爻辞中"无咎"共九十余处。

9. "凶"：遇到祸殃。卦爻辞中"凶"共三十余处。

10. "眚"：灾祸的意思。"灾眚"义同"眚"。"有眚"，有灾祸；"无眚"，无灾祸。卦爻辞中"灾眚""有眚""无眚"各两处。

11. "有言"：有过错、有罪过的意思。"言"是"愆"的假借字。卦爻辞中"有言"共四处。

12. "无誉"：没有好名声。卦爻辞中"无誉"共三处。

13. "勿用"：行不通，不利。卦爻辞中"勿用"共八处。

14. "勿恤"：不用担忧。卦爻辞中"勿恤"共六处。

15. "有喜"：指疾病痊愈。卦爻辞中"有喜"共两处。

16. "有孚"：捉到俘虏。卦爻辞中"有孚"共十三处。

三、爻辞的运用

我们曾经说过，占断主要是在卦中搜寻与所占事物有联系性的各种因素，这些因素主要是卦辞、爻辞、卦象、易数等。下面我们就分别谈谈占筮中对这些因素的运用，其间所考察的筮例将不再限于春秋时期，而是包括先秦至清代的筮案，甚至涉及现代的一些占筮事例。

在古代筮案中，除一爻变之外的其他卦，很少用爻辞占断，而一爻变动的卦，用爻辞占断是非常普遍的，当然常常还兼用其他（如卦象、互体等）因素。《左传·庄公二十二年》载陈厉公生敬仲时，占卦遇观☷☴之否☰☷，是"观"卦的六四爻动，所以占断时说：这就是所谓"观国之光，利用宾于王"。这句话是观卦的六四爻辞。六四爻为阴爻而居阴位，得位，又接近九五国君之位。能观视到国家政绩之光辉，如能以臣下之礼朝贡于王，必被待为上宾，所以占断时引申"观国之光，利用宾于王"这句爻辞说："这孩子将来能成大事，可能要在异国代陈国占有一个国家啊！"

有时爻辞与所占事物的联系性是极为明确而紧密的。如《左传·哀公九年》记载晋国的赵鞅在宋伐郑时准备救郑，阳虎用《周易》占筮，遇泰 ䷊ 之需 ䷄，六五爻变，即取泰卦六五爻辞占之，泰卦六五爻辞是"帝乙归妹，以祉元吉"。帝乙是殷纣的父亲，他的另一个儿子微子启在武王伐纣之后被封于宋，所以宋国是帝乙之后。"祉"是有福禄的意思。按本卦变爻辞，帝乙一方有福禄，大吉大利，所以阳虎说："宋有福禄而大吉，这对我们救郑不利！"于是，救郑这事就罢休了。

东汉大将军梁商的女儿，在汉顺帝永建三年（128）选入后宫为贵人，五年之后立为皇后，顺帝崩后进为皇太后。她选入宫中时才十二岁，太史为她占筮，遇坤 ䷁ 之比 ䷇，坤有国母之象，而且所变的六五爻爻辞是"黄裳元吉"，黄为地之正色，裳为下服，"黄裳元吉"是说坤之六五爻已升至尊位而仍居卑顺之下位，故大吉。因六五爻变而成为比卦，比的九五爻辞有"显比，王用三驱"的话。据清人毛奇龄说，这在后来都有奇验。梁皇后经冲帝、质帝、桓帝三朝皆临朝。冲帝立一年即崩，质帝立，梁皇后之兄梁冀专权，与宦官勾结杀质帝迎立桓帝。所谓"显比"即五爻由柔变刚而凌于君位，显要而重于亲比；"王用三驱"指立三帝，这一例既用了本卦动爻辞，又用了之卦变爻辞。

清代的纪晓岚应乡举时，他的老师为他占卦，遇困之大过，六三爻变。爻辞是"困于石，据于蒺藜，入于其宫，不见其妻，凶"。老师说："看来很不吉利！"而年轻的纪晓岚却说："我看这卦不错，我还没有娶妻，有什么妻可见？不见其妻，即为无偶，就是没有人比并，可能要考第一名。'困于石'，就是第二名的姓名有石字或以石字为偏旁的字。"后来一发榜，果然中了第一名，第二名是一个姓石的人，第三名姓米，"米"字的形象像蒺藜。

有时解卦看来并没有运用爻辞，实际上暗中仍是用了爻辞的意思。如唐代的路宴晚上上厕所时，碰见强盗埋伏在里面，他用灯一照，强盗说："请您不要害怕，我受别人之命来行事，但暗中察看，觉得您是一个正直的人，所以没有敢用剑。"说着把剑装到剑匣中走了。为这件事，路宴心里长时间结着一个疙瘩，就叫人给他占了一卦，遇夬卦九二爻动。占筮者说："从卦象和爻辞看来，对方大有害你之心，但事情既已过去，也不会再出什么事了。"还有宋代的王子献占卦，也遇夬九二爻动，占者告诉他："你一定会在夜里遇到惊恐的事。"这两个夬例都是夬卦九二爻动。夬九二爻辞是："惕号，莫（暮）夜有戎，勿恤。"意思是说有惊动而引起警惕，夜里将出现兵戎之事，但也用不着忧虑。这两个筮案的占断实际上都是用的九二爻辞。

用爻辞断卦有时还可解决实际问题。据说唐代的朱邯在南方卖卜时，遇到董元范的母亲得了一种怪病，每到晚上就发作。朱邯为之占筮，得"解"卦，上六爻动。朱邯告诉董元范："你今天日色过午时分，在你家附近的路旁等着，等到有带着弓箭的人过来，你让他帮你的忙，就能解决问题。"董元范照着他的话做了，果然碰到当地猎人李楚宝，就把他请到家里，用酒饭招待，晚上又留他住在家里。这天晚上月明如昼，李楚宝出门去察看，见房顶上落着一只大鸟，动嘴啄屋，屋里便传出痛楚的呻吟声。李楚宝引弓放矢，两箭都射中了大鸟。大鸟中箭飞去，屋里的呻吟声也停止了。第二天两人在屋内外搜寻，在另一间破败的屋子中发现一个碓臼，两支箭都在上面，还沾着血。自此以后，董母的病再没有犯过。这次占卦是"解"卦上六爻动，我们且看解上六爻辞——"公用射隼于高墉之上，获之，无不利"。意思是说有鹰隼之类落在高墙上，用弓箭去射它，如果射中，就会大吉大利。上述由筮者安排的事件，就是把解卦上六爻辞用行动重演一遍。

还有一个用爻辞的特殊情况是占筮遇鼎卦，无论九四爻动还是静卦，都取九四爻辞"鼎折足"的意思来占筮。据说鲁国将要伐越国时，占筮得鼎卦，九四爻动，子贡用九四爻辞"鼎折足"的意思解卦，认为不吉利，因为远征伐越要步行，步行用足，足折故凶。但孔子说是吉，因为越地多水，行军用船不用足，所以吉。这一卦遇鼎卦九四爻动，用九四爻辞是一般的规则。但如果是鼎静卦，六爻不动，古人也用九四爻占。如李纲在隋朝的时候，仕途失意，占筮得鼎卦，占筮者说："你要等到改朝换代才能得志（这是根据《杂卦》'鼎取新'的话断的）；但得志之后要急流勇退，不然将折足而败。"这里虽遇鼎静卦，却也还用九四爻辞占之。李纲后来在唐朝出仕，官至尚书、太子少师，屡次上表辞职，后得脚疾，唐太宗专门赐给步舆，这大约即"折足"之应。

宋代的晁说之，每天早晨都整衣焚香占一卦。有一天天下小雨，有一个人来访问他。他对来人说："我刚才占了一卦，得鼎，有折足之象。但折足的不是我，既有客来，必然要应到客人身上，你千万要谨慎小心。"客人辞别出门，走到巷口，一不小心滑了一跤，跌断了小腿，治了好几个月才痊愈。晁说之其所以说折足之兆应在客人身上，是因为内卦为贞，代表自己；外卦为悔，代表别人。"鼎折足"为九四爻辞，九四爻在外卦。

以上三个筮例都是遇鼎静卦而以九四爻辞占之。

四、卦辞的运用

用卦辞占断的最常见的情况是六爻不动的静辞。这种占断的特点是判断事态发展的大势。如尚秉和先生曾于 1925 年 11 月 18 日（农历十月初三）占筮北京城的安危。当时正值军阀混战，张作霖的奉军对北京形成强大的压力，兵临城下，冯玉祥避其锋芒向北退去，北京城里人心惶惶。尚先生当时正在内务部供职，同僚友人请他起卦占筮京城安危，得坤卦，他当时主要以坤卦卦辞中的"安贞吉"三字断卦。友人听了虽然高兴，但总怕他是为了安慰大家而这样断的。不几天后，冯张相互达成妥协，加之郭松龄突然倒戈，奉军自顾不暇，北京城暂时得以安宁。

《国语》中载晋公子重耳流亡多年从秦国渡河回国时，晋大夫董因到黄河去迎接他，当时也曾进行占筮，也是以卦辞断卦的。占筮得到的是泰卦，重耳当时还拿不定主意，不知该不该渡河回去。董因说："这卦是天地配亨，小往大来，现在正碰到这个吉利时候，岂可不渡河吗？您为晋国国君，必能称霸于诸侯，您什么顾虑也不应当有！"所谓"天地配亨"是说泰卦 ䷊ 是由天 ☰（乾）、地 ☷（坤）两经卦组成，天为阳本在上而来居于下，地为阴本在下而往居于上。天地交而二气通，万物生生不已；上下交而其志同，社会达于人和。"小往大来"，"小"在卦中指坤阴，阴往居于上；"大"在卦中指乾阳，阳来居于下。用此卦占断人事，"小往大来"的"小"象征子圉，子圉为晋惠公太子，曾经在秦国做人质，晋惠公死后他偷着逃回晋国即位为怀公；"大"则象征重耳。所谓"小往大来"是说真正的君主此时为人臣，而应为人臣的子圉此时往居于君位。但从前景看，是"吉亨"。重耳回国后被立为国君，这就是春秋五霸之一的晋文公。子圉则被杀于高梁这个地方。这里董因主要就是用泰卦卦辞"小往大来，吉亨"来断卦的。

有时在用卦辞占断的同时，并用传文加以印证。如三国魏的邓艾将前往伐蜀，梦见自己坐在山上，山上还有流水，让爰邵给他圆这个梦。爰邵便根据他这个梦起卦，梦见山上有流水，山是艮 ☶，水是坎 ☵，水在山上就是水山蹇卦 ䷦。爰邵判断说："蹇卦卦辞是'蹇利西南，不利东北。利见大人，贞吉'，而蹇卦的《象》传又说

'蹇利西南，往得中也；不利东北，其道穷也。利见大人，往有功也；当位贞吉，以正邦也'。蜀在西南，你这次伐蜀，必然能够成功，便不利东北，其道穷也，你恐怕很难回来了。"邓艾听了，心里很不快活。后来他果真伐蜀成功，但最终遭遇兵变而死，到底未能回到中原。

以上三个例子，都是静卦用卦辞占断。但并不是用卦辞占断的卦都是静卦，一爻变或数爻变的卦，有时也用卦辞。下面我们就举两个例子，一个是东晋十六国时的，一个是清代的。

前秦开国皇帝苻健未入关中时，京兆杜洪占据长安，两军打了一仗，苻健虽得胜，但他仍然给杜洪写了信，送了许多珍宝和名马，说自己要亲自到长安给杜洪上尊号。杜洪说："这分明是一个阴谋，送了好东西又甜言蜜语，就是要诱骗我上当。"于是召集了关中兵丁民众来抵御。这时苻健占了一卦，遇泰䷊之临䷒，是泰九三爻变。苻健说："这是一个好卦，泰的卦辞是'小往大来，吉亨'。当初往东是小，这次还东为大，没有比这更吉利的了。"于是坚定了进军的信心，直捣长安。杜洪奔逃，苻健便攻取了长安城并定都于此。这虽然是泰九三爻动，却没有用九三爻爻辞占，而是用卦辞占。

清代的郭子坚约李刚主一起到南方去，并怂恿李刚主在南方娶了小老婆生了儿子。开始也曾占卦，遇大畜䷙之中孚䷼，九三爻、六五爻动。当时也知道是吉卦，但对卦中的含义并不完全了然。后来李刚主专门学易，回过头来对此卦做了分析。他也未用变爻爻辞，而是用本卦大畜的卦辞占断。大畜卦的卦辞"利贞，不家食，吉，利涉大川"。大畜二至四爻互卦为兑，兑为口舌，外卦艮为宫阙，口食于宫阙，所以是"不家食"。中孚外卦为巽，内卦为兑。巽为木为风，兑为泽，乘木船而遇风，行于泽上，所以是"利涉大川"。大畜之中孚，内卦乾变为兑，兑为少女，就是他纳妾的预兆。这一占断，主要运用本卦卦辞，同时用卦象、互体对卦辞做了印证。

五、卦象的运用

上节谈运用卦辞占断的最后一个筮案，已经涉及了卦象的运用。卦象在"易"的构成和发挥上都是一个带有根本性的因素。我们在"关于卦象"一节就曾说过，无论是研究《周易》还是卦占，都不能抛开卦象。卦象在占筮中是用处最大、运用率最高的一个因素。中国古代的筮案中有许多是纯用卦象占断的，而运用卦爻辞时也大都兼用卦象。在上两节中，我们为了突出说明占筮中对爻辞、卦辞的运用，略去其中涉及卦象的部分，并不是那些筮案中未用卦象。本节中我们重点来谈谈断卦时对卦象的运用。

先说一个比较简单的运用大象的例子。这里说的大象是指八卦的主要取象。利用卦的大象占断，用一句话概括就是寻找联系性，如卦象与所占事物的联系、内外卦的联系等。

北齐的赵辅和精于易卦占筮。有一次一个朋友给别人占卦，碰巧赵辅和也在场。来人是卜问他父亲的病情的，得泰卦䷊。一般来说，这是一个吉卦，卦辞是"小往大来，吉亨"，表示阴阳相通，天地相交，利于万物。所以朋友占断说："非常吉祥，病很快就会好的。"那人走了以后，赵辅和对朋友说："泰卦乾下坤上，乾为父，坤为土，这不是父死入土之象吗？怎么能说吉祥呢！"果然不几天就听到那人的父亲死亡的消息。这里赵辅和纯用卦象。要说他断此卦比朋友高一招的地方就是，善于很敏感地发现卦和所占事物的关联性，使两者结合得很紧密，而不是离开占算对象的实际照搬《易经》中的死教条。

如果说这是很简明地运用卦象的例子，那么有些筮案中对卦象的运用就稍微比较复杂一点。如东吴的末代皇帝孙皓在即将亡国的时候，占卦得同人䷌之颐䷙，占者说："从外卦来看，乾变为艮，天折于山；从内卦来看，离变为震，离为日，震属东方，日没于东——这卦很不吉利！"吴位在东，天、日都是国君的象征。天折日落，就是东吴灭亡的征兆。这一筮例涉及四个卦象，就稍微复杂了一点。

明代胡斋、袁杞山卜得金杯的故事，也涉及四个以上的卦象，而且有些卦同时用了两个卦象。胡、袁二人游金陵时，寄宿在神乐观中。恰逢当时的提点姚一山丢失了金杯，姚爱惜金杯，非常生气，严厉地责罚了手下一名随从。胡、袁二人很同情这个随从，就占了一卦，得剥䷖之颐䷙。他们便告诉姚一山说："您用不着生气，金杯并没有丢失，而是埋在土中。现在从您住处的东南方墙角向下挖，挖到五寸就会发现金杯。"姚一山依照他们的话办理，果然找到了金杯。

他们的占断是如何运用卦象的呢？剥卦的上卦为艮，下卦为坤。"艮覆碗"，艮的卦画 ☶ 就像一个倒扣着的杯子；坤为土。艮还有"止"的意思。所以剥卦就兆示着金杯止于土中。至于五寸是根据什么判断的，我们留待谈易数时再说。

卦象常常被用之于射覆。射覆是一种很有趣的游戏。"射"是猜度的意思；"覆"是覆盖的意思。射覆就是随便把一些小型物件置于密器中，让射者通过占筮的途径，指出究竟是什么东西。中古时代的管辂、郭璞，都是射覆的能手。射覆要从卦画向具体物件引渡，推理中贯穿着形象思维，所以离不开卦象。下面我们就谈几个射覆运用卦象的例子。

梁元帝萧绎在未登基以前也常筮卦，尤其善于占雨，也会射覆。有人将潘杲的名字裹在纸里让他射覆，起卦得火风鼎 ䷱，他说，鼎卦上卦是离，离为日，下卦为巽，巽为木，这个字是"日"下安个"木"——"杲"字。据说他像这样神奇的占验还有很多。

下面是《三国志》中所载的魏国术士管辂的五宗射覆故事，以及尚秉和先生推出的卦体并解释。①②是平原太守刘邠给管辂设置的，③④⑤是新兴太守诸葛原设置的。可以说都是一些比较罕僻的东西，而管辂起卦占筮——都射准了，并且都用四言韵语加以表述。

①印囊："内圆外方，五色成章。含宝守信，出则有章——此

印囊也。"解：此为地天泰卦☷☰。乾为天，坤为地，天圆而地方，天在内卦，地在外卦，所以说"内圆外方"。拿颜色说，乾为大赤，坤为黑为黄，泰二至四爻互兑，兑为白色；三至五爻为震，震为玄黄，所以说"五色成章"。乾为玉为金，坤为布为囊，所以说"含宝"。乾为直为言，所以说"守信"。震为动，所以说"出则有章"。根据以上特征做综合判断，只能是印囊。

②山鸡毛："高岳岩岩，有鸟朱身。羽翼玄黄，鸣不失晨——此山鸡毛也。"解：此为火山旅卦☲☶。内卦为艮，艮为山，所以说"高岳岩岩"。外卦为离，离为丽，为文采，配四灵之朱雀，所以说"有鸟朱身"。艮之倒体为震，震为玄黄，所以说"羽翼玄黄"。三至五爻互兑，兑为口舌，为鸡（鸡者兑之畜），所以说"鸣不失晨"。据以上诸象，综合判断为山鸡毛。

③燕卵："含气须变，依乎宇堂。雌雄以形，翅翼舒张——此燕卵也。"解：此为火雷噬嗑☲☳。内卦为震，震为雷电，为鼓，为竹、苇，圆而中空，像蛋壳，所以说"含气须变"。震和二至四爻互艮相依连，艮为门阙，所以说"依乎宇堂"。三至五爻互坎为中男，外卦离为中女，所以说"雌雄以形"二至五爻既为"雌雄以形"，阳爻两旁之阴爻有鸟张开翅膀的形态，所以说"翅翼舒张"。综合以上特征，断为燕卵。

④蜂窝："家室倒悬，门户众多。藏精育毒，得秋乃化——此蜂窝也。"解：此为震卦☳☳。艮为门阙，而震为艮之倒象，三至五爻互坎，坎为宫，二至四爻互艮又为门，所以说"家室倒悬，门户

众多"。坎又为隐伏，为盗为眚为病，所以说"藏精育毒"。坎为水，至秋金旺生水，所以说"得秋乃化"。既为多门而宫室倒悬，其中藏精育毒，至秋乃化而为幼虫，这只能是蜂窝。

⑤蜘蛛："觳觫长足，吐丝成罗，寻网求食，利在昏夜——此蜘蛛也。"解：此为归妹卦☳。上卦为震，震为动为足，所以说"觳觫长足"。二至四爻互离，离为网。《系辞下》："作结绳而为罔罟，以佃以渔，盖取诸离。"下卦为兑，兑为口，所以说"吐丝成罗""寻网求食"。三至五爻互坎，坎为伏为盗，所以说"利在昏夜"。以诸卦象推断，只能是蜘蛛。

这五个射覆占断的取象，就比前面所谈的几例占筮取象复杂得多了。取象之多广，还要数《左传》《国语》中的一些筮案。

据《左传·僖公十五年》载，晋献公将嫁女伯姬于秦穆公，命史官史苏占筮，得不吉之兆。其卦为归妹☳之睽☲，雷泽归妹，变卦火泽睽。"归妹"为婚嫁之意，"睽"则冲撞、违背。爻辞曰："上六：女承筐无实，士刲羊无血，无攸利。"史苏认为此次联姻毫无好处。史苏在占断时广泛地用了卦象，在论断此卦的不吉时，除引用了两卦的动爻辞外，还说："雷为火，为嬴败姬。车脱其輹，火焚其旗，不利行师，败于宗丘。"归妹之睽，上卦变，由震变为离，震为雷，离为火，这就是"雷为（变为）火"。震为车，归妹三至五爻互坎，坎为险难，这样车有险难而不能行，所以说"车脱其輹"。在变卦睽中，外卦离为火，睽三至五爻互坎，坎为曳，象旗而与火连，所以说"火焚其旗"。车脱輹，旗遭焚，此兵败之象，所以说"不利行师"。

另一个广泛运用卦象的筮例是重耳在秦国时，筮问自己会不会统治晋国，得屯卦 ䷂ 变豫卦 ䷏（"贞屯悔豫皆八"）。筮中除了据两卦卦辞都有"利建侯"的话，肯定是吉占而外，还用了一系列的卦象，例如"震，车也；坎，水也；坤，土也。屯，厚也；豫，乐也。车班内外，顺以训之，泉以资之，土厚而乐其实，不有晋国，何以当之？震，雷也，车也；坎，劳也，水也，众也。主雷与车，而尚水与众。车有震，武也；众而顺，文也。文武具，厚之至也，故曰屯"，"主震雷，长也，故曰元；众而顺，嘉也，故口亨。内有震雷，故曰利贞。车上水下，必伯"，"坤，母也；震，长男也。母老子强，故曰豫"，"是二者，得国之卦也"。大致意思是说，屯卦有"厚"的含义，豫卦有"乐"的含义。震为车，坎为水，坤为土，内卦外卦都有车，本卦二至四爻互坤，之卦的内卦为坤，坤为顺，保证了二车的顺利。屯三至五爻、豫二至四爻都互艮，艮为山，屯外卦为坎，坎为水，这样山上有泉水之源，流而不竭，又有屯互坤、豫内坤的厚土的养育，这不都是拥有晋国的征兆吗？在屯卦中，震为雷为车，坎为劳为水为众。内卦为主，有雷有车，外卦为辅，有水有众，有震车之威武，有众顺之文德，文武皆备，这是最富厚的表现，所以有屯卦的丰厚。震为雷，为长男，为诸侯之象，又配以民众之服顺，为嘉亨之兆。从屯卦看，震为车，车动而上有威，坎为水，水动而下顺畅，有威武而民众顺从，这又是称霸（"必伯"）的象征。从豫卦看，坤是母，震是长男，母老而子强，所以有豫卦的怡乐。这屯、豫二卦，都是可得到晋国的吉卦。

关于记载在《左传》《国语》中的春秋占卦取象的广泛、错综、繁复，从上面两个筮例中就可以看得很清楚，从中也基本上可以掌握当时占筮的取象法则，所以我们没有必要举更多的例子了。

六、八卦方位的运用

占筮中常常需要断出所占事物的方位，如寻物要知道丢失的方向，出行要知道所去方向是否吉利，战役中判断处于哪个方位的一方可以获胜等。占筮中对方位的推断是通过各种途径、用各种方法达到的。

东晋的孔群要到扬州上任，让郭璞算一算到任之后，治下都会发生些什么事情。郭璞共预测出五件事，后来都一一应验。其中一件说，扬州东北有一个县名有"武"字的县境内，要出土六枚铜铎。后来晋陵郡的武进县农民陈龙，果然在挖地时挖出六枚铜铎。卦为咸 ䷞ 之井 ䷯，咸外卦为兑，兑为金为口舌，金属有舌而通过声音传达人意的，只能是铜铎。咸内卦为艮，艮为土为止。上卦既为铜铎，下卦为土为止，全卦为铜铎止于土中。那么止于何处土中呢？自然要从为土为止的艮来判断，艮卦的方位为东北，所以推断出铜铎者为东北境的郡县。

五代时石敬瑭在太原违抗后唐废帝李从珂之命，李从珂发兵围攻太原，石敬瑭叫马重绩占筮吉凶，得同人卦 ䷌。马重绩占断说:"此卦上乾下离，乾有天之刚健，离有日之明离，这都是南面而向以治理天下的象征。而且卦名是'同人'，必然有人与之同心。《说卦》说:'帝出乎震，相见乎离，战乎乾。'"乾卦的方位在西北，离卦的方位在南方，同心之人必然是从北向南来的。所谓同心之人系指契丹，其实契丹支持石敬瑭是石敬瑭一再献媚，以做儿皇帝换取的，马重绩不过是借着卦理来迎合石敬瑭的用心罢了。

南宋的辛弃疾年轻时与党怀英同拜蔡伯坚为师，他们在筮仕时，党怀英得坎卦，辛弃疾得离卦。坎卦方位为北，离卦方位为南。据说辛弃疾因此决意投归南宋，党怀英则留在北边的金朝。在"卦象的运用"一节中，我们曾讲了胡翽与袁杞山为姚一山占金杯的故事。他们叫姚到指定的地点去挖，哪里呢？就是屋外的西南角。为什么判断为西南角？也是根据卦象。其卦为山地剥☶变山雷颐☶，剥上卦为艮☶是覆杯之象，又有"止"的意思；下卦为坤，坤为土，全卦是杯止于土中。止于哪里的土中？坤卦的方位为西南，判断埋在屋外西南角的地下。这是八卦方位在寻物时的具体运用。

明代的张仑，五岁时因病失明，十三岁学易，精于占筮。明武宗正德年间，皇帝南巡，眼看要到浙江，地方官加紧征敛，以供应驾之用。总督徐公蕃叫张仑占筮，遇同人☰之离☲。徐公蕃说:"同人有相亲的意思，是天子南面与我相亲，应当马上准备迎接！"张仑说:"我看不是这样，九五爻为天子之位，同人外卦为乾，乾为君，而乾卦的方位为西北，因此皇上不但不再来，而且要返回西北了。"后来事实果然与张仑的判断相同。

尚秉和先生在占筮中是很善于运用八卦方位的，下面就举他在二十世纪二十年代占筮的几个例子。

1925年农历七月初七晚上，友人与尚先生聊天时谈到时局问题，当时战争时起时落，社会上纷纷传说直奉大战就要打起来了，于是布卦占筮，遇临䷒之井䷯。尚先生占断说："临外卦为坤，坤为众，二至四爻互震；内卦为兑，兑为毁折。这就是说民众将要受到惊扰和损失。临卦变为井卦，井卦上卦为水，下卦为风，风激浪涌，看来战争风云是避免不了喽！而且本卦临的卦辞说'至于八月有凶'，战争恐怕要在下月打起来。"

朋友问："北方有没有战争？"

尚先生说："外卦由坤变坎，坤卦的方位是西南，坎卦的方位为北方，必然是战争起于西南，最后蔓延到北方来。而且从卦象来看，北方的战祸比南方严重得多。井卦的二至四爻互兑，三至五爻互离，而这两个互卦都和井外卦的坎相连。坎为险难，兑为毁折，离为甲胄戈兵，处处都是战争的征兆。"

朋友又问："那么什么时候战事能停下来呢？"

尚先生说："外卦由坤变坎，由西南而北方。坤西南而地支为未申接酉，坎北方而地支为子接丑，看来战争是起于酉月（农历八月）而终于丑月（农历腊月）。"

然而，实际情况是到了八月，反而没有人谈起战争的事了，直到中秋都没有什么动静，两人都以为是卦不准。不料到农历八月二十五日，江浙战争忽起，奉军退出苏皖。战争的根源起于西南，吴佩孚为联军总司令。到了十月中旬，郭松龄倒戈反奉，不几天直隶军务督办李景林突然向冯玉祥宣战，战争在津浦线、京津线上拉开，北方战事剧烈起来。到十一月，冯军打进天津，郭松龄也兵败被杀，到十二月战事便平息下来。

在这一筮案中，运用卦的方位，占断了时局形势中极重要的问题，即战争的起始地点和战场变化情况。

就在这一时期，尚先生还曾于9月17日午后，在内务部为部中同僚占卜直、奉的最后胜负。当时两系在徐州正打得难解难分，很难看出来谁胜谁负。起卦得坤 ䷁ 之蒙 ䷃。尚先生分析说，"本卦为坤，坤为土为众为柄，坤位为西南"，坤卦辞又有"西南得朋，东北丧朋"的话，这都预兆着西南得土地得民众得政柄，而东北的奉系将势孤失援。再看之卦山水蒙的"换象"是水山蹇，蹇卦辞也说"利西南不利东北"，所以张作霖的不利是必然的。从卦象看，蒙卦是上艮下坎。艮为止为终，坎为险为陷，而艮卦的方位为东北，坎为内卦，预示着东北一方的危险潜伏在内部。蒙的内互卦为震，震为动，预示着这种危险将要爆发。

当时张作霖的雄兵全盘踞东北，冯军力避其锋，虚与委蛇。十月初十，郭松龄以"兵谏"为名起兵伐奉，出山海关占据锦州，张作霖的精锐兵力陡然减去十分之八九，正应了蒙卦艮止坎险之兆。吴佩孚本以讨张为名而发动战争，这时冯讨张和郭叛张都应了"西南得朋，东北丧朋"（即吴得朋、张丧朋）的话。尤其神奇的是坤卦变蒙卦，二爻、上六爻动，这两爻的爻辞分别为"直方大不习，无不利"和"龙战于野，其血玄黄"，与事实极为吻合。然而坤卦《象》传中还有"东北丧朋，乃终有庆"的话，标志着张作霖有最后胜利的希望。果然，张作霖后来打败了郭松龄。《周易》经文中有许多有关方位的语句。在占断中，八卦方位的运用如果与涉及方位的卦爻辞结合起来能互相发明，这最足以增强断卦者的信心和灵感，尚秉和这一筮案就是属于这样的情况。

七、易数的运用

数和象是易学中最重要的两个范畴。汉代易学最重象数。至于象和数的关系，早在春秋时就有人论及，认为两者是互相联系的。《左传·僖公十五年》里，晋国大夫韩简说："筮数也，物生而后有象，象而后有滋，滋而后有数。"孔颖达解释补充："筮之用揲蓍以为卦，是筮以阴阳蓍策之数而告人也。凡是动植飞走之物，物既生讫，而后有其形象；既为形象，而后滋多；滋多而后始有头数。象生而后有数，是数因象而生也。若易之卦象，则因数而生，故先筮而后得卦，是象从数生也。"这里孔颖达实际上对"象"做了区分，把"象"分为物象和卦象。物象是具体的、实在的，卦象具有抽象性、象征性，是一种符号。这两种"象"与数的关系是，先有物象而后有数，由数又产生卦象。而占断便是通过卦象和数去推断具体物象，得出事物明晰的关系和形态。所以占筮实质上包括揲蓍起卦和依卦占断这样两个相逆的过程：揲蓍起卦是从具体事物的个别信息，通过大衍之数而得出卦象；依卦占断则是根据卦象并通过易数（河洛数）而推断出具体物象。这两个过程可用下图来表示：

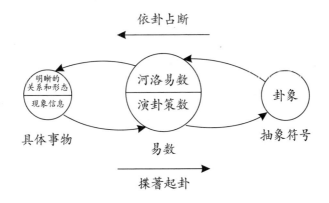

一般来说，易数在卦中都有显示，但占筮者不一定都能有效运用，有时也没有必要运用。下面我们分类谈一谈占筮运用易数的例子。

第一类是单纯的河洛数。我们曾经谈过的郭璞以坎卦的河图地数为六，推知出土铜铎为六枚的例子，就属这一类。郭璞所占之卦为咸䷞之井䷯，本卦外卦为兑，为口舌，五行为金，为铜铎之象。兑变而为坎，而且本卦二至上爻为大坎，所以铜铎枚数要用坎的易数来判断，后天卦配河图，坎的地数为六，所以断定铜铎为六枚。关于以单纯的河洛数断卦，我们再举两个例子。

一个是我们上节所谈的胡翙与袁杞山占金杯，占出在屋外西南角地下埋着。要挖多深才能挖出杯子呢？卦为剥䷖之颐䷚，本卦内卦为坤，外卦为艮，坤为土，坤方位为西南，艮为止，又为覆杯之象，断定金杯埋在屋子西南角地中。埋的深度指地的深度，所以也要以坤为断。这就是要找坤的易数。后天配河图，坤卦易数为五，所以断定为五寸。

另一个是南朝萧梁时代的例子。在一次宴会上，梁武帝萧衍叫尚书仆射沈约作覆（把任一件或数件体积较小的东西暗中放在封起来的布囊或容器里）让大家来射（通过占筮，判断究竟是几件东西，都是什么）。沈约就背着众人把一只老鼠装在一只匣子里献上去。当时是八月庚子日巳时。由梁武帝起卦，遇蹇☵之噬嗑☲。他先把自己的占筮写好收起来，同时叫其他人都来射。当时除梁武帝外，还有九个人参加射覆。等大家都做出自己的占筮并写在纸上时，才由大臣一一公布大家的占射结果。先读梁武帝的占辞，其中的意思说：本卦蹇是内艮外坎，坎为盗，鼠性善盗，蹇卦是险而能止，还不至真有凶险，但一变，下卦为动，这就有凶险了。噬嗑卦的六条爻辞，初、二、三、五爻都是"无咎"，四爻是"利艰贞，吉"，只有上爻爻辞是"荷校灭耳，凶"，肩上的木枷遮住了耳朵。这是被捉住而弄死了的一只老鼠。因为与匣中所藏之物相合，群臣高呼万岁，梁武帝非常得意。

再读另外八个人的射覆辞，都没有射中。最后把闰公的占辞打开，上边说，日是"子"日，月是"酉"月，酉金生水，所以子水旺相，子旺生鼠。蹇卦变噬嗑卦，上卦由坎变离，水变火，阴变阳，鼠是阴物，变阳失其性；下卦由艮变震，艮为止，震为动。动而失性，所以被擒。时间是子日，子为鼠；蹇的内卦为艮，艮的卦象也是鼠。外卦为坎，坎为盗，为隐伏。鼠而能盗。说明这是一只活老鼠。月为酉，酉为金，按后天八卦配河图，属金的乾、兑卦，其地数为四，所以老鼠总共是四只。坎变为离，离为日，日过午则昃，不要说还是阴类的老鼠呢！况且离卦的四爻说"死如，弃如"，日偏以后，活老鼠就要变死。打开匣子一看，果然是一只活老鼠。因为梁武帝射为死鼠，大臣们觉得失了他的面子，就反过来责问闿公说："你不是说老鼠共有四只吗，为什么只是一只呢？"闿公说："剖开它的肚子就知道了！"日偏后老鼠果然死了，剖开来一看，正怀着三只小老鼠。这里射鼠数，是依据月份的五行推出卦来，求得易数。

第二类是从爻的情况决定数目的。春秋时，周的单襄公病重，他对儿子顷公叮咛说，一定要很好地对待从晋国来的公子周，从他的德行看来一定会做晋国的国君。原来此前还有一位晋国公子也在周客居过，就是黑臀。晋国在晋灵公被杀后，从周迎黑臀回去，立为国君，即晋成公。黑臀回国时，曾经占卦，遇乾☰之否☶。占辞说："配而不终，君三出焉。"是说晋君的子孙当国君，有三次都当不到底，所以晋的国君三次都出于周，晋成公是从周迎回的，这是第一个，那第二个肯定就轮到公子周（即晋悼公）了。

晋国迎成公占筮断卦时说的"配而不终，君三出焉"，是根据什么断出来的呢？据韦昭及尚秉和解释是：乾变否，内卦的三爻全变，由乾变为坤。乾为天为君，坤为地为臣，重卦的第五爻为天子之位，乾卦第五爻所在的上卦不变，而下卦初爻变，二爻变，三爻变，预兆着晋国之君，三次出于周天子之国。

有些占筮所算得的年数，也是从爻的情况推知的。如五代南汉司天监周杰，占算君主刘龑能活到二十五岁；唐葫芦生断定刘辟自占卦之年算起，只有二十年寿禄；唐郫地道士肯定王廷凑三十年后子孙中有二人封王；等等，都是用纳甲法从爻中推算的，因为后章要专谈纳甲，这里暂不赘述。

第三类是有些卦的结论是从同系列文化的序数中推得的，这也可算作一种易数。《左传·昭公七年》说："天有十日，人有十等。"《左传·昭公五年》说："日之数十。故有十时，亦当十位。""十日"指日的天干共有十个，这就是甲、乙、丙、丁、戊、己、庚、辛、壬、癸。"十时"指一昼夜被分为十个时间，这就是日中、食时、平旦、鸡鸣、夜半、人定、黄昏、日入、晡时、日昳。这是从白天日正中开始，向前逆推，古人叫作"从中右旋"。其中晡时为吃下午饭的时间，日昳即日昃，就是太阳偏西的时间。"十位"即王、公、卿、士、皂、舆、隶、僚、仆、台。那"十时当十位"是怎么的"当"法呢？魏晋杜预说："日中当王，食时当公，平旦为卿，鸡鸣为士，夜半为皂，人定为舆，黄昏为隶，日入为僚，晡时为仆，日昳为台。"

有了这些常识，我们就可以谈《左传》中记载的穆子出生时的筮案了。穆子出生时，他的父亲庄叔（得臣）用《周易》占筮，遇明夷䷆之谦䷎。卜人楚丘占断说，这孩子将来要出奔到外国，回国后又为国卿，奉祭祀，但由于出现谗人，使他最后饿死。而且可以断定，这个谗人的名字叫作牛（即竖牛）。

对于以上的占断，楚丘论证说："日之数十，故有十时，亦当十位。自王已下，其二为公，其三为卿。日上其中，食日为二，旦日为三。明夷之谦，明而未融，其当旦乎，故曰'为子祀'。日之谦，当鸟，故曰'明夷于飞'；明之未融，故曰'垂其翼'；象日之动，故曰'君子于行'；当三在旦，故曰'三日不食'。离，火也；艮，山也。离为火，火焚山，山败。于人为言，败言为谗，故曰'有攸往，主人有言'，言必谗也。纯离为牛，世乱谗胜，胜将适离，故曰'其名曰牛'。谦不足，飞不翔，垂不峻，翼不广，故曰'其为子后乎'。吾子，亚卿也，抑少不终。"十时配十位，王的下边，第二位是公，第三位是卿。日中时，其光最为盛明，故这个时间配王。食时为第二位，就是公；平旦为第三位，就是卿。现在所得的卦是明夷之谦，明夷卦 ䷗，坤下离，坤为地，离为日，是日在地中。变成谦卦，谦是卑退的意思。所以是见到日光，但日光并未完全明朗起来。这个时间，正是平旦。十位中和作为十时的平旦来相配的，就是卿。所以说和父亲庄叔的地位一样，将来是奉他的祭祀的。明夷卦变为谦卦是初爻变，初九爻辞是"明夷于飞，垂其翼。君子于行。三日不食，有攸往，主人有言"。明夷初爻变，也即内卦离变，离为日为鸟，所以爻辞说"明夷于飞"；离作为日在这里是"明而未融"，作为鸟就是"垂其翼"，翅膀展不开来。明夷初爻变，离日有动，所以说"君子于行"，将要出奔他国，避难而行。元日为日中，二日为食时，三日为平旦。现在卦象是平旦，相当十时的"三日"，所以爻辞中说"三日不食"。明夷之谦，离变为艮，离为火，艮为山，火烧山，是失败之象。艮之言（据杜预

注），败于言，就是被谗言所陷害，所以爻辞说"有攸往，主人有言"。火烧山为火胜，艮烧而离存，离为牝牛，说以谗者"其名曰牛"。变谦卦，谦道冲退，垂翼而飞不远翔，必将归反，所以说要继承父亲之位。在这一筮案中，用了一系列的数字推衍。"易"归纳概括万事万物，所以这些数字推衍，乃是一种易数。

晋惠帝永安元年（304），关朗曾给同州刺史王彦占算过天下大势，遇夬 ䷪ 之革 ䷰。他放下蓍草叹了一回气说："国家大运不过再传两代而已。今年是甲子，到甲申是二十年，再过二十四年是戊申，这时天下要开始大乱，朝中要出强臣独掌权柄，这个人如果行王道，就和齐桓公、晋文公的事业一样；如果不行正道，就会和君主一起完蛋。这个时候，会有二雄起来分治中国，但如果没有大贤扶佐，也都不会成大气候。"王彦问："这个时间大约怎样定？"关朗说："从甲寅年（414）开始，到庚子年（580）结束，辛丑年（581）会有恭俭之主，起于布衣，来统一六合。"王彦说："这个人出在东南吗？"关朗说："不，平大乱，靠文的不行，必须靠武力。只有北方才是善于用武的地域。东南风俗的弊病是浮躁轻佻，只有雄强豪壮的西北方人才能完成这个任务。从辛丑年开始，不出九年，江东就要危亡。"关朗预言的这些年限数字和事实，大体上后来都可坐实。他所谓王道、大运，有一个大标准就是国家的统一。南北分治则为失去王道和大运。所谓"大运不过二"，为西晋怀、愍二帝；"蕃臣柄政"，为桓温专权；"臣主俱屠地"，为桓氏灭而东晋亡；"二雄举而中原分"，为刘裕和北魏拓跋氏；"恭俭之主并六合"，为杨坚夺取北周政权并灭陈。这些话说得如此明确肯定，一般人是不会相信的。针对这一点，尚秉和先生说："或疑其妄，岂知近代如著《黄金策》之胡宏，著《易冒》之程良玉，著《增删卜易》之野鹤，皆能以一卦定人平生之吉凶，而推得数十年之事，况深明易筮如关朗，刻百年之事，有何不能！特未详著其事与卦相应之理，后人阅之，但见其神奇耳，而不知晦明否塞，皆由卦象之五行推得，事甚平易也。"当然对尚先生这些话，我们也不敢完全苟同。我们对占筮的能否应验，最稳妥的是暂取存疑态度，承认这是祖国的一宗文化遗产。"易"作为一个系统，有合理的构架和科学的成分，但其中也免不了无稽的东西。对易卦占筮应当积极地研究它、探索它，去芜存菁，吐故纳新，不断揭开其中的奥秘。

关朗的这些结论，都是用纳甲法推断的，因为我们还未接触到纳甲法，所以先暂不分析他的依据。这里要提到的是他在这一筮案中所说的另外一段跟易数有关的话。当王彦让关朗推断王道兴亡时，关朗说："孔子说，文不在兹乎？这就是说王道是不会亡的。乾坤之策，阴阳之数，推而行之，不过三百六十六，引而申之，不过三百八十四。终则有始，天之道也。噫！朗闻之先圣与卦有契。自魏以降，天下无真主，故黄初元年庚子（220）至今（504）二百八十四载，更八十二年（586）丙午，三百六十六矣，当有达者生焉，更十八年（604）甲子，当有王焉，用之则王道振，不用则洙泗之教休矣。"这些话说明关朗除了用纳甲中的干支和五行推断天下兴亡之外，还参用了演卦中的策数。朱熹注《系辞》"乾之策二百一十有六，坤之策百四十有四，凡三百有六十，当期（一年）之日"这段话时说："凡此策数，生于四象。盖河图四面，老阳居一而连九，少阴居二而连八，少阳居三而连七，老阴居四而连六。揲蓍之法，则通计三变之余，变化往来进退离合之妙，皆出自然，非人之所能为也。少阴退而未极乎虚，少阳进而未及乎盈，故此独以老阳老阴计乾坤六爻之策数，余可推而知也。一岁凡三百六十五日四分日之一，此特举成数而概言之耳。"关朗所说的"乾坤之策，阴阳之数，推而行之，不过三百六十六"即指此而言。

八、爻象的运用

爻象关系到一爻的阴阳及其他爻的关系，它在整个卦中的地位等。爻辞是总的表述一爻的处境价值的。所以占筮运用爻象，常常和卦象、爻辞分不开。爻变引起卦变，所以对于爻变常常是放置到卦变意义中去理解去认识的。

我们举一个例子来谈这个问题。《左传·襄公二十八年》载郑子太叔从楚国回来后告诉子展："我看楚康王活不了多久了，他不修政德，一味向列国施逞他的贪欲。他不接见我，竟要我们郑国君主亲自去朝见他，像这样还能长久吗！《周易》的复䷗之颐䷚爻辞（复上六爻辞）说'迷复，凶'，说的简直就是楚康王。他想实现威风自大的愿望，而不顾起码的礼节，这就是失道已远而回不到正路上来，还能不凶吗！叫我们国君去吧，给楚康王送完葬再回来！"复卦从二爻到上爻都是阴爻，到上六达到极峰。如果是其他爻为阴爻，还有承阳的希望（阴爻在阳爻之下为"承"），上爻不可能承阳。极阴反阳而无所反，陷于迷惘，可与其相应的三爻也是阴爻而不能应，这样失道已远，远而无应，所以必然是凶的下场。这一例中对爻象的占断注重于爻位的审度，联系到爻辞，又涉及和其他爻的关系。

以爻象占卦，与卦变关系极大。这里我们有必要谈一下卦变。朱熹《周易本义》卷首列有卦变图，认为：

凡卦体中只有一个阴爻的卦共六个，都是从姤卦 ䷫ 来的。

凡卦体中只有一个阳爻的卦共六个，都是从复卦 ䷗ 来的。

凡二阳之卦共十五个，都是从临卦 ䷒ 来的。

凡二阴之卦共十五个，都是从遁卦 ䷠ 来的。

凡三阳之卦共二十个，都是从泰卦 ䷊ 来的。

凡三阴之卦共二十个，都是从否卦 ䷋ 来的。

凡四阳之卦共十五个，都是从大壮卦 ䷡ 来的。

凡四阴之卦共十五个，都是从观卦 ䷓ 来的。

凡五阳之卦共六个，都是从夬卦 ䷪ 来的。

凡五阴之卦共六个，都是从剥卦 ䷖ 来的。

这卦变体系中间有不少矛盾，不可尽信。如一阳之卦六个和五阴之卦六个完全相同，它们究竟是来自复卦还是来自剥卦？一阴之卦六个和五阳之卦六个完全相同，它们究竟是来自姤卦还是来自夬卦？二阳之卦十五个和四阴之卦十五个完全相同，它们究竟是来自临卦还来自观卦？二阴之卦十五个和四阳之卦十五个完全相同，它们究竟是来自遁卦还是来自大壮卦？古人在以爻象占卦时，每每用到这个卦变体系。他们运用得很灵活，就是看所占事物和哪种卦变"相亲"（即有联系性）或哪种卦变和所得卦的关系较紧密，他们就采用哪种卦变。

清代学者毛奇龄分析后汉太史筮大将军梁商之女入宫一案，就是依据朱熹的卦变体系，并结合卦象，论证了商女入宫显示着梁冀与宦官勾结专权的征兆。卦得坤 ䷁ 之比 ䷇。比为一阳之卦，按朱熹的卦变体系，"一阳之卦皆自复 ䷗ 而来"，而在复卦中，唯一的阳爻在初位。此爻所在的经卦为震，震为长子、为兄。而在此卦中，这个阳爻升到了五位，九五为天子之位，这预兆着梁女之兄梁冀后来的杀君专权。一阳之卦阳爻在最上为剥卦 ䷖，此爻所在之经卦为艮，艮为阍寺，即宦官，在此卦中组成艮的阳爻移到了九五君位，这预兆着宦官乱政。

运用爻象断卦，常常考虑到"应"的关系。元时，朝廷将以完泽为丞相，令张留孙占筮，得同人 ䷌ 之豫 ䷏。张留孙除了以之卦卦辞"利建侯"占断外，主要用本卦二爻占。在一个卦体中，第五爻为君位，第二爻与第五爻应。在同人卦中二爻为阴爻，与五位的阳爻相应，象征着君臣之合，之卦"豫"有和乐之义，卦辞又说"利建侯行师"。所以张留孙说："对于任命丞相的事，还有能比这更好的卦吗！请陛下不要有顾虑。"后来完泽果然乃一位贤相。

在这一卦中，二爻并未变动，但在运用爻象占断时，却依据此爻，这是用了"应"的关系。丞相作为大臣，与君主关系极为密切，所以占丞相时要看与五爻君位相应的二爻。

我们可以再看一个用"应"的爻象关系占断的筮例。明朝有个叫同寅的人，十二岁双目失明后从师学易占，为人占吉凶往往奇验。明英宗亲征瓦剌（史书称"北狩"）前，同寅曾起卦占算皇上什么时候还朝，得乾 ䷀ 之姤 ䷫，同寅认为大吉。乾初爻动，初爻爻辞是"潜龙勿用"。初爻和四爻应，四爻纳甲为"午"，爻辞是"或跃在渊"，第二年岁在庚午，四爻盛旺，必然会"跃"。龙一岁一跃，今秋潜藏，明秋跃动，所以断定第二年仲秋还朝。但由于和"在渊"相应的是"勿用"，预示着英宗还朝必失其位。然而四爻和五爻相近，五爻为君位，五爻爻辞是"飞龙在天"。丁为大明之象，姤初爻纳甲为丑，寅木能生午火，所以英宗虽然一度被软禁，又会于丁丑年寅月复辟。后来果如同寅所言。因为我们还未谈纳甲占筮，所以对以纳甲断英宗复辟可先不管，但仅从初爻应四爻占断英宗还朝并失位一点，已可以很清楚地看到运用爻象断卦时对"应"的体现。

最后，我们来具体地谈一下古代两个用卦变之说推断出"断头"之兆的筮例。

孙权听说关羽吃了败仗，就叫虞翻占筮，遇节 ䷻ 之临 ䷒。虞翻说，不出两天，关羽就会断头。节卦是从泰卦而来的，泰 ䷊ 变

节 ䷻，九三爻跑到第五爻去了。泰的内卦为乾，乾为首；节的外卦为陷为险，乾首的一个阳爻向上迁了两位，这就是两日内断头之象。尚秉和对此卦有他自己的断法，他认为节 ䷻ 的第五爻有脖项之象，节之临，第五爻从阳爻变为阴爻，是项断之象，所以为断头。

又一个"头落地"的筮例，是南宋时金主完颜亮入侵，宋方占筮，遇蛊 ䷑ 之随 ䷐。占者说，从之卦来看，内为震，外为兑；内为我，外为敌。震为威，兑为折，卦象预示着我方有震威，敌方遭毁折，这是敌败之象。而且随卦三至五爻互巽，二至四爻互艮，巽艮二互卦组成风山渐卦 ䷴，渐卦的九三爻辞有"夫征不复"和"利御寇"的话。"夫征不复"即完颜亮南征一败涂地，再也回不去了；"利御寇"即宋方能打败敌寇。再从卦变看，蛊变随，蛊外艮的上爻由刚变柔，蛊内巽的初爻由柔变刚。随 ䷐ 来自否 ䷋，随是否上九阳爻下落到最下一爻，而且否外卦为乾，乾为首，所以来自否的随是头落地之象。后完颜亮兵败瓜洲，为其部将所杀。

这两个筮案中的断头之兆，分别以节卦和随卦进行占断，都用了卦变之说。按照朱熹的卦变图，节是自泰而来，随是自否而来，这两个筮案运用卦变之说判断掉头，是符合朱熹的卦变图的。

九、五行的运用

古人把组成宇宙万物的元素归纳为水、火、木、金、土"五行"。八卦除了和方位、四时、易数相关联而外，还和五行相关联。五行被纳入易的体系，分配到八卦之中。八卦既有丰富的取象，又和一定的时空相牵系，而宇宙从自然到社会的万事万物也无不与五行时空相牵系。以时空五行为纽带和经络，八卦就与宇宙间的万事万物发生关系而处于易的体系中，规定在一定的位置上，占筮正是根据这些联系性去进行的。所以八卦与五行的关联至为重要。特别是在纳甲占筮中，五行是卦中最活跃的因素，成为推勘休咎最重要的依据。

纳甲占筮法就是给卦的每爻和占卦的月日都配以五行，主要用五行的生克冲合等关系来占断吉凶休咎。在古典占筮中，五行显得不那么重要，然而并不是绝对不用五行，有时也偶尔以五行进行占断。这两种占筮运用五行的不同之处，是纳甲占筮把五行配到每爻中去，而古典占筮则是给重卦的内外经卦配以五行，而通过分析经卦之间的五行关系来进行断卦。

八卦和五行的关系是：

乾、兑属金；

震、巽属木；

坤、艮属土；

离属火；

坎属水。

六十四卦中的每一卦，都系于一定的五行。在八宫中，每宫八卦之五行所属，视其所在宫之纯卦而定，即乾宫八卦属金，坎宫八卦属水，艮宫八卦属土，震宫八卦属木，巽宫八卦属木，离宫八卦属火，坤宫八卦属土，兑宫八卦属金。

我们先举一个古人用五行推占吉凶的例子。晋人顾士群的母亲得病，请郭璞占筮，得雷泽归妹 ䷵ 变泽雷随 ䷐。郭璞推断说到秋季一定死亡。母对子仁慈，按五行应属木。《易纬·乾坤凿度》说："木仁，火礼，土信，水智，金义。"从卦上看，内卦是兑变震，外卦是震变兑，震为木，兑为金，兑金克震木，到了秋季，金旺木死，又受金克，因此在卦上为木的顾母活不过秋季去。所谓"金克木"，尚秉和解释说，外卦的震木变兑金，是木往被金克；内卦的兑金变震木，是金往克木。总之到秋季金旺木死，木处处受克，所以必亡。

在前面谈用易数占筮一节曾说到闽公的射覆，他为什么能知道匣子里装的是老鼠呢？主要是用时间的五行属性推断的。时间是八月庚子日。子的五行为水，子配十二生肖为鼠，月份为八月，八月为金盛之月，金盛生水。日子是庚子，地支"子"为水，月以生水，故使水旺相，就更强化了地支的子，所以肯定为和"子"所配的十二生肖的鼠。

再看用五行占气象。桃文烈给金楼子（梁元帝萧绎曾著《金楼子》，故以其为别号）说："今天黄昏可能天要下雨。"金楼子起卦占筮，遇谦 ䷎ 之小过 ䷽，便占断说："谦卦上坤下艮，坤、艮都属土，土克水，所以不但不会下雨，连阴着的天都会变晴。"果然到黄昏以后，天上渐渐出现了星斗，一会儿一轮明月就从东山出来了。

北齐时有一个精于易占的人叫吴遵世，他曾为文襄府的墨曹参军，有一天，大将军文襄要出游，看到东山头起了云，他唯恐下雨，就让手下的李业兴和吴遵世起卦占算，遇山地剥卦☶。李业兴说："剥卦上边是艮，下边是坤。艮为山，山出云，所以要卜雨。"吴遵世说："下卦的坤为地为土，土克水，所以下不了雨。"文襄让把两个人的占断写在纸上来赌输赢说："如果遵世准了，赏绢十匹，不准了打十杖；业兴准了就算了，不赏什么，不准了打十杖。"李业兴说："这太不公道了，为什么他算准了就有赏我算准了就没有呢？"文襄说："我就怕下雨，遵世准了，正合我意，所以要赏。"不一会儿，山上的云散了，吴遵世得了十匹绢，李业兴挨了十杖罚。

这里说的"土克水无雨"，就是根据卦所属的五行生克关系来断的。有一个用占筮杀人的故事，也是运用卦的五行相克为说辞的。三国时的牛辅（董卓的女婿）有一个时期整天疑神疑鬼，觉得没有安全感，每次通报有客人来见，就先算卦，看来人和自己在卦上是否相冲克，见客是吉还是凶，吉利了才召见。有一次中郎将董越求见，牛辅叫立即起卦占算，得火泽睽卦☲。占筮的人说："这个卦外卦是离，离为火；内卦是兑，兑为金。这是一个火克金、外谋内的卦！"牛辅即刻叫手下将董越杀掉了。据说董越曾经体罚过这个算卦的人，算卦的人这次则趁机报复，但目的也不过想造成主客仇隙，或让董越吃一点小苦头，不料却送了他的命。

我们在前边曾谈到春秋时晋献公筮嫁伯姬一事，没有涉及五行问题，其实史苏也是用了五行关系的。他所说的"嬴败姬""侄其从姑"都和五行生克有关。卦为归妹 ䷵ 之睽 ䷥，从卦的五行关系看，归妹外卦为震，震五行为木，居东方；内卦为兑，兑五行为金，居西方。所以震代表东边的晋，兑代表西边的秦。晋为木，秦为金，金克木，秦克晋。秦姓嬴，晋姓姬，所以说"嬴败姬"。震为长子、为兄，兑为少女、为妹，震木生离火，兑为离之姑，离为兑之侄。震木既为兑金所克败，离火失父无依，只有依从兑金，所以说"侄其从姑"。所谓侄从姑，指晋惠公之子子圉被质于秦，这时的秦穆公夫人就是他的姑母。

十、关于贞悔

贞悔也是占断的依据之一。事物间的对立统一关系在被占筮的事物对象中是常常遇到的。占筮战争有敌方、我方；占算婚爱有男方、女方；占筮出行有自身一方、客观环境一方；占筮争讼有原、被两造……总之，占筮的事物对象中总是存在着主客、人我、物我等两方面的关系，这两方在卦中是如何体现的？纳甲占筮有用爻他爻、世爻应爻，用以判断两方的消长依存关系，古典占筮则主要通过对卦中"贞"与"悔"的审度来解决这个问题。贞代表主方、我方，悔代表客方、他方。

秦穆公伐晋时，卜徒父断占辞所用的是占筮特有的简括而朦胧的语言："吉。涉河，侯车败。""侯车败"究竟指谁败？是秦方败还是晋方败？秦穆公心里当然不踏实，要卜徒父说个透彻。卦是蛊卦䷑，所以卜徒父说："卦中内卦为贞，外卦为悔，贞代表我，悔代表晋。蛊卦的贞是风（巽），悔是山（艮）。时间已经到了秋天，我的秋风要吹落他山上树木的果实，取得他的木材。果实下落，木材丧失，晋国不败还等什么！"

所以，占筮审度贞悔，就是从对内卦和外卦卦象关系的比较和联系中，推勘事情的结果。又如金国南侵时，南宋朝廷占筮前途吉凶，占者主要根据之卦随䷐的内外卦象，得出"我有震威，敌当毁折"的结论，因为贞为南宋，悔为金国，贞为震，悔为兑，震有威，兑毁折。

贞悔也包括互卦，互卦分内互和外互，二至四爻为内互，三至五爻为外互，内互属贞，外互属悔。

公元914年，楚攻南汉的封州，南汉兵败于贺江，刘龚非常恐慌，占筮得大有卦䷍。为了团结对外，南汉实行大赦，并按所得的卦名，把年号也改为"大有"，派遣苏章带领神弩军三千人赴封州救急。苏章给贺江里横江布下了两道铁索，铁索连着岸上的大绞轮，绞轮用堤坝隐蔽起来，然后出兵迎击楚军。水兵在江中佯装失败而逃，楚兵紧追不舍。等楚兵战船追到两道铁索之间的江面上时，埋伏在岸上的南汉兵全力搅动巨轮，挽起两道铁索，把楚军夹在中间，行动不得，这时命神弩军一齐放箭，获取了全胜。按卦象，大有内卦贞为乾，外卦悔为离，而三至五爻互兑，外互兑也为悔。乾为刚健，离为甲胄戈兵，兑为毁折。刚健为贞在我，而甲兵的毁折为悔在敌，故南汉获胜，楚失败。

看贞悔也不一定全用对比关系，有时还牵涉爻象的"应"。如宋代程迥有一次筮僧舍失火之卦为巽☴，但又占得不烧自身。其依据是，内卦为贞代表自己，而内卦又以初爻为主，可和初爻相应的是四爻，但四爻和初爻一样，也为阴爻，所以不应，就是自身与外互的离火不相关涉，所以断定火烧不到自己。

晁说之一日占卦得"鼎"，古人对鼎卦一般是用九四爻占断的，九四爻辞是"鼎折足"。占完卦后，适逢客人来访。因为九四爻在外卦为悔，以主客两方而言，是代表客方的，所以晁说之便向对方说明自己占卦有折足之象，并判断折足是应在客人身上，叫客人万万小心。果然，客人在回去时因天雨路滑跌了一跤，摔断了小腿骨。这一筮例和前例的相似之处是寻找关键爻的贞悔所属。但前例是用爻象的"应"，后例则以鼎卦特有的占断习惯而注重四爻爻辞。

占断审看贞悔，更多的是运用五行，分析内外卦所属五行的生克关系。如《左传·成公十六年》晋楚鄢陵之战时，晋国占筮得复卦☷，贞我悔彼，内卦贞为震，外卦悔为坤。震为木，坤为土，震木入克坤土，有"射"的意思，正应占辞的"南国蹙，射其元王"。鄢陵之战晋胜楚败。

又如1925年11月，尚秉和先生曾为军阀鹿钟麟筮战果，遇风天小畜☴。他的推断是外巽内乾，巽为入、为伏、为不果，乾为刚健；巽为木，乾为金。贞我悔敌，以我之乾金，克敌之巽木，以我之刚健，临敌之伏顺，必胜无疑。当时冯玉祥军正攻北仓，形势危机，但在鹿钟麟出兵一周之后则保住了北仓，又很快打进天津。

那么，如果卦有变动，审看贞悔是看本卦呢，抑或看之卦？寻按古人的筮例，卦有变动时，贞悔看之卦。晋献公筮嫁伯姬一例，在以八卦方位判别秦晋时，是看本卦归妹 ䷵，本卦上震下兑，震方位为东，兑方位为西，所以震代表东边的晋，兑代表西边的秦。而贞悔要看之卦，之卦为睽 ䷥，兑为贞，离为悔，因为是晋国占筮的，所以内卦兑为晋国，外卦离为悔为秦国。兑为金，离为火，离火克兑金，仍然是秦败晋，嬴败姬。

以上共用十节谈了古典占筮法，其中八节谈了占卦中对各种因素的运用。都是通过实例分项进行描述的。我谈这些例子也是不得已而为之，并不是想用这些筮案来加强可读性。对于读者来说，谈筮例当然比干巴巴地讲原理、方法要稍有兴味一些，但例子举得过多，而且无非是遇某卦之某卦，然后占断，千篇一律，殊少变化。实际这正像数学书中的例题，并不像小说中故事情节那样有感染力，不使人烦腻是不可能的。不过若不如此，一些具体问题是不容易谈清楚的，即使从道理上谈清了，读者也还是不容易理解。不论怎样，我们总算用这种办法，表述了古典占筮法的基本内容。到这里，读者可能和我一样，有一种从烦难枯燥中解脱出来的轻松感，我们对古典占筮法的述谈就可以结束了。

还有必要说的是，对卦中各种因素的分项描述，总是把占卦中的复杂性单纯化，把一种完整的、综合性的工作分解开来，使联系在一起的各种因素以孤立的形态表现出来。这当然只是为了叙述的方便而采用的一种较为实际可行的办法。虽然在援举筮例时，常常也保留了与所谈因素联系极紧而无法割离的因素，使筮例显示出一定程度的综合性，但实际上已大大淡化了占筮的复杂性和完整性。在有些筮例中，某些单纯因素之间所引出的占断结论可能是互相矛盾的，如南宋在金国南侵时依遇蛊 ䷑ 之随 ䷐ 卦，做出了"我有震威，敌当毁折"的占断，但此卦如果只机械地以五行占之，则贞震木而悔兑金，便成为金克木而宋败了。

所以古人占卦所把握的大原则，一个是综合性，不执于一端，使最后的判断能够是考虑到各方面因素的综合结论；一个是灵活性，不生搬硬套卦理教条，要善于敏感地发现所占事物与卦中各种因素（卦辞、爻辞、卦象、爻象、方位、易数、五行等）的联系。这种联系越多，所占事物在易的宇宙图式中的坐标点就越清晰越明确。

由于易本身不少环节的虚幻性、象征性，所以占筮的数理推衍并不像数学演算那样客观、确定，而是类似欣赏文学艺术中表现性意境时那种形象思维活动，带有很大的主观色彩，这使得占断的灵活性在一定程度上带有随意性。所以对占筮同一事物所得卦的判断，在大数情况下不同的人会做出相同的结论，但有时不同的人也会有截然相反的结论，这种情况在古籍中有不少记载。这固然有占筮才艺高下所造成的差异，但和易本身的虚幻性环节也不无关系。

易卦占筮的哲理分析与价值评估

中国的"易"是一个囊括诸多学科的超高层学术领地，中国的哲学、宗教学、医学、数学、水文地质学、天文学、伦理学、美学等，都可以在"易"中找到自己的源头，《周易》已越来越在国际上显示出中华文明的智慧光芒。时至今日，中国人应在这块特有的民族文化宝地中，开发出最有价值的宝藏。在这里，我所探讨的仅是和"易"关系最为直接的占筮问题，并不是对"易"的正面研究。

占筮作为中国神秘文化一个重要门类，源远而流长。几千年来，它在中国从皇帝到奴隶中间包括文臣武将、读书人、隐居者、侠客、商贾、僧道、各类技艺人以及人口最多的广大农民的文化心理上，都或深或浅地刻上了印痕。某些特定历史时期内，有一些人对此奉为圭臬；大多数人半信半疑；也有不少人对占筮算命虽不大相信，但他们的文化心理却或深或浅地受着这种特有文化的影响。事实说明，即使到了科学技术在全球高度发展的今天，对占筮产生热情和兴趣的人，在中国仍然是不少的。因此对这种根子扎得很深的特殊文化现象，如果只是简单地反对人们参与它，或者仅仅空洞地用"迷信"二字去声讨它，其实并不能引出良好的社会效果。最好的办法是提高全民的文化素质，并有一些研究者从理论、科技、应用等各种不同角度不断地对这一文化现象进行深入的研究探索，逐渐取得对它的科学认识，部分地揭示它的奥秘。当然可以断言，三四千年盘踞在中国国民生活和意识中的一个谜，绝不会在较短的历史时期内解开。然而我们相信，破解这个谜的速度将会是越来越快了。

一、易卦占筮的哲理分析

我们这里所说的易卦占筮的"易"，包括殷周时期的《周易》经文、战国时期产生的易传和西汉以来的易学，它是贯彻中国整个古代历史的一门神秘复杂的学问，这门学问大体是在两汉时代构建完成的，两汉以后虽然没有什么根本性的变化，但却仍然有向深广的发展。汉唐以来，从"易"中引出的医学、算学等实用学科，表现了极大的活力，占筮在西汉以来的两千多年里，也一直存在着、发展着。

虽然我们至今还不能对占筮的科学成分做出定性的判断，但占筮作为附丽于易学这门大学科的一个奇特的门类，从古人制八卦演为六十四卦到占断凶吉的这整个过程，其大思路却颇具哲理意味和逻辑意味，能够给人以启发。这个思路典型地代表着中国学术文化的诸多特征。

古人制卦，是对宇宙的一种总体把握和简化概括。天文、地理、社会，林林总总的大千世界被抽象为由阴、阳两种爻画组成的八卦符号，虽然联系卦象和被占事物的一系列中间环节并不一定具备实在的、必然的联系意义。郑玄所说的易的"三义"（"易简""变易""不易"）中的"易简"指的正是这种总体把握和简化概括。只有东方的中国人，才能做到如此以简单的几种笔画对宇宙做出抽象概括，"易简而天下之理得矣"。

这种抽象概括，也并非始终目中无细物，而是宏观的细致观察，"仰则观象于天，俯则观法于地，观鸟兽之文与地之宜。近取诸身，远取诸物"。但并不死板地沾滞于物，而是很快地进入直观全体，把世界概括归纳为抽象的卦画符号。这种归纳过程同时就渗入了万物的形态、属性（阴阳五行）、时空（事物的存在形式如四时和方位）与运动变化因素。"法象莫大乎天地，变通莫大乎四时，悬象著明莫大乎日月"，"天地变化，圣人效之；天垂象，见吉凶，圣人象之；河出图，洛出书，圣人则之"。

这种抽象概括同时还融进了数的关系，"参伍以变，错综其数。通其变，遂成天地之文；极其数，遂定天下之象"。这种数的融入，就给占筮中的易数推衍埋下了伏笔。正因如此，《系辞上》对"易"

做了高度的礼赞："易，无思也，无为也，寂然不动，感而遂通天下之故，非天下之至神，其孰能与于此！"也正因为概括归纳过程中渗入了诸种因素，所以这种概括归纳的结果虽然极为简要，却具有无所不包的品格。宇宙的万事万物都被囊括进这个坐标系中。陈梦雷说："大抵易之未画，卦爻之变化在天地中；易之既画，天地万物之变化又在卦爻中。在天地者，未画之易；在易者，已画之天地。"认为易是对宇宙最全面、最准确的概括。

这个图式中，不但全体包含着部分，而且部分又包含着全体。世界由万事万物组成，而每一具体事物又反映着世界的大结构，即陈梦雷说的，"天地间凡物皆有乾坤，而人心尤自具一乾坤"。所以在这个宇宙图式中，每一具体事物的坐标点不但可以寻绎，而且对每一事物的认识和把握，又可据易的全局以进行。

如果说古人制卦成易是将宇宙概括归纳为一个坐标图式的话，占筮则是在这个图式中寻绎万事万物的坐标点，从而推断具体事物的位置、性量、前景及事物之间的相互关系。

易学认为，既然这个宇宙图式是囊括万有的，那么从这个图式中寻绎具体事物，考索它以往的运动轨迹和预测它的发展动向就是可能的。用四十九策演卦，就以一种神秘的、带有偶然性的方式，把占算对象纳入卦中，然后再"引而伸之，触类而长之，天下之能事毕矣"，任何事物在这个图式中也难于逃遁，"范围天地之化而不过，曲成万物而不遗，通乎昼夜之道而知"，都可以通过各种关系桥梁过渡到完全把握它的彼岸去。

那么，这种演绎过程是怎样呢？是以什么为线索和依据呢？大致说来，主要是根据占算对象的八卦归属，取对象所属卦的卦象和卦辞进行占断；根据占算对象的爻位归属，分析其与他爻的乘、承、比、应关系，得位与否，并依据相应的爻辞进行判断；根据占算对象的五行归属，分析对象所属五行与日月、动爻五行的生克冲合比害等关系进行判断；根据主象爻所属六亲分析与有关爻六亲的关系以判断吉凶；根据对象所属易数推断有关数据……这样，事无大小，物无远近，都可"探赜索隐，钩深致远"，在"易"的魔图上弄清它的底细。

《系辞上》说："易与天地准，故能弥纶天地之道。"陈梦雷《周易浅述》注解说："弥者弥缝，合万为一，使浑然而无欠；纶者丝纶，一中有万，使粲然而有条。弥而不纶，则空疏无物；纶而不弥，则判然不属。""弥""纶"二字正好概括了古人制卦成易和后人用易占卦两个过程。这是两个相逆的过程：制卦成易是古人观察宇宙万物，进行归纳、简化、抽象、"合万为一"的"弥"的过程；后人用易占筮，则是在易的宇宙图式上寻绎具体事物的条分缕析的演绎即"纶"的过程。易不是心造的幻影，它是以宇宙本体为基准的，所以无论"弥"还是"纶"，似乎都是不脱离宇宙万有的现实行为。

二、占筮的历史回顾

从历史记载看，自西周以来，占筮的地位是不断下降的。殷周时期，卜筮还是官方非常严肃的一项制度，如建都、出征、祭祀、选人诸大事，都要进行很正规的卜筮。到春秋时代，卜筮运用得更加广泛，纳妾生子之类私事也常常动用龟蓍。因为神圣的卜筮被用于占算个人私事，所以严肃性已被大大冲淡。但这显然是一个占筮大普及的时代，此时从事占筮的主要是太史。《左传·昭公二十九年》载有晋太史以乾宫八卦之爻变论龙的言论，可看出这些人对易卦已烂熟于心。在这个时代里，卜筮的地位仍然是比较高的，如主要以卜筮为职的晋国的卜偃，是属于大夫阶层的人物。说春秋时代卜筮大普及的另一个标志，是除了专司卜筮者外，君臣上下皆通此术。特别是占筮的起卦，大都由占问者自己进行，然后找精通的人占断。如晋楚交战时，晋厉公亲自分蓍，然后与太史商讨，穆子降生时庄叔用《周易》占筮，得卦后拿去让楚丘占断。重耳流亡时亲自命筮卜问："我能统治晋国吗？"得到"屯之豫"卦后，让众人讨论。筮史都说不吉，而司空季子（即胥臣）认为吉利，用爻辞和卦象大发议论。司空季子是重耳的老师，又是其重要谋臣，然而他对占筮是十分精通的。王子伯廖用《周易》"丰之离"卦论郑公子曼满的下场。晋大臣崔杼想娶齐棠公的遗孀，占筮得"困之大过"，史官都说吉利，陈国客卿陈文子则以卦象和爻辞大论其不可。可以看出，在春秋时代，占筮并不是冷僻的专门技艺，而是文化阶层中普遍熟悉的文化知识。占筮被当作生活中一项司空见惯的活动，随时随地自然地进行着。

到汉代，占筮的地位显著下降，占筮高手已不在庙堂之上而流落山野市井，朝廷从事占筮者的地位已远没有春秋时的史卜那样高了。司马迁在《报任安书》中说："文史星历近乎卜祝之间，固主上所戏弄，倡优所畜，流俗之所轻也。"文史星历还算得上知识阶层中人，然而已经不大为王公所尊重，至于卜祝，就被视作一种技术工人，连一般人也不大能看得起了。西汉初年的贾谊和宋忠在长安的卜肆中见到卖卜的司马季主，听闻他不凡的谈吐，慨叹他才识过人而身处低微。东汉郎𫖮的父亲郎宗通晓京房易学，善风角、星算、占候、望气诸术，曾靠卖卜维持生计。在他做吴县县令时，测算京师将有一场大火灾，后来火灾发生的日期和他的预测完全吻合，而当汉安帝要征召他为博士时，他却"耻以占验见知"，把印悬在县衙逃走了，可见连郎宗自己也看不起卜筮的行当。如果朝廷以德行文章征召他，他会感到光彩，现在却是因为他精通占卜术而受到重视，他便感到是一种耻辱。

也许止由于汉代卜筮下降到在野的处境，一些卜筮高人站在统治者的圈子以外，冷静观世，所以能具有超绝的学识、见解和胸襟。其中很有代表性的如西汉的司马季主、三国时的管辂，都是多学的高士，晋代的郭璞则是造诣很深的学者。司马季主在和贾谊、宋忠谈话时，揭露官场的黑暗鞭辟入里，把拥有尊官厚禄的所谓

"贤者"的虚伪外衣剥得精光，就连贾谊这样的大文学家，他也讥笑他"何言之陋，何词之野也！"，可见他见识的高远了。同时也说明在这一时代里，士大夫对卜筮之事已相当隔膜了。司马季主用下筮者的行事和朝廷士大夫进行比较，指出卜筮者以义换以少量的钱，使害病的人得以痊愈，有灾祸的人可免除不幸，帮干正当事业的人取得成功，而卜筮者自己菲薄的报酬用不着府库贮藏，也用不着辎车运输，他们所以身处草野，是因为朝廷太肮脏，凤凰不能与燕雀为群。一席话说得宋忠和贾谊怅然若失，噤口无言，忙低头上了车子，尴尬得连气都喘不过来了。

《三国志》作为一部有名的史书，书中的《管辂传》没有写别的，就写了管辂一生所断的二十件筮案，每次都是料事如神。裴松之作注时，除大篇引用管辂的胞弟管辰所写的《辂别传》外，又录有当时人阎缵口述太常刘寔所经见的管辂遗事和长广太守陈承祐从下属口里听来的关于管辂的好几件逸事。据说管辰《辂别传》写的管辂筮案，只不过是有名筮案的十分之一二罢了。他甚至连自己的死期都非常准确地在事前就算出来了。诚如曾经和管辂有交往的华长骏后来说的，管辂的下筮也有不应验的时候，但这种情况是少数。他曾问过管辂为什么有时卜筮不准，管辂说，他是依实卜算的，来占卜的人所提供的情况未必会完全准确。作为一部严肃的史书，《三国志》绝不会在《管辂传》中尽载些虚妄的传闻。所以，对卜筮应验之谜，就值得很认真地加以探索了。

《晋书·郭璞传》载郭璞传奇性的卜筮异闻十几件，称他"博学有高才而讷于言论，辞赋为中兴之冠。好古文奇字，妙于阴阳算历"。郭璞对《尔雅》《山海经》等典籍的诠注到现在还带有权威性。如果说《晋书》对郭璞的事迹难免带有史家的夸张的话，那么郭璞汇集自己亲经的应验筮案六十多例所写成的《洞林》一书，应当有较大的可信性。

证明《洞林》可信性除了著者本人是一位严肃的学者而外，另一个理由是，郭璞本身又是一个反对迷信邪说的人。据说在东晋永昌年间，有一个叫任谷的男人，他在田间的树下休息时，忽然有一个穿着羽衣的人来和他发生性行为，使任谷怀了孕。等到临产的时候，羽衣人又跑来在任谷的阴部捅了一刀，生下一条蛇来，任谷从此变成了一个失去男性功能的阴人，还上书自称他有道术，被晋元帝司马睿留在宫中。郭璞上疏反对此事，说任谷的妖异行事是不可信的，把这样的人引进宫中登堂入室，秽乱圣听，这是不可取的。作为国君，应当"为国以礼正，不闻以奇邪"。不久晋元帝病逝，任谷就从宫中逃走了。

郭璞是一个爱好自由的人，晋明帝虽然曾一度看重他，但由于他不修威仪，嗜酒好色，终究不受欢迎。著作郎干宝曾劝他改一改脾气，他说："我的寿命是有限的，唯恐该享用的享用不到，哪里害怕酒色酿成灾祸呢？"这其实是一种愤懑之言。他有感于自己才高而位卑，曾经写了一篇辞赋叫《客傲》以抒发忧愤，和司马季主的言论是很有点相像的。

由以上历史事实和占筮者历史地位的浮沉，我们可以对从春秋到魏晋时代的卜筮史做如下概括：春秋时代，占筮为官方所重视，地位较高，在上层人士中较为普及。汉代以后，占筮地位下降，不为朝廷所重，有学识的占筮高手处于在野地位。春秋时占筮纯为测算吉凶，汉以后处于在野地位的占筮高人有清醒的眼光和高远的见识，他们不但以占筮为人们测算吉凶，还通过占筮扶正祛邪，抒发政治愤懑。

三、占筮价值评估

对于占筮，一般人最容易产生的问题就是：它究竟能不能应验？可信不可信？要对这一问题做出绝对的、单纯的回答看来是不行的。

在正史中，记载着许多应验的筮例，尤其是《三国志·管辂传》《晋书·郭璞传》记叙管、郭生平行事，主要即他们占筮应验的大小事例。正史中的记载当然不能全信，但对《管辂传》《郭璞传》这样的史传文章也不能完全不信，修撰史书的陈寿、房玄龄等，当然严肃地考虑过材料的真伪价值，不会完全采录些无稽谲怪之说。对于《管辂传》《郭璞传》，谁也不能拿出有力的理由，确证其虚妄无实。既然是这样，那么对于占筮应验的问题当然只能采取阙疑的态度，即虽不能完全肯定占筮的可信，却也不能绝对断定占筮的不可信。

占筮不同于那些简单原始的巫术，也不借助行术者通神的情绪波动来作用于求占者的心理，并不利用人格神的威慑力来耸动或迷惑求占者，而是依据占筮者所熟悉的卦象、爻辞、易数、五行、六亲等信息材料，进行冷静地分析推衍，从而做出判断的。既是这样，我们只能研究探讨这些信息材料的伪真和推断逻辑的能否成立，而这却是一个"黑洞"性的很难接近的问题。

当然占筮肯定有其非科学性的成分，虽然占筮是在古人构创的坐标系上寻绎坐标点，随着历史的发展和人们头脑中概念的增多，从古典占筮到纳甲占筮，寻绎具体事物坐标点的方法和途径越来越趋于细密化，但这种细密化仍然没有摆脱某种原始色彩的思维套路，不是一步步受着科学实证的支持和推动，而是脱离实证的冥想，或者说是一种冥证。虽然是一种冷静的数理推衍，但系连占断结果和被占事物的一系列中间环节并不一定真正具备实在的、合理的联系意义，推论的两端被系连到一起，是靠一种近似原始思维的冥证，即人们内心主观世界的东西和客观外物在许多地方被混同起来，许多本来应该扎扎实实渡过的实证关隘却被轻而易举地拿冥想替代了。如纳甲占筮中给六爻配以干支，由干支推出五行，以五行生克关系定出六亲，但六亲和五行之间真的有所谓"我克者为妻财、克我者为官鬼"等联系性吗？这有哪些扎实的实证依据呢？我看谁也说不清楚。因为这些寻绎具体事物坐标点的中间环节是虚幻的，这必然影响着占筮的科学性。

这样，几千年来占筮被许多人信奉着，但谁也不能论证它的科学性。从实践看，不少占筮达到令人吃惊的奇验，但再高明的占筮者也无法保证占筮的完全应验。即使占筮有着符合自然规律的一面，但由于人们对这个方面并未完全认识和掌握，所以不能有效运用这方面的规律，这犹如医学和气象学虽然具有科学性，但医生并不能百分之百确诊，天气预报并不一定报准。有些人并不相信占筮，认定它是无稽之谈，但在遇到那些神奇应验的时候，又往往对自己原来的看法产生疑惑，对占筮半疑而半信。有一部分知识组成中带着较多国学成分的人，他们对占筮的不予排斥，在极大程度上是传统的学术观念所使然，因为易学自古以来就是学术殿堂中一门地位甚高的高雅深奥的学问，而占筮是直接从易中引出来的。易本身所具备的哲学品格和它所含的诸多科学成分及客观数理，掩盖了占筮的非科学性的一面，抬高了占筮的地位。

仔细分析起来，管辂、郭璞等占筮高手的神奇筮案，所奏效的并不是单纯的占筮技术，他们所精通的术数是多方面的。总的说来，在天人合一这种中国哲学大体系中，他们对每一事物的性质、处境及发展前景，是有着广博高深的体认的，他们的占筮并不像那些摆卦摊的浅陋的算命者，而是从阴阳消长、四时代谢、地理分野、天象变化等宏观环境中，确定具体事物的微观变化的。这样便无形中强化了占断的科学性。又因为他们精通多方面的术数，诸术参互运用，保证了占筮的准确性。如管辂在八九岁时就喜欢天文星象，常常晚上不睡觉，把仰观的情况记在心里，见人就询问不知道的地方；长大之后不但通《周易》，而且"仰观、风角、占、相之道，无不精微"。他又不死抠书本，而是重视实际，善于体会。他为人占卜休咎就是运用了各方面的知识。吏部尚书何晏梦见许多青蝇落在自己鼻头上，怎么也赶不走，让管辂占算是吉是凶，还能不能继续升官。管辂虽然掺杂些占筮术语，但所论的实际上是一般的哲理，带有极大的讽谏性。他说："您的地位像山岳一样高重，威势像雷电一般显赫，却不注意靠仁德搞好人际关系，主要凭威风来震慑大众，这恐怕不是吉利的事情。按易象，艮为鼻（荀爽《九家易》），又为山。相书说鼻在天中。天中之山，高而不危，现在逐臭的青蝇落在鼻上，高上更加高，物极必反，高得过了头就要倾覆，愿大人体会易传中《彖》《象》的精神，谨慎行事，才能驱走青蝇，位至三公。"在座的邓飏却说管辂的一席话都是些老生常谈。管辂说："老生者见不生，常谈者见不谈。"果然十多天之后何晏、邓飏都以谋反罪被朝廷杀掉。这种占筮实际上融进了常理的判断。至于郭璞，《晋书》称他"好经术，博学有高才"，"好古文奇字，妙于阴阳算历"，"洞五行、天文、卜筮之术，禳灾转祸，通致无方，虽京房、管辂不能过也"，也是精通诸术，不仅仅善于占筮。如他使死马起死回生，就是凭着博物和医学知识；小豆三斗变赤衣人，无疑是一种魔术；为母卜葬于水滨，其后水退沙涨，坟墓距水数十里变为桑田，这原是水文堪舆方面的见识。人们不解这一点，以迷信心理来判断，把一切都归之于占筮，自然就使人觉得占筮万能而过于神奇了。

占筮的实际价值还可以从另外一个角度来评估，不管占筮有无科学性，即使它并不能应验，它对于人们心理所起的平衡作用仍是不宜低估的。一个并不相信占筮的人，往往在心理失去平衡的时候去占筮，心理得到平衡。无希望者从占断预示的前景中得到了生活的希望，产生了生活的信心与活力。钻牛角尖儿的人，占断的几句留有想象空间的比兴性考语，使他的思维由单一变得开阔起来。也有些精神过于亢奋的人、行事采取偏激态度的人，听了对前途的模棱两可的指点，会突然从另外的思路考虑问题，占筮不啻于给了他一帖清凉剂。这样速效的作用，往往不是长辈的勉励、亲人的规劝、朋友的开导所能达到的。

相似的道理，占筮同样可以造成人的心理的不平衡，使稳定的心绪掀起波澜，产生无谓的烦恼和忧虑，它的这种副作用绝不比上述的正作用小。

在动乱的时代里，巨变的时代里，大转折的时代里，生活轰毁了人们多年所持的观念，搅乱了人们的理想、追求和生活秩序，又刺激起某些强烈的新欲望，给大部分人带来烦恼、阻隔和痛苦，所以在这样的时代里，人心浮躁不宁，人们的心理表现出多元化的倾向。在这样的时代里，占筮必然抬头。这时候就会有许多人出来，假占筮以行欺骗。因为占筮可平衡、安抚人们偏激、浮躁的心理，所以在这样的时代里无论怎样贬抑占筮的价值，人们仍然会对它趋之若鹜。他们即使明知这是一个当，却心甘情愿去上这个当。

由以上的分析看来，占筮对人们所起的这种心理作用，对社会来说很难肯定是好是坏。人的心理需要平衡，它能平衡人的心理，从这一点来说，它有时能应时代之需，起有用的作用；然而它并不一定能给人以正确的生活指导，不能使人们树立正确的世界观，甚至会惑乱人心，脆化意志，从这一点来说，它的作用是反的、坏的。占筮对社会的副作用还不止于此，因为假占筮行骗者总是用宿命论来神化其术，抹杀了人在命运前的能动作用，这不但歪曲了占筮本身，而且在扩大唯心论地盘方面有着超出占筮本身的连锁反应的坏影响。也正因为如此，便败坏了占筮的名声，使人们心目中的占筮，就成了那些行骗者所搞的占筮，荒谬浅陋，不足信任，其实这并非占筮的真面目。

古代的有识之士早已看到占筮的两面性和占筮中存在的复杂性。《后汉书·方术列传》说过，占卦及其他阴阳推步之学如风角、遁甲、日者、挺专、孤虚、望云省气等，"推处祥妖，时亦有以效于事也。而斯道隐远，玄奥难原，故圣人不语怪神，罕言性命"。虽然有显著的效应，但它的根源是玄奥难知的，这些领域容易被流俗用来妄言神怪欺世骗人，所以孔子不主张提倡，"或开末而抑其端，或曲辞以章其义，所谓'民可使由之，不可使知之'"。司马迁《史记·太史公自序》记录其父司马谈论六家要旨说："尝窃观阴阳之术，大祥而众忌讳，使人拘而多所畏；然其序四时之大顺，不可失也。"也肯定了阴阳推步的合理之处，而同时又指出它的弊病，与范晔《后汉书》中的话，有着共同的旨趣。

以上从理论方面的分析和实践方面的验证，可以得出这样的结论：占筮有其科学性的一面，也有其不科学性的一面。在占筮高手（这些人是很少的）那里，科学性的一面多一些；在流俗占筮者那里，不科学性的一面是主要的。易卦构创的大思路，具有极大的哲理启发意义，循着这条大思路对易卦占筮进行大胆谨慎的探索改造，很可能创造出世界最先进的横跨诸科的高层学科。然而在占筮过程中，赋于各种偶然因素（如筮数、占筮时间等）以必然的属性，被作为占筮中推论判断的重要依据，这是不是可靠呢？另外，在占断结果和被占事物这两端之间的一系列占筮链条，大多带有脱离实证的虚幻性。它们是否具备筮法规定的那些品性，却实在是一个谜。占筮高手应验的占筮，是自然规律所使然，不是神的力量。占筮的可验性并不能证明神鬼的存在。以往人们总是把占筮与鬼神捆在一起，相信占筮便是相信鬼神，这个习惯性的观念首先要打破。这犹如在电话发明以前谁要说千里之外的说话的声音立即就可听到，在电视出现以前谁要说千里之外的演戏立即就可看到，一定会被当成迷信话，会认为是在宣扬鬼神的力量。现在自然不会了，因为对电话、电视人们已经司空见惯，知道这是声音和图像信号的作用，不会和鬼神联系起来，易中是否也包含着类似的道理呢？在占筮中，科学性和非科学性是参半的，我们的任务就在于把这两者细心地剥离开来，发挥其科学性的一面，剔除改造其非科学性的一面，从而使易卦应用成为科学的、实用的高深学科。

从易的立志与做人

本文谈两点，就是易哲学的传承以及从易的立志和做人问题。讲这些好像是唱高调，但于我而言都是发自内心的。

恕我直言，干易学这一行的，有毛病的多，自吹自擂，攻击别人，老是在名利场中翻跟头，奔波烦恼一辈子。我希望咱们都能站得高些，从当下起，先给自己做人、从业立一个志向，秉持周易精神，自强不息，厚德载物，崇德广业，积善利世，到人生终点时，能心安理得，不留遗憾。

中华哲学文化，是融通和谐的哲学文化，儒释道三家都有大胸怀，都能和谐相处。在陕西，佛教开会，会邀请道教人士；道教开会，也邀请佛学大家来参加，两教的宗旨和教义共通之处也很多。这样三教合一，共同组成博大精深的中华文化。

说到做人和立志，儒释道都是从自身修为做起。儒家修辞立诚，正心诚意，然后才修齐治平；佛法讲自度度人，众生平等，众善奉行，但最重要的是修心，革除"我执"；道家讲无为，尊道贵德，得从"致虚""守静"做起。三家相互吸收，互补融合。我们读《史记·日者列传》，看司马季主这个同行，在见识方面站得多高，在大官权势面前多有尊严，他用易道武装了自己的思想把世界看得通透。他具有儒者济世的胸怀，有道家俯仰天道人事的感悟，那时中国还没有佛家，而他的言行与佛家也没有扞格，这就是我们的榜样。

中华民族是一个早熟的、智慧的民族，我们早在夏商时代就有了制度和哲学方面的成熟文化（看《尚书·洪范》商旧臣对周武王关于"洪范九畴"的议论即可知），先秦时代我们就有了《周易》《道德经》《论语》等伟大典籍，我们认识世界和处理天地人关系的智慧见识，远高于、大于、优于西方的科学主义。但鸦片战争之后，我们怀疑了自己的文化，新文化运动中否定、放弃了多少传统文化，直至当下，不少人还有仰视西学的文化自卑心理，弘扬传统文化已好多年了，情况并没有多大改观，这都付于全民特别是我们这些从事传统文化工作的人以严肃繁重的使命，我们应时刻感到重任在肩，为文化兴国做出我们的贡献。

上面说到司马季主，司马季主有一句话说："述而不作，君子义也。"述而不作是孔夫子的主张，这并不是个人好恶，而是一个文化主张和文化理念，是一种大胸怀的文化操守，是对祖先经验、智慧、成果的敬畏、尊崇。只有述而不作，才能保持文化的纯正。

现在许多领域都是"黄钟毁弃，瓦釜雷鸣"，明明传统的东西放在那里，他为了炒作自己，偏要"发明创造"。人心浮躁，没有精力练基本功，只有变换花样，以假乱真。写不了继承传统的书法，就写"丑字"，美其名曰创新、个性、现代艺术等。在我们这一行，有些人动不动就来"揭秘"，宣称他有天大的发现，说是古人错了，你看多伟大，其实浅薄可笑！易有"三义"——变易、易简、不易。世界是不断运动变化的，但"道"是永远不变的，易理也是永远不变的，五行生克制化、生旺墓绝，万物的阳顺阴逆、阳升阴降，这些原理不会变化，学易者应通过格物致知来体悟这些原理，用这些原理来更智慧地认识世界，指导实践，切不要用无知无畏地修改原理、否定原理来炒作自己，否则只能是自我羞辱。

嘱习易者

一

易学是一个巨大的系统，必须从各个角度去观察，通过诸多途径去了解，用各种方法去阐释。当今搞易的人，差不多都是只熟悉易学的一些局部，尤其多是搞的西汉以后从易的主干中发展出来的某些术数门类，如风水、命理、占筮、遁甲等，便自称或被人称为易学家，其实是学不配位的。要粗知易学，起码得在理、数、象、占各个方面有较深入的知解方可。但要学易，又不能眉毛胡子一把抓，而要得其梁津，循其门径，逐步深入，才能奏效。近代易学名家如尚秉和、高亨、金景芳等，都认为学易从占筮入手，是为正途。我自己学易，路也是这么走的。我于二十世纪九十年代初出版的五六本易著，多是易卦占筮和奇门遁甲方面的，后来走到以易理为主，都是用文章去阐述。多年前我在西安、郑州等地讲易，都是讲六爻和奇门，每门用十五六个课时，后许多人要求再讲，我以严遵大学教授身份，坚持忌讲。近年所讲皆为易理，都是大报告式，只用两三个小时，较为玄虚，听懂者少。

而今老矣，随心所欲，不计老迈，放松身段，重操旧业，将在终南讲易。

二

中国文化讲"道"，不是光老子讲道，诸子百家都讲道，孔子说"朝闻道，夕死可矣"，他能不讲道？易分别道器，而道统领器。道即天地之道，《易·系辞》说，"易与天地准，故能弥纶天地之道"。所以学易的最终目的就是"明道"，我们学易就是为了看透天地、自然、宇宙、社会、人生的本质和规律。你明确了这个大目标，才能把易学好，而不是学一种手艺，弄个饭碗，如果眼界这么小，就像走路低着头只看脚下，永远是懵懂糊涂的。

学习还要讲方法。学易最根本的方法是专心。其实我是一个愚钝的人。我在当学生时，数理化课学得极差，高中时物理和三角两门课老是学不懂，硬混到勉强毕业。但我在学易时对数理推衍显得十分灵光，在这方面许多聪明人也显得不如我。这是什么原因？后来我认真分析了一下，没有别的原因，就是我比他们都专心，学起艺来心无旁骛，而聪明人操别的心很多，心想专也专不起来。这跟学佛是一个道理，明代有一个铁匠，学净土念佛，铁匠能有多少文化，但他抡锤念佛非常专心，发菩提心，很快明心见性。别的人虽有文化，虽脑子够用，但想事太多，欲望太多，就难于成道。

这看起来是态度，不是方法。实际在方法方面带有根本性，我认为甚至可以说是一个秘诀。

三

学易要活学，要带着灵性，不要死板，不要胶柱鼓瑟。因为卦本身就是符号化的，就是有着无限的象征意义的。"象"是易极重要的一个特质和元素。一个卦怎样解？就其"象"的特征说，可以有许多阐解，只有领悟了易的根本精神的人，才能一眼看到客观事物是怎样与这个卦相联系的。冯友兰先生说，"易就是一个一个的套子"。所以我们可以说，解卦有三套，巧套方为妙。冯友兰先生又说，易是"宇宙代数学"。它包容太虚，周普十方，但既是"代数学"也就有其严格的规定性，不能随心所欲。

我在讲易时遇到过不少这样的人，刚踏进门，对不少方面还一知半解，就自己要去发现和创造，认为古人某些方面不大对，应该是怎么样怎么样。我可不爱听这类聪明话，古人的义理你老老实实理解记忆就行了，不要自作聪明，自作聪明最后是荒废了自己。

易学里边各种象数理的关系密密麻麻，纵横交织，光靠动眼阅读是不够的，必须动手写写画画，去理解、记忆和调动各种关系。从动手中你还可以发现许多暗含的规律，动手越多，收获越多，兴趣越多，觉得易学如同造物对大自然的安排一样，无比奇妙。可以常动手的东西很多，比如在太极图周画上先天八卦和后天八卦，仔细观察它们各自的特点和所蕴含的道理。把五方、五色、五行、四季、十二辟卦、二十四节气、十天干、十二地支等，套到相宜的位置上去，看在易中时间和空间是怎样无间地融和在一起的。把河图洛书变成各种不同的表现形式。写好六十甲子表，可在表中发现许多该记忆的东西，如从最左边竖看两列，就有纳子时需要熟记的次序：子、戌、申、午、辰、寅（阳支），丑、亥、酉、未、巳、卯（阴支）。而且是阳顺阴逆，从你配在太极图中的十二地支去看，阳支是顺时针方向转，阴支则是逆时针方向转……从中你可以感受到如同玩魔方一样的乐趣。

四

从学易一开始，大家就要改变原先在地理课中学的方位观念，要知道易学的方位跟地理课中的方位恰恰相反。易学的方位是上南下北左东右西。要我说，在我们中国，易学的方位是正确的，来自西方的地图方位放到中国是错误的。

大家想一个问题，为什么天下衙门朝南开？为什么正规庄严的建筑，大门都开在南边？仅仅是朝南向阳吗？这还与中国大风水有直接的关系。在中国太古神话中，说共工与颛顼争夺帝位，发起脾气来，以头撞不周山，天柱折，地维绝，中华大地的整个地形变为西北高而东南低，因为长江黄河是东西流向，就使得南北分野显得更其重要，故大风水则坐北向南。每个民族的古老神话，是该民族文化的精神根源，所以中华大风水的总势为坐北向南。以四灵论之，则左青龙、右白虎、前朱雀、后玄武。这样坐山为北，明堂为南，坐在朝堂上，就向前为南，向自身为北，左边为东，右边为西。落实到案牍地图，就是固有的易学方位。可是在许多含有道教或易学内容的旅游点上，有些自作聪明的布置者把太极图和八卦方位倒置，还自以为有知识，实则是做了无知的事。

易学升沉的回顾与展望

　　易学热曾在国内持续了好多年，至今热度虽已不及当年，但也没有完全凉下去。和其他"热"一样，易学热也带有盲目性，但跟有些"热"比起来，它主要不是靠新奇感的支撑。"易"是揭示宇宙结构和运动法则的，这种深邃而博大的涵蕴给人们意识中造成的神秘感和探索欲是浩大的，它所产生的"热"不会是短暂的。易学作为一个学术领域，和宇宙一样浩渺无垠。在现今的易学热中，有奇迹，有发现，也有困惑和自误。那些喋喋不休的宣示，有的石破天惊，有的信口开河。易道修行的结果，有的升天为神，有的入地成鬼。

　　推究易学热的根源，时间需追溯到十九世纪，本来明代以降，中国物质文明和科技发展在全球的先进地位已经丧失，但这种可悲的落伍，还没有通过一种足以使人震惊的重大的实际事例演示出来。清代后期，列强开拔到中国同这个东文明古国较量实力来了。这么远的水路他们不会迷失方向，因为他们已经把中国人发明的指南针用于航海（中国人则只用它定阳宅、看坟地）；他们用中国发明的火药研制成极富杀伤力的火器，把中国的辫子军打得落花流水（中国人只知用火药造喜庆燃放的焰火和鞭炮）。这下朝野傻眼了，原来不开化的蛮夷竟这么了得！中国从古文明的迷梦中清醒过来，也从自大转为自卑，从世界中心的感觉转为亡国灭种的担忧。好多中国人怀疑起自己的文化来，后又经新文化运动，中国古文化重要组成部分的易学，便只剩下了残肢断体。城门失火，殃及池鱼，除了有些高等学校还保留一些《周易》经传的训讲而外，易学中的残肢断体便被救亡的紧迫和西学的引进挤到民间，成为江湖方士糊口之术，易学的大用于是就变小，变卑，变阴了。1949年以后"破除封建迷信"，看风水看相批八字算卦的民间先生，一个个失去了往日的洒脱气度。到社会主义教育运动开展"四清"和"文化大革命"破除"四旧"，他们心惊胆战地升起火，把用了几十年的罗经、画着太极图的红布以及《麻衣神相》《玉匣记》《地理青囊》之类的旧书，放在火上偷偷地心疼着烧了。这样，到二十世纪八十年代，不要说二三十岁的青年，就是六七十岁的老年知识分子，也很少能了解易学为何物了。

易学命运落入最低谷，就预示着它复兴的契机已经来临。这个规律恰是易学本身所揭示的——气候到了最冷的时节，内部就开始产生温热了。冬至一阳生，十二辟卦是用复卦表示的，阳气从此将日渐盛大，直到发展为纯阳的乾卦。易学弃置，"潜龙勿用，阳气潜藏"，终将"见龙在田"，以至"飞龙在天"（《周易·文言传·乾文言》）。改革开放之初，人们还浸沉于阳春解冻，万物复苏；继而便讨论并解决生产力和生产关系方面的大问题。之后，思考逐渐由物质领域向精神领域拓展。八十年代中期兴起了中国文化热，这是继鸦片战争、五四运动以后两次中西文化大讨论之后，中国人对本国文化又一次更广泛、更深入、更实在的审视、反省和检阅。这是改革开放之后，中西文化撞击的必然结果。在这个过程中，人们开放的文化视野不光是由内向外，同时由今向古，只要是确有价值而没有充分理由被扼抑下去的东西，人们都会对其产生兴趣，急切地把它从地下请出来加以审察和体证。这时候在地下蛰伏了一个世纪的易学，由于人主观精神需求的呼唤，一下子破土而出，其生长苗发的迅猛之势，使那些习惯于旧秩序的人瞠目结舌。在此同时，人们的精神追求深入到对人自身的体味和探索，兴起了所谓"人体科学"，有的人就觉到了气感，有的人开始通周天，开玄关，到处在搞带功报告，发气治病，据说还有意念移物，呼风唤雨，钻墙隐身，不一而足，都极力附就到易学的大旗下。

易学在近代最后断气的，即是被逼到民间去的占卜术，它在新时期复兴，也便首先从这里呼吸，睁眼，抬头。从社会心理分析，也不足为怪，在动乱的时代里，巨变的时代里，大转折的时代里，变革轰毁了人们习惯的信念，搅乱了人们的生活秩序，又刺激起某些强烈的新欲望，给大部分人带来了烦恼、阻隔和企冀，身心浮躁不静，人生追求和价值观表现出多元的特征。在这样的时代里，人们对命运产生了空前的困惑，术数便应运抬头，易学的复兴首先从这里找到了突破口。于是，易学断裂一个世纪而在二十世纪末得到复兴时，作为一种"热"，它的热点便燃烧在算卦、看相、风水、择吉一类术数上。然而，易学本是笼盖中国传统学术和传统科技的宏大体系，把易学等同于术数，必然使易学钻入狭小胡同。有些人以敛钱为目的，《周易》成为一把堂皇的护身伞，实在使《周易》蒙冤。

应当承认，《周易》开始时确是一部占筮书，到战国以后产生了《易传》，特别是其中的《系辞》，《周易》便获得了哲学的思想体系。如果说《易传》使《周易》发生了占筮到哲学的质变，则汉代孟喜、焦赣、京房、郑玄、荀爽诸人受当时天文、历法学术成果的启发，并汲取阴阳家的理论，把天干、地支、五行等引入易的研究，创立了八宫、纳甲、世应、飞伏、卦气、爻辰、消息、升降诸说，以解说天道人事之变化，其中固然有消极的成分为谶纬神学所用，但由于对《周易》实践性和多向模式的发挥，便把易的应用引向更广范围，应当说我们现在说的"易学"就是由汉代易学家奠定的。后世术数诸科如命理、堪舆、太乙、六壬、遁甲等，都是在汉易的学术基地上萌发生长起来的。同时天文、历法、乐律、数学、医学、韵学、兵法等，也都吸收了汉易的成果而得到系统化和精密化。北宋时由于陈抟、邵雍等倡先天之学和以河图洛书解易，形成"图书学派"，使易学应用通过符号模式更加简明和直观。而周敦颐在易理方面发挥太极阴阳学说，与儒家伦理说相结合，发展出初步的宋明理学，这些在易学史上都是具有划时代意义的。这都不是所谓的"周易预测"所能包笼的。

"易"是揭示自然运行和人类社会运动变化的普遍法则的，易学要健康发展，首先是恢复它的大用和完整系统。外国人重视《周易》，这一点每每被有些人用来为占筮张目。但实际上外国人重视《周易》，正是看重"易"的大用。莱布尼茨、爱因斯坦、玻尔、汤川秀树等外国学者、科学家所叹服的，乃是易的整体自然观，是唯象思维，是辩证符号系统，是"加一倍法"。他们在西方分解实证方法已走到绝顶的时候，从东方的中国易学中看到了世界科学和哲学发展的出路与曙光。易学是中国传统科技的总纲，天文、历法以易为指导；乐律的律吕损益也出于易，"欲明律历之学，必以象数为先"（明代乐律学家朱载堉语）；数学的勾股弦定律与河洛八卦相贯通；中医的辨证施治步步不离阴阳五行。至于军事学，只要看历史上如何神化姜太公、张良、诸葛亮、李靖诸人，便知中国兵家浸透了易的血脉。汉代易学早已把易引入大用，像《四库全书总目》说的"易道广大，无所不包，旁及天文地理、乐律、兵法、韵学、算术，以逮方外之炉火，皆可援易以为说"，这种局面正是汉代易学开创的。在易学的大用中，中医是比较典型的，"不知易不足以言太医"，《内经》与《易经》完全是一个体系。中医学在思维方法上与西医分解实证的思维方法每多抵牾，但实践证明，它却有着许多优长，能解决不少西医无法解决的问题。无数事实证明了经络穴位的客观性，但经络穴位至今并不能靠解剖实证的科学方法所获取，这种情况难道是医学领域所独有的吗？这说明易在揭示天地人的存在及其运动规律时，包笼着西方现代科学无能为力的潜科学。中医以外的其他学术如以易为统领，难道不会走向世界文明的前沿吗？

易学复兴已经有了三十多年的历程，现在已有越来越多的人走出了术数的狭小误区。虽然到任何时候都会有人对术数发生浓厚兴趣，但术数独占易坛的局面已经打破。由于知识界的广泛参与，易的真谛逐渐从各个角度被窥见，易坛已超越古代义理、象数两大派，形成更加丰富多彩而又带有时代特征的易学派别。其中具有现代形态的"科学易"和"人文易"则是有代表性的两个易学流派，它们既以传统易学为渊源，又创立了"一元数理论""分形分维理论""模糊群子论""地球经络穴位说"等为人类科技进步做出了贡献的新学说。古代易学中，宋代邵雍《皇极经世》的"自然四元体系""加一倍法""内象外象""内数外数"诸说，张行成《易通变》中的"太虚象数说"，张载《横渠易说》中的"幽明论"，朱熹"物物有一太极"的类自然全息论，蔡元定《律吕新书》中的律吕同源说，等等，已引起"科学易"派的高度重视。"人文易"近年主攻的是决策科学和管理科学。这类研究的较早成果是美籍华裔学者、美国远东高级研究院院长成中英在七十年代末提出的"易经管理系统"即"C理论"。在此同时，国内也有不少学者从事"周易管理学"的研究，已经形成一个很有实力的队伍。近年来高等院校如山东大学、武汉大学、河南大学、重庆大学、西北大学等，都显示了高远的见识和眼光，组织召开过《周易》学术讨论会。从 1989 年起每年一届的"《周易》与现代化国际学术讨论会"已经在安阳持续举办了数年，显示了易学研究的活跃和开创精神，也显示了现代易学队伍的壮大。

中国是《周易》的故乡，中国的易学研究，在今后不会太长的历史时期里，必将对推动人类进步和世界文化发展做出卓越的贡献。

中国易学发展芹言

　　清初的易学名家陈梦雷说过："易之为书，义蕴虽多，大抵理、数、象、占，四者尽之。"这个说法是平实而公允的。它不否定义理、象数、占筮等各种易学派别在易学领地中的价值和地位。但目前的易学实践和易学现状是，易学似乎成了占筮一家的天下，你到任一个社会人群中问："您知道什么是《易经》吗？"他的回答会只说到预测、算卦、占卜。似乎《易经》和术数之间可以画等号，这当然是错误的。且不说社会上的其他人，就说坐在易学大会会场中的人，可以说是易学界的代表，但他们对于《易经》的理解，恐怕与一般民众没有什么大的差别。不能不说，这种现状是不正常的，是出了毛病的。

　　《易经》的核心精神，就在于认识、把握和实践"道"。"形而上者谓之道"，理、象、数、占四者，理是直接阐发和描述道的；

象和数则是通往道的介质，都不是道本身；占是利用象数的介质，去向道靠近，但所得到的，永远都是道的元素和局部，是对道的某种体证。象、数、占都是形而下的，只有理是形而上的。《易经》最初固然是由占筮产生的，但到春秋战国以后，《周易》成了中国人认识论、宇宙观、思维方式、哲学体认的负载物，哲学品格便成为《周易》的本质属性。《庄子·天下》在论学术时说："《诗》以道志，《书》以道事，《礼》以道行，《乐》以道和，《易》以道阴阳，《春秋》以道名分。"这六经中，只有《易》是一部哲学书，它是谈阴阳的，"一阴一阳之谓道"，它是论"道"的。弄清阴阳消长变化的规律，就是"道"。阴阳存在于宇宙的万事万物中，阴阳即世界，认识把握了阴阳，就是认识把握了世界，《周易》是一部讲世间万事万物运动变化的书，是一部哲学书，打着易的旗帜，却不讲哲理，这还不是出了毛病吗？

出了毛病不是某个人的责任，而是历史发展造成的，所以我们不可以向任何人问责。这个道理也不是靠这样说一说，说一回两回，十回八回，就能把问题解决了的。所以我在这里也不想把这个问题展开来谈。

在这里我只来说"占"。

易占有它自身的发展历史。从伏羲开始，经夏、商、周三代，化进了周文王、孔子等圣人的心血，直到春秋时代的各国史官，都对易的构创贡献了智慧和劳动。

春秋时代，占筮在上层社会是普及的，那时的占法，与易象、易理、卦辞、爻辞紧密相连，处处不脱离《周易》，是象、数、理并重的，如周史占陈公子完的降生，得风地观之天地否卦，则判断说："坤，土也；巽，风也；乾，天也。风为天于土上，山也。有山之材，而照之以天光，居土上，故曰'观国之光，利用宾于王'。"这不但说到本卦、之卦中的卦象，而且涉及互卦，又与卦爻辞联系起来。易是对宇宙的高度概括，复杂的事物，易用简括来把握它，"易简而天下之理得矣"。不脱离《周易》的占筮，是易占的正脉。

《周易》是一个无所不包的信息库，在这个独特而博大的象数体系中，贮存了关于宇宙的全部信息，如果取得了这个信息库的金钥匙，就能通过特定的检索方法，找到事物的变化信息，从而彰往察来，阐幽探微，对事物的情状、所处地位（即与其他事物的联系）、发展变化的前景等，做出有价值的判断。所以易占是不应脱离《周易》的。

这里特别要说到"象"。"象"在易中带有根本性。《系辞传》说："易者，象也。"又说："八卦成列，象在其中矣。""象"是中国人思维中最独特的东西。它是把相应相感、功能相同、动态属性相同的事物归为一类，使这一类成为一个"象"，然后用一组既抽象又具有一定具象性的符号即八卦来代表它们。《周易》中的《说卦传》就是论说卦象的专文。不但八卦，就是由八卦所组成的六十四别卦也都是一个"象"，如乾卦描述的就是"龙"由沉潜到飞天的不同运动发展阶段的状态，以及与这些阶段相宜的行为。每一卦都是具体的感性的东西，而每个卦又都是说哲理的。都不是用思辨的语言，而是用"象"说话的。搞文艺理论的人都知道一句话，就是"形象大于思想"。用思辨的话讲道理，就是干巴巴的单纯的道理；用"象"讲道理，闻听者可以发挥联想功能，把道理体察得很深切，而且每个人会有各自的体悟。因为"象"具有表象性、直观可感性、整体性和模糊性，这便具有巨大的活性，给人发挥能动创造力的广阔空间，这正是预测的妙用。"书不尽言，言不尽意"，文字不能穷尽语言，语言不能完全表达思想，那么是不是就没有办法了呢？《系辞传》说："圣人立象以尽意，设卦以尽情伪，系辞焉以尽其言。"圣人用"立象"的办法来解决问题，用"象"来表达和显示意思。这个"象"就是卦，卦可以"尽情伪"，是真实的还是伪装的，一下就揭了底。

这个"象"并不是没来由，更不是随便来的。"圣人有以见天下之颐（奥秘）而拟诸其形容（形象和容貌），象其物宜，是故谓之象"。"古者包牺氏之王天下也，仰则观象于天，俯则观法于地，观鸟兽之文与地之宜，近取诸身，远取诸物，于是始作八卦，以通神明之德，以类万物之情"。卦象是先圣遍观宇宙万事万物，揭示宇宙奥秘，概括万物的精神和情韵而创制的。与世界其他国家民族的绘画和文字比较起来，中国绘画和中国文字非常独特，细细想来，原是与中国古人这种"象"的思维是有关系的。中国的绘画讲求传神而不求形似，因为"象"并不是照相式地复制事物的形貌，而是概括其精神风韵和本质特征的，它给人深邃的联想。传神的"象"比外形的复制，其内涵要丰富得多。中国的文字也跟《周易》说的"象"大有关系，所以专讲文字的《说文解字》这本书的作者，西汉的许慎在"叙"中就援引了《系辞传》中的话，然后才说到创造文字的仓颉。因为伏羲画八卦与仓颉创制文字，都是"立象尽意"的，两位圣人做了同样伟大的事情。

炎汉以降，孟喜、京房等人对易学的发展不无功绩，京氏所创纳甲，给卦中引入五行、世应、飞伏，强化了易占操作的程式和细密性，但也使易占逐渐与《易经》脱离。至三国，王弼的"扫象"易学对后世影响极大，使易占越来越摒弃卦象。明清以后《易冒》《增删卜易》《卜筮正宗》诸书相继问世，业易者则可全然不知《周易》，操作时于易象、易辞可完全不问，此法今人称作"六爻"。正如梁启超在《清代学术概论》中所说的，任何学术，发展至"蜕分""衰落"之期，必然"捃摭末节以弄诡辩；且支派分裂，排轧随之"。比起古典占筮来，"六爻"之法的眼界和气局都显得窄小，失去了古典筮法丰富的文化内涵。

易学大家尚秉和先生曾十分惋惜地说："至今日，市肆所用程良玉等筮法，虽号称易占，实与辞象无关，且专取用爻，用爻不得即不能推断，可小事而不可大事，宜一人不宜国家，能占命不能射覆。"的确是对近代以来我国易学发展流弊的中肯针砭。我在此倡议易学同道的有志者，应努力用卦象和卦爻辞占断，掌握这一文化内涵丰富的古典易占法，以复兴易学的正脉。

易学的变味

　　《周易》本是我国传统文化的总纲。《四库全书总目》说："易道广大，无所不包，旁及天文、地理、乐律、兵法、韵学、算术，以逮方外之炉火，皆可援易以为说。"然而二十世纪九十年代初，一个江湖术士把算卦称作"周易"并出了一本冠以"周易"之名的算卦书，以讹传讹，从此"广大悉备"的《周易》便蒙受误解，被和算卦画了等号，至今难以拨正。周易之学于是发酵、变味，在一些人那里甚至腐烂。这实在是由于"道听文化"的作祟。

　　"道听文化"这个词是我临时杜撰的，但这样的东西的确存在，而且势力很大，很坏事。所谓"道听文化"，就是一些并无道理的虚假说法、理论、传闻等，通过广泛的民间途径，广为流布，广受信奉。这种现象古代也有，但古代人口没有现在稠密，交通闭塞，又无广播、电视、报纸、电脑网络等传媒，所以信息在那时很惰化，纵有"道听文化"也难于猖獗到什么程度。而当今社会大大发展，科技日益进步，"道听文化"因着信息途径的众多和信息传布的高速化，反而更易得势，这实在是一个悖论。

"道听文化"存在于各个文化领域内。这几年常常有一些很流行了一阵的据说是锐进的东西，如文学上的种种"主义"，医疗上根治某一绝症顽症的神奇医术，经营方面会出操作点子的"大王"，等等，声名搞得沸反盈天，从宣传时的气势看，那个被吹涨的东西在它的领域里行将一统天下。但是不要多长时间，它便寿终正寝，呜呼哀哉，根本原因就在于它原属"道听文化"，满含着泡沫和虚假。别的方面可姑置不论，现在只说封建迷信借"道听文化"大行其道这一事实。

从二十世纪八十年代末开始，气功、术数、巫术、宗教诸领域的一些人，逐渐形成一个大网络。我因搞文化研究，常常要和这个网络接触，眼看着这个网络越来越大。有一些学者（那些枉赝学者之名者不在此列）也参与到这个大网络中，他们有着探求真理的精神，想用理论去诠释一些目前人们还未认识的现象，他们是真诚的和严肃的。但是进入这个大网络中以敛财邀名为务的骗子非常多，那些探索性的理论被他们接过去后，加以歪曲、夸大、渲染、发挥，用来为他们的骗术张目。于是全国各地便出现了打着"科学"的幌子搞迷信活动这一景观。这些骗子说起迷信的"科学道理"来像煞有介事，吐沫飞溅，他们便是"道听文化"的酿造者。使我们无法乐观的是，国民的素质的确不高，大多数人不能辨识和拒斥动听的荒诞。"道听文化"的贩卖者被宠得胆子很正，根本不怕漏洞百出，因为能听出他们的滑稽的人，不屑于和他们对面较真；而愚盲的听众听得只有五体投地的份儿，根本不会在脑子里打问号。更可悲的是，这些愚盲听众旋即便成了"道听文化"的得力传播者，张三听了，立即又向李四、王五诸人贩卖，一传十十传百，遂令谬论邪说不翼而飞，风行无阻。要命的还有传媒，他们会立马闻风而动，大加炒作，以各种报道方式为"道听文化"张扬舆论，为这种伪文化的风行鸣锣开道。所以"道听文化"不但不自惭形秽，还往往趾高气扬，真叫人哭笑不得。

这种在特定时代里被很多人信奉而成为时髦的谬误，我称之为"时行荒谬"。一个时代有一个时代的"时行荒谬"。这时候，如果独醒者出来说破这种谬误，便会被群起而攻之，有时还要遭难。

前多年，很多人相信气功能灭森林大火，《周易》能算人活到多少岁，手纹可看出老家的地形。谁要是了解些内幕，揭穿说这是荒谬，立刻会被许多人指责："这是个怪人！""顽固！""落伍！"甚至说："嫉妒！"

关于易学文化方面的当代"时行荒谬"，都是用了《周易》的大名。其实，他是他，《周易》是《周易》，他偏把自己和《周易》紧紧捆到一起，并大喊"《周易》是科学"，意思"我也是科学"，你反对我算卦，就是反对科学。反对科学是可憎的，反对我就不用说了。

天道人道有其规律，自然运行没有意志，不为尧存，不为桀亡，庄周称之为"有大美存焉"。万物人事，有机无机，动植羽鳞，既在宇宙之中，也都是一小宇宙，其变化规律与宇宙运行是同构的，朱子所谓"物物有一太极"是也。则任何事物的走向便有六七分可以推知。如中医一摸病人的脉，就会判断有什么病，严重不严重，什么时候能好，要吃什么药，等等。中药有五色五味，五脏心肝脾肺肾各有其经，分属五行，五行也各具色味，什么克什么，生什么，如何补，如何泻，辨证施治，颇类数学之换算，也与现代的"全息论"多所相通，《周易》运用于各个领域正是如此。《易传》中有一个极为重要的观念就是"象"。《周易·系辞下》第三章甚至用一个字来概括《周易》的精髓，说："易者，象也。"西方是用思辨的语言来表述哲学思想的；中国则往往是用半具象的"象"来表述哲学思想。并且认为语言有极大的局限性，"书不尽言，言不尽意"，语言文字有说不到的地方，而"象"则有某种无限性的功能。所以"圣人立象以尽意"，语言文字可表意，但不能"尽"意，只有"象"才能尽意。譬如乾卦用"龙"来表述事物成长发展变化包括物极必反向对立面转化等规律，包括事物各个发展阶段的特征、动向、情态、心理、易犯的错误、应抱的态度等，乾卦爻辞从初九到上九只用了不到五十个字，就把一切都说到了，而且不是说的某一个事或物或人，而是包笼了宇宙中的万事万物万人。对于每一个具体事物的每一发展阶段，你用乾卦去套时，不但能说明你的现状，而且是很感性的，并且给你估计了各种可能性，指明了方向。这就是"象"的特殊作用，这在西方是绝对没有的，不可能有的。

那些实时行践荒谬的人，对《周易》哲学从无兴趣，他们大部分没有读过《周易》，即使读过，也不运用《周易》的哲学思想来分析判断事物，而往往假名灵神："命运为神所安排，灾难是神的惩罚，升官发财是神的奖赏；我和神是关系户，你有天大的事也见不上神，只能见上我，见了我就等于见了神；对神要烧香，我不要烧香，只要钱……"不管弯子绕得多远，最后都会图穷匕首现，落脚到最实在处，就是个"钱"。

"时行荒谬"的势头再大，信奉者再多，迟早总会有衰微的一天。不过这种荒谬多存在一日，社会则多一日的损失，因此加速其真相大白，实是对人类有益的善举。但要改变"时行荒谬"左右舆论的局面，绝不是一朝一夕的事，根本办法还是提高全民素质。很现实的是当下应当怎么办？我想除了大家都警惕"道听文化"外，起码具备相当识别能力的人，譬如受过高等教育者，能首先不做"道听文化"的接受者和传播者，遇见此类事情，先是不要盲从，要认真思考，察其根由，深入做点事实的调查，有时间余裕者可广泛学习古今中外科学文化知识，以使自己具备识别妖邪的火眼金睛。

插上"道听文化"的翅膀使封建迷信猖獗，迷信猖獗，幺麼得利，民众受害，何不群起而攻之，使其如过街之鼠哉！

易学一圣：周文王

我曾两次去河南讲易，又数次到开封、安阳开易学会，这里的确可称为易的故乡。

河南汤阴县北约五公里有一土台，高出地面五米，长宽各百余米，面积一万平方米，这就是有名的羑里城，周文王姬昌曾在这里坐过七年监狱。当时殷纣无道，政治废弛，他看到以西岐为基地的西伯姬昌修德爱人，日益在诸侯中取得号召力，内心便感到一种威胁，就把姬昌抓起来，囚禁到这个高台上。高台突出，目标显著，选择这里作为看押要犯的监狱，大约比较省事一些。

姬昌当时蹲监狱，也没有报纸看，日子实在难熬，就利用充裕的时间推衍伏羲的六十四卦，给每卦的每爻系上爻辞，这就成了《周易》。

汤阴属安阳市，这里就被安阳市作为重要的旅游文化资源。他们乘当时《周易》热之风，以《周易》诞生地的名分，从 1989 年起举办"周易与现代化国际讨论会"，每年一届。由于羑里城及周文王的吸引力，日本、新加坡和国内各地学者，每岁于秋凉季节，云集安阳，交流研易心得。安阳财政每年因此而收入可观的人民币和外汇。于是，主办此会的"安阳周易研究会"成了隶属于旅游局的极受当地政府重视的单位。

我因参加安阳的讨论会，得以随会议安排瞻仰了羑里这块易学圣地。虽然殿庑破败，却仍感受到一脉庄严神秘的灵气。我和会友在门额上书有"演易坊"大字的石牌楼前合了影，作为神圣的纪念。台上立有一通通石碑，上面镌刻着捐资者的名字，捐千元以上可单独立碑。我心里产生了留名的冲动，暗暗摸了摸瘪瘪的口袋，冲动渐渐消失。

《汉书》说："易道深矣，人更三圣，世历三古。"这"三圣"就是画卦的伏羲、演易的文王和作易传的孔子，河南就占了两位。河南淮阳县（今淮阳区）有画卦台、伏羲陵，传说伏羲就在这里仰观俯察，"听八风之气，乃画八卦"。伏羲是易学的老祖宗，死后便葬于淮阳。画卦台上生长揲筮起卦的蓍草，茎枝高青，如移植他地，就会变种。更为神奇的是《淮阳县志》记载："伏羲于蔡水得白龟，蓄池而养之。"而近年恰于此处水中得一白龟，通体乳白，龟板纹路显八卦十二辰图案。

安阳会上，淮阳同道赠我"太昊蓍草"一束，并邀请去淮阳瞻仰伏羲遗踪及白龟，可惜至今仍未酬愿。

三国易话

一、曹操与管辂

《三国演义》中写道，建安二十一年（216）夏，汉献帝被迫策立曹操为魏王。曹操出入仪卫，俨然天子，炙手可热，不可一世，却遭到道士左慈的恣意戏弄。最后有无数尸体，手持头颅一齐赶打曹操，把曹操吓出一场重病，吃药也不见效。这时，太史丞许芝推荐精于易占的管辂，来为曹操占卜休咎。

在古代的易学人物中，管辂与其后晋代的郭璞齐名，并称管郭，皆占算如神。读《三国志·管辂传》，那女鬼孤魂作祟而被管辂算破的故事，我总感到玄虚。我觉得有趣的还是射覆。太守把燕卵、蜂窝、蜘蛛、印囊、野鸡毛这样一些古里八怪的东西，分别秘密放入匣中，让管辂射覆，看是何物。管辂一一起卦占筮，并用四言考语判断各是什么东西，结果没有一个出现差错。如射蜘蛛为"觳觫长足，吐丝成罗，寻网求食，利在昏夜——此蜘蛛也。"

《三国志》和《三国演义》都只陈述故事，未说明每物起为何卦。据尚秉和先生研究，这五件东西所起的卦，分别是为噬嗑、震、归妹、泰、旅。我以为尚先生的分析极有说服力。管辂见了曹操，只说了些"三八纵横，黄猪遇虎"之类难以捉摸的话。再让他卜与吴蜀两家的战事，他判断说"东吴主亡一大将，西蜀有兵犯界"。这两事不久一一奇验。

其实，管辂跟曹操是根本沾不上边的，因为罗贯中爱在书中写这一类神神道道的事，才把两个不相干的人拉扯到一起。《三国演义》中关于管辂故事的素材，全部采自陈寿的《三国志》及裴松之的注，这些素材中从来没有提到过曹操，这就需要罗贯中移花接木了。如《三国演义》中管辂对曹操说自己"额无主骨，眼无守睛，鼻无梁柱，脚无天根"，一副穷相，命也长不了，根本不能当官，这段话原是在裴松之注引《辂别传》中管辂说给他弟弟管辰的话。管辂生于建安十五年（210），两年前赤壁大战那一年，管辂的母亲连管辂的胎还没有怀上哩。到左慈戏弄曹操的建安二十一年，管辂才六岁，一个学龄前的幼童，曹操能请他去占卜并提出要封他为太史吗？

因为管辂用易卦占筮的名声很大，又精通天文、风角、相学、射覆诸术，《三国志》记了他二十则神奇应验的占卜故事，所以不但被罗贯中硬拉扯到曹操的生活中，而且后世依托他大名撰写的术数著作也层出不穷，如《管氏照心神鉴经》《管公金书六事口诀》《管公明十三篇》《管氏五星秘要》《管公问答口诀》等。清代曹九锡著《易隐》时，这些伪托著作大部分被参引于书中。

二、诸葛亮"八阵图"

"功盖三分国，名成八阵图。江流石不转，遗恨失吞吴。"

诗圣杜甫对几百年前的诸葛亮每每不能忘情，大约是对这位古代英杰的忠智勤谨，产生着强烈的人格共鸣的原因。这首《八阵图》和另外如《古柏行》《蜀相》诸诗，都对诸葛亮饱含着敬仰、同情和凄怆之情。

"八阵图"是诸葛亮设计用卵石布建而成的一种军事阵式。据《太平寰宇记》和《水经注》的记载，八阵图在四川奉节县西南七里长江边上一个平旷的沙滩上，这里当时称鱼腹浦。所谓"八阵图"，是用小石垒成一个一个的石堆，共八行，每行八堆，各堆见方五尺，堆与堆之间纵横相距两丈，共八八六十四堆，形成方阵。

《三国演义》书中写吴蜀交战时，东吴大将陆逊火烧蜀军连营七百里，追亡逐北，直到夔关。忽见前面临山傍江，一阵杀气冲天而起，很有点像如今练气功者所说的强烈的气感。但差哨马前往侦察，却空无一人，只有几十堆石头。陆逊便不以为意，带兵闯入石阵。突然狂风大作，飞沙走石，铺天盖地，难以招架，陆逊这才恐惧欲出，但怎么也寻不到出去的路。这时多亏诸葛亮的岳父黄承彦来到，才把他们领出阵中。黄承彦告诉陆逊："我的女婿当年入川时，在这里布下这个石阵，叫作'八阵图'，内有奇门遁甲的休、生、伤、杜、景、死、惊、开八门。这八门及阵的格局，每个时辰都在变化，大军进去，别想出来。所以这石阵足足顶得上十万精兵。我刚才看到你们从死门进入，知道定要迷陷其中，女婿本来嘱咐我，今后必有东吴大将迷于阵中，你不要引他出来，但老汉我一生好善，不忍你们白白送命，所以把你们从生门引出来。"陆逊还想进一步了解阵法，黄承彦告诉他，"变化无穷，不能学也"。

三、"祭东风"与奇门遁甲

多年前渲染气功的神奇，其言每多虚浮，此风膨胀达极，则有发气降雨扑灭兴安岭森林大火之说，这类话我从来没有相信过。前年结交一道士，说他曾四次在院内降雨成功，并张开嘴让我看他半断的牙齿，说是作法时叩齿所致，我亦仅作科幻小说听之。昔观电视剧《三国演义》诸葛祭风，又引起对呼风唤雨的认真思考，当然仍不会有终极结论。

这要说到奇门遁甲。奇门遁甲其实有两部分。主要的一部分，是审度宇宙的客观时空结构，找出特定事物在此时空大背景上的坐标位置，以判断该事物与相关事物的联系性、该事物的发展前景等，从而对人的主观处置做出抉择。这部分属于术数。另一部分属道教法术，即通过符咒手段，召唤神灵，创造奇迹。诸葛亮的祭风，就属法术部分的奇门遁甲。

首先，最有力的依据就是诸葛亮本人的自白。他说："亮虽不才，曾遇异人传授奇门遁甲天书，可以呼风唤雨。"难怪过去要把日家奇门《金函玉镜》的著作权系于诸葛亮。新中国成立前上海广益书局《奇门遁甲秘笈全书》甚至合署张子房、诸葛亮著，给人"关公战秦琼"的滑稽感。

其次，《道藏》中的《秘藏通玄变化六阴洞微遁甲真经》一书，其中有"清真武状式"，就包括"求风"在内。这本"真经"对立坛、祭物、罡步、用印、书符、念咒等，有极详的记载。祭风仪式召请的有真武真君、六丁、玉女等，主祭人除反复念诵各种咒语外，主要是禹步踏罡、服符、存想、叩齿，烦琐至极。电视剧为了强化诸葛亮的视觉艺术形象，作法行动主要为舞剑，这样处理当然是聪明的。

虚以慑服周瑜。这恐怕是一种想当然的简单化解释。按照马克思主义认识论，世界永远存在未被认识的领域。西方科学虽然发展到了极致，却还不能包揽对许多东方神秘现象的说明，所以我们对祭风的解说定性，还是以存疑为妥。如果说诸葛亮玩的是花招，让你一下就识破了，周瑜反而蒙在鼓里，这恐怕太抬己轻彼了。

四 、话说虞翻

看了电视连续剧《三国演义》的孔明舌战群儒一集，我以为拍得不大理想。主要缺点是没有表现出这场政治外交大争论的惊心动魄和深沉感，把东吴的文臣都漫画化了。尤其是虞翻，简直成了一个浅薄的小丑，其酸腐劲颇像当年电影里跟刘三姐赛歌的陶秀才。

其实虞翻并非腐儒，他在外交上给孙策办过不少大事，颇得孙策的敬重。只是他性情疏直，人缘又不好，曾经讥刺张昭为"死人"，特别是多次犯颜谏诤孙权，故被贬谪交州。然而这种政治上的升沉，并不能挫伤他的生活追求。他在丹阳、交州仍讲学不倦，潜心研究《周易》《老子》《论语》等经典，从学的门徒常常达数百人之多。

当然虞翻的最大成就还是在易学方面。"建安七子"之一的孔融看了他的《周易注》，大为赞赏说："读你的《周易注》，才知道东南之美，不单单是会稽的笔箭，更在于才士之盛。你这本书灵活地运用卦象和卦变，推衍祸福的来去生灭，深妙入微，真是揭示了造化的奥秘啊！"虞翻治易，能在前人成果的基础上有所创新。他的创获主要是"卦变"，指乾坤父母卦变为六子卦和十二消息卦变为四十八杂卦，以此解说《周易》卦爻辞。这是对易传中变易和阴阳转化的哲学思想的具体化，使其具有可操作性。而在卦变说中，则吸收并进一步发展了前人的纳甲、卦气、升降诸说。卦变之极则为"旁通"（六爻全变），"旁通"也是虞翻独创的易学范畴。这一范畴到明代又为来知德发挥为"错卦"，赋予更为丰富的内涵。

建安二十四年（219）冬，关羽败走麦城，孙权一心想收降他，令虞翻占筮。虞翻判断说："不出两天，关羽即当断头！"后来关羽被擒，孙权听主簿左咸之言，认为如留关羽必贻后患，遂将关羽砍头。这种处置却是孙权自己始料未及的，而被虞翻的占筮不幸言中了。

太极和太极图

　　"太极"一词最早见于《周易》和《庄子》。《庄子·大宗师》在谈"道"时，说"道""有情有信，无为无形"（客观存在的，非物质的）、"自本自根，未有天地，自古以固存"（它的根本就是它自己，它本来就存在着）。接着继续描述"道"说："在太极之先而不为高，在六极之下而不为深，先天地生而不为久，长于上古而不为老。"《庄子》这里说的"太极"是"最大的极限"的意思，还不是一个哲学概念。他的这些话都是形容"道"在时空中的绝对性的。《周易·系辞上》第十一章说："是故，易有太极，是生两仪，两仪生四象，四象生八卦，八卦定吉凶，吉凶生大业。"在这里，"太极"就是一个带有根本意义的哲学概念了。

　　古代先贤对"太极"有各种不同的解释。第一种解释认为，太极是指宇宙最初浑然一体的元气。这种解释以唐代孔颖达的《周易正义》为代表（"太极谓天地未分之前，元气混而为一"）。显然，这种解释带有唯物的性质。第二种解释认为"太极"就是虚无的本体。这种解释以三国曹魏时期的学者王弼为代表。这一派哲学家认为有生于无，这个"无"就是"太极"。第三种以"理"解释太极，这一派的代表人物是南宋朱熹。朱熹说："极是道理的极至，总天地万物之理便是太极。"（《朱子太极图说解》）朱熹是客观唯心主义，有些像黑格尔。他又认为，"人人有一太极，物物有一太极"（《朱子语类》），这有些现代全息论的味道。第四种就是北宋张载（眉县横渠镇人）的解释："一物而两体，其太极之谓与？"（《正蒙》）认为每一事物都是一分为二的，一物的这两体，合之则变化莫测，对立则互相推移。因此，太极是天地万物运动变化的根源。明清之际王夫之对张载的这一理论又有发展，认为不是"太极生两仪"，太极和两仪不是父子关系，而是体用关系，太极就是两仪。太极是阴阳二气合一的实体，这个实体具有运动的本性和变化的规律。这种本性和规律寓于天地万物之中，一切现象都是这种阴阳统一体的表现形式。在这几种解释中，王夫之的理论已经接近马克思主义哲学。过去任何一个古人谁也不准达到马克思主义的高度，达到了，就给送一顶"朴素的辩证唯物主义"的帽子。这种陈规应该打破。

我觉得上述四种对"太极"的解释，都有合理的因素，都值得我们吸收汲取。

下面谈太极图。

太极图是用图像来诠释太极这一哲学概念的。《易传》中有一个极为重要的观念就是"象"。《周易·系辞下》第三章甚至用一个字来概括《周易》的精髓，说："易者，象也。"西方是用思辨的语言来表述哲学思想的，中国则往往是用半具象的"象"来表述哲学思想。并且认为语言有极大的局限性，"书不尽言，言不尽意"，语言文字有说不到的地方，而"象"则有某种无限性的功能。所以"圣人立象以尽意"，语言文字可表意，但不能"尽"意，只有"象"才能尽意。譬如乾卦用"龙"来表述事物成长发展变化包括物极必反向对立面转化等规律，包括事物各个发展阶段的特征、动向、情态、心理、易犯的错误、应抱的态度等，乾卦爻辞从初九到上九只用了不到五十个字，就把一切都说到了，而且不是说的某一个事或物或人，而是包笼了宇宙中的万事万物万人。对于每一个具体事物的每一发展阶段，你用乾卦去套时，不但能说明你的现状，而且是很感性的，并且给你估计了各种可能性，指明了方向。这就是"象"的特殊作用，这在西方是绝对没有的，不可能有的。

太极图就更是纯粹的图像符号，但它几乎涵纳着全部中国哲学。那么这个太极图是怎样产生的呢？这要从宋代的易学背景说起。宋代是易学史上一个奇特的时代，许多绝妙的易图都在这一时代突兀地诞生出来。如河图、洛书被人们说了一两千年，也只是文字上的东西，究竟是个什么样子，谁也没有见过。可到宋代，则从华山道士陈抟那里传出具体的河图、洛书图像来。宋代以前也没有太极图，其实也是陈抟构创的。大家都知道，北宋的周敦颐有一篇有名的文章叫《太极图说》，他画的太极图其实就是陈抟的"无极图"，从上到下共五层，第一层是无极而太极，第二层是阴阳，第三层是五行，第四层是男女，第五层是万物。这个太极图还带有叙述图解的味道，还未做到用一个圆融的图像来形而上地描述宇宙万物的结构和运动规律，也没有简括到直观地来展现完整混一的宇宙。

后来就出现了阴阳鱼太极图。这个阴阳鱼太极图，最早披露于明代初年赵㧑谦的《六书本义》一书，把它称为"先天太极图"或"天地自然之图"，据说是从"蜀之隐者"手里传来，经了南宋蔡元定等人之手，据朱熹在《语类》里说，它的专利权也应属于陈抟。

关于太极图，我将用专文细谈。

宇宙魔象太极图

宋代是易学史上一个奇特的时代，许多绝妙的易图都在这一时代突兀地诞生出来。如河图、洛书被人们说了一千年，也只是文字上的东西，究竟是个什么样子，谁也没有见过。可到宋代，则从华山道士陈抟那里传出具体的河图、洛书的图像来。"太极"这个概念，《周易》《庄子》都说过，却从未有图像的表述。到了宋代，周敦颐又画出太极图来，并写了一篇名气极大的二百字的《太极图说》。如果把周氏这个太极图的根子一追，又追到了陈抟的身上，原来周氏的太极图就是偷陈抟的无极图。

周敦颐太极图共分五层，来表述宇宙及世界万物的生成演化进程，是从运动过程着眼的。最上一层那个白圈为太极即宇宙本源，是浑然未分的元气。第二层乾坤合抱之象，为阴阳两仪。左边坤交于乾之中爻，成离卦，离为日；右边乾交于坤之中爻，成坎卦，坎为月。第三层表示阴阳二气交合运动生出五行，亦即"两仪生四象"，左边木、火为阳，右边水、金为阴，土在中央。第四层为五行相生形成人类，左阳乾道成男，右阴坤道成女。在人类之下，则阴阳五行化生万物。

现在一般人对周氏太极图已感到陌生。它不够简练，还未做到高度概括，没有用一个更简括更圆融的图像来形而上地描述宇宙万物的结构，所以逐渐被人们遗忘。

现在广泛流行、广为人知的是阴阳鱼太极图。它最早披露于明初赵撝谦的《六书本义》一书，称为"先天太极图"，也称"天地自然之图"。这可是一个了不得的宇宙万物图像，据说也是从陈抟那儿传出来的。二十世纪八十年代后期，人体科学家利用脑功能扫描技术，测试出人在兴奋功和抑制功时，S 波能量的强弱变化，分别在人脑的左前部和右后部形成阴阳脐点，从而成为立体太极图像，经过技术处理，现出可视的阴阳鱼彩色太极图。这说明太极图并不是人为构创的，而是一个带有普遍自然性的结构模式。

更奇妙的是十二辟卦依次排列，便会出现一个标准的"先天太极图"。西汉孟喜的"卦气说"，以十二辟卦显示一年十二个月的阴阳变化。这十二辟就是复、临、泰、大壮、乾、姤、遁、否、观、剥、坤。复为十一月，临为十二月，依次类推，至坤为十月。你可以做一个带有神秘情调的试验：画成六个同心圆，然后用量角器和直尺把这些圆分成十二等分，每一等分从内到外共六层，可以加工成一个卦，阳爻留成白色，阴爻染成黑色，最外为初爻，最里为上爻，如排在下边子位的复卦，最外一层留作白色，为阳爻，其他五层都染黑为阴爻；临卦最外两层留白，里边四层染黑，等等。这样染完之后，再把黑色犬牙的顶尖用线连起来，把线内的三角白块也染黑。这时你会惊奇地发现，这个大圆所形成的阴阳鱼太极图，与"先天太极图"毫发不爽，真是天造地设！

你再用四条直径把这个太极图的圆分成八个等分，这时从圆外向圆心看，把每一等分看成一个三爻的经卦（六爻的叫"重卦"或"别卦"，三爻的叫"经卦"），白色为阳爻，黑色为阴爻。你又会惊奇地发现，这八等分作为八个卦，其排列的次序和位置，与先天八卦方位完全吻合。代表日月的坎离两卦有点特别的是，它们的上爻是由白鱼的黑眼、黑鱼的白眼形成的。

以上两个奇迹的出现，犹如雪花的六出、葵花的向阳、月亮的盈亏、潮汐的奉时、蜂房蛛网的规整精巧一样，并不是神的意志，而是大自然的杰作！

太极图为一个圆形，体现了世界的一元性和任一事物的整体性与独立性。阴阳鱼相负相抱，体现阴阳的对立统一，相互依存。经过圆心给太极图画任一直径，不管哪个半圆中都会既有黑又有白，绝不可能出现纯黑纯白的半圆。阴阳鱼的眼睛，意味着日中有阴魄，月中含阳精，阳中有阴，阴中有阳。划分黑白的曲线显示了"涵三为一"，也显示了阴阳流动变化的轨迹，阴阳永远不停息地消长转化，盛极而衰走向反面。

太极图是直观地高度概括宇宙天地自然万物的模式性魔图，这简括、深刻、含义无穷的图像式哲学表述，是中国人的特有思维酿结而成的，它的丰富涵蕴是具有全人类性的。值得自豪的是太极图通过多种途径传到外域，成为整个人类的文化瑰宝。量子物理学哥本哈根学派巨擘尼尔斯·玻尔，激赏中国的太极图无言地体现了他所倡导的并协原理，丹麦政府为他受勋时，他以太极图作为勋章图案。另如韩国国旗、新加坡空军机徽、美国金属机械分统组织、纽约水族馆、瑞士信贷银行、加拿大多伦多舞台艺术基金会、日本大阪滚木球中心，都以变形的太极图作为各自的徽标。

论奇门

　　奇门遁甲其所以值得研究，首先是由于它的哲学涵蕴和文化价值。奇门遁甲的结构模式，是先哲关于宇宙状态和万有运动变化的一种哲学表述，体现了中国人整体直观把握世界的思维特征。奇门遁甲的模式构架，主要有四大特征，即整体直观性、多维运动性、模型性和唯象性。整体直观性指通过八诈门和天、地、人四层活盘，映示整个宇宙中万事万物的坐标位置、性状和相互关系。定局之后，可以根据奇门推勘的律则审度人、物、事件的处境和前景。模型性指四层盘的不同组合在各个宫中形成不同的"格"，这些"格"是总体的局部，成为组成总的格局的肢体。唯象不但包括三奇、六仪、九星、八神，各有形态、性情和人格身份的寓意，而且像"青龙回首""朱雀投江""玉女守门""天网四张"等吉凶格，都成为一幅物象图景。奇门遁甲的上述特征，都和中国传统思维的基本特征是相一致的，其优长和缺点都是值得深入研究的。这里我只对奇门遁甲模式构架的多维性做一点说明。奇门遁甲的模式构架是多维的、立体的、运动的，是时间、空间、数理很深的渗透和融合。

在奇门遁甲中，宫、门用由洛书和后天八卦结合而成的九宫来显示：除中央外，其他八方为东方震卦，南方离卦，西方兑卦，北方坎卦，东北艮卦，东南巽卦，西南坤卦，西北乾卦。但是这八宫并不是单纯的、孤立的空间方位，它们还都具有时间的素质和含义：震为春，离为夏，兑为秋，坎为冬。二十四节气中最重要的八个节气（四立、二至、二分）分配到八个宫中是：立春艮卦，春分震卦，立夏巽卦，夏至离卦，立秋坤卦，秋分兑卦，立冬乾卦，冬至坎卦。震为木，木属东方；离为火，火属南方；兑为金，金属西方；坎为水，水属北方。春为少阳木旺，夏为老阳火旺，秋为少阴金旺，冬为老阴水旺。五行作为纽带，就把作为空间的八宫与作为时间的四时八节连通起来，赋予八宫以时间的素质和含义。

实际的时间在纳入这个多维的模式构架的时候，是通过含有时间因素和数理因素的"元"去实现的。"元"与标志四时坐标的二十四节气相联系，每个节气分为上、中、下三元，由具体节气的某元，就决定了所用活盘的局的阴阳和序数。这种局阴阳各九，每个节气上、中、下三元便有三局，如立春上元为阳遁八局，中元为阳遁五局，下元为阳遁二局；秋分上元为阴遁七局，中元为阴遁一局，下元为阴遁四局；等等。根据具体时间（日辰所属的节气和干支）就确定了用几局活盘。确定了用几局活盘，就是确定了时间与空间的具体联系。确定用几局活盘的依据是当日的干支和当日属哪个节气，而到使用活盘时，盘上的干支就代表时辰了。在根据日辰所确定的活盘上，时间与空间的联系是静态的。如冬至上元阳遁一局活盘，甲子戊在正北坎一宫，甲戌己在西南坤二宫，甲申庚在正东震三宫，等等。但如果将具体时辰输入活盘，活盘除地盘之外的其他三层就一齐运动变化，从而形成新的格局。一个时辰有一个总格局。与时间相联系的活盘局数，同时也与空间有极大关系，这个空间的数理分布就是洛书，即所谓"戴九履一，左三右七，二四为肩，六八为足"。加上五，九个数分配到九宫中，为坎一、坤二、震三、巽四、中五、乾六、兑七、艮八、离九。活盘的所谓几局，就是由这九个数字来的。甲子戊在地盘几宫，就是几局活盘。可以看出，在构成奇门遁甲模式构架的三大要素——时间、空间、数理当中，每一要素都渗透着其他两种要素，空间中有时间和数理，时间中有数理和空间，数理既是时间也是空间。这还是就静态而言的。如果将具体的时辰输入盘中，天盘上的时、空、数都按照固有的自然法则，一齐运动飞转，构成千汇万状的格局，反映了世界的复杂性。而且奇门遁甲的任何一个方位都不是固定的，而是游动的；不是绝对的，而是相对的。如以中五宫这个方位来说，同一时间它可以是地球上甚至宇宙中的任一点。随着中央的游动，其他方也相应发生游动的变化。如以洛阳为中五宫，则西安为兑七宫，郑州为震三宫；但若以开封为中五宫，西安、洛阳、郑州就都成为兑七宫了。

所以，我们说奇门遁甲的结构模式是立体的、多维的、运动的，因而它可以演示复杂世界万事万物的运动变化及其相互关系，对自然科学、社会科学、人体科学等的研究，在思维上都会有模式启发的意义和价值。

关于奇门遁甲

一、定局概说

我国古代把每天二十四个小时分为子、丑、寅、卯、辰、巳、午、未、申、酉、戌、亥十二个时辰，每个时辰相当于现在的两个小时。时家奇门是一个时辰一个格局，按奇门历法，每年冬至上元到第二年冬至上元为一个循环，总共是三百六十日。每天十二个时辰，一个时辰一个格局，全年的局数则是 $12 \times 360 = 4320$，为四千三百二十局。但在这四千三百二十局中，实际上每一局是重复了四次的。拿阳遁一局来说，冬至上元、惊蛰上元、清明中元、立夏中元，都完全一样，皆属于阳遁一局。这四个元共二十天，但落实到时家奇门排局，其格局类型以每个时辰一个格局计算，并不是 $12 \times 20 = 240$，而是 $12 \times 20 \div 4 = 60$（因每一局重复四次）。即六十个格局，正好占据了从甲子到癸亥这十干（天干）十二支（地支）的六十种结合。阳遁一局是如此，其他各局也无不如此，即都重复了四次，全年时辰的格局类型则为4320÷4=1080（局）。这就是传说的黄帝风命后创立的一千零八十局。又据说传到姜太公吕望时，将这一千零八十局简化为七十二局。这七十二局并不难理解，因按二十四节气论算，每个节气为十五天，一节又分为上、中、下三元，每元为五天。一节三元，全年二十四节气的元数则是3×24=72。

全年一千零八十个局，但并不是每一局都要用一个盘去演示，如果用活盘演示，每个活盘可演示从甲子到癸亥六十个时辰的格局，1080÷60=18，用十八个活盘就可以演示全年所有时辰的格局。姜太公七十二局中，仍是每局重复了四次，如果去掉这种重复的话，就是72÷4=18，也是十八局。这十八局，就是阳遁九局和阴遁九局，也即十八个活盘。这就是所谓的张良十八局。

虽然说是时家奇门，却不能不顾日，不同日干的日，会产生不同时，如甲、己日和乙、庚日的子时并不相同。甲、己日的子时为甲子；乙、庚日的子时为丙子。所以每个时辰定为几局，是受节气和日干制约的，即看这个时辰所在的第一天属哪一个节气，是这个节气的哪一元，上元、中元还是下元。

从大的方面说，从冬至开始到芒种结束为阳遁；从夏至开始到大雪结束为阴遁，局的序数与节气的关系如下：

阳遁：

冬至、惊蛰一七四，小寒二八五，

大寒、春分三九六，雨水九六三，

清明、立夏四一七，立春八五二，

谷雨、小满五二八，芒种六三九。

阴遁：

夏至、白露九三六，小暑八二五，

大暑、秋分七一四，立秋二五八，

寒露、立冬六九三，处暑一四七，

霜降、小雪五八二，大雪四七一。

即冬至、惊蛰的上元为阳遁一局，中元为阳遁七局，下元为阳遁四局；小寒上元为阳遁二局，中元为阳遁八局，下元为阳遁五局。夏至、白露的上元为阴遁九局，中元为阴遁三局，下元为阴遁六局；小暑上元为阴遁八局，中元为阴遁二局，下元为阴遁五局。其他各节气中局的序数依此类推便可知。

这是把后天八卦、洛书、二十四节气相配，来确定每个节气中不同日的局数。二十四节气中的二至（冬至、夏至）、二分（春分、秋分）、四立（立春、立夏、立秋、立冬）分别居于八宫中，也是洛书中的八个数。冬至居坎卦数一，立春居艮卦数八，春分居震卦数三，立夏居巽卦数四，夏至居离卦数九，立秋居坤卦数二，秋分居兑卦数七，立冬居乾卦数六。这八个节气上元的局数，就是它所居的洛书目数，即冬至上元为阳遁一局，立春上元为阳遁八局，

南
东 ← → 西
北

春分上元为阳遁三局，立夏上元为阳遁四局，夏至上元为阴遁九局，立秋上元为阴遁二局，秋分上元为阴遁七局，立冬上元为阴遁六局。

　　至于这八个节气中每个节气后面所接的两个节气的上元局数，都可据八个节气的上元局数按阳顺阴逆的规律依次推出。如冬至上元为阳遁一局，接着冬至后面的两个节气是小寒、大寒，那么依次排列，小寒上元为阳遁二局，大寒上元为阳遁三局；立春上元为阳遁八局，接着立春的两个节气是雨水、惊蛰，则雨水上元为阳遁九局，惊蛰上元为阳遁一局（洛书数最大为九，依照循环次序接着九的是一）。同样道理，春分、清明、谷雨的上元局数分别为三、四、五；立夏、小满、芒种的上元局数分别为四、五、六，都是阳遁。

就阴遁而论，次序是逆推的。如夏至上元为阴遁九局，接着夏至的两个节气是小暑、大暑，则小暑上元为阴遁八局，大暑上元为阴遁七局；立秋上元为阴遁二局，接着立秋的两个节气是处暑、白露，则处暑上元为阴遁一局，白露上元为阴遁九局（洛书数循环逆推，接着一的是九）。同样的道理，秋分上元为阴遁七局，则接着秋分的寒露、霜降，其上元分别为阴遁六局和阴遁五局；立冬、小雪、大雪的上元分别为阴遁六局、阴遁五局、阴遁四局。这就是所谓"冬至小寒及大寒，天地人元一二三；夏至小暑及大暑，九八七兮还退数"。

奇门排局时，五天为一局。为什么呢？因为每天为十二个时辰，都是从子时到亥时，这是说的时辰的地支。至于这五天之内这一天和那一天同一地支的时辰，天干却是不相同的。如昨天夜半为甲子，今天夜半则为丙子，后天夜半便成了戊子。这样每天十二个时辰，五天就是六十个时辰，正好把从甲子到癸亥的六十花甲子用完。到第六天，夜半的时辰又从甲子开始，这就是五天为一局的道理。

我们知道，一个节气为十五天，五天为一局，一个节气正好是三个局，即上、中、下三元。这叫"一气三元"。

在同一节气的三元中，只要把上元是几局确定了，中元和下元便有了依据，可以根据上元推知。方法就是，将上元局数向前推进六宫，所到的宫数就是中元的局数；中元局数向前推进六宫，所到的宫数就是下元的局数。这种向前推进的方法，其次序则是阳遁顺推，阴遁逆推。

为什么上元到中元、中元到下元必须向前推进六宫呢？因为一局为五天，一天十二个时辰，一元即一局正好六十个时辰。这六十个时辰在排局时十个十个为一组，这其实是打乱了天的界限，而五天形成六组即六个旬，这六个旬的旬头为甲子、甲戌、甲申、甲午、甲辰、甲寅（参看后面六十甲子表）。在排局时，每一旬（十个时辰）占一个宫，用同一个星（称为直符）和同一个门（称为直使）。十个时辰换一个宫，一局六十个时辰正好占了六个宫。所以一元到下一元也就是一局到下一局，正好是向前推进了六个宫，一七四、二八五、三九六等就是这么来的。

二、超神、接气和置闰

上面谈了阴阳各局的局数是按节气定的，但是在定局时，却并不是以节气死板地去排，还要依据日辰的天干地支。那么究竟怎样依据日辰的干支来定局呢？

首先谈日辰的天干。

因为每五天为一局，每局头一天的日干就必须是甲或己。甲是十干中的头一个，定局时从甲开始，甲、乙、丙、丁、戊，到戊正好是五天，为一局，下一局接着从己开始，到癸又是五天，再到另一个五天，又从甲开始。所以每局的头一天的日干不是甲便是己。

再谈谈日辰的地支。

每个节气上、中、下三元，每元头一天的地支也是有规律的。在叙述这种规律之前，我们先得说说十二地支的孟、仲、季问题。我们知道地支是十二个，而一年的月份也正好是十二个，所以一个地支配一个月份，称为月建。正月建寅，二月建卯，三月建辰，四月建巳，五月建午，六月建未，七月建申，八月建酉，九月建戌，十月建亥，十一月建子，十二月建丑。如果我们把这十二个月按春夏秋冬四季来分，三个月为一季。这就是寅、卯、辰为春季，巳、午、未为夏季，申、酉、戌为秋季，亥、子、丑为冬季。每季的这三个月，头一个月称为"孟"，第二个月称为"仲"，第三个月称为"季"，如正月为孟春，二月为仲春，三月为季春。即寅为孟，卯为仲，辰为季。同样的道理，巳、申、亥为孟，午、酉、子为仲，未、戌、丑为季。所以，寅、申、巳、亥为四孟，子、午、卯、酉为四仲，辰、戌、丑、未为四季。

现在就来谈奇门排局时每个节气上、中、下三元每元头一天地支的规律。不管是哪一个节气，上元头一天的地支为四仲之一，出不了子、午、卯、酉；中元头一天的地支为四孟之一，出不了寅、申、巳、亥；下元头一天的地支为四季之一，出不了辰、戌、丑、未。

把上面所谈的两点综合到一起来看，每个节气上、中、下三元每元头一天天干地支的规律是：每个节气上元头一天的干支不是甲子或甲午，就是己卯或己酉；中元头一天的干支不是甲申或甲寅，就是己巳或己亥；下元头一天的干支不是甲戌或甲辰，就是己丑或己未。

所以要判断当日属于哪一局，就要看这一日属于哪个节气。从大的范围来说，从冬至到芒种的这十二个节气里为阳遁，从夏至到大雪的这十二个节气里为阴遁。从小的范围来说，在确定了这一天为阴遁还是阳遁之后，就要看这一天属于哪一个节气的哪一元，就知道这一天属于哪一局。

例如，庚午年正月初一（公元 1990 年 1 月 27 日）壬辰，这一天应属于己巳年大寒节这个节气里的日子。这一天处在从己丑到癸巳这一组日子里，己丑是这一元的头一天，己丑应属大寒下元。大寒在冬至之后夏至之前，属阳遁。"大寒、春分三九六"，大寒下元为阳遁六局。

从这个例子可以知道，一个节气的上元，并不是从交这个节气的那一天开始的。一个节气上元的头一天，有时在这个节气的前头，有时则落到节气的后头，只在个别情况下和节气是同一天。节气上元头一天称作"符头"。节气上元的头一天跑到节气的前边，即符头先至而节气未到，这叫"超神"。节气上元的头一天落到节气的后边，即符头未到而节气先至，这叫"接气"。如果这个节气上元头一天和节气正好碰在同一天，即符头与节气同至，这叫"正授"。在上面所举的例子中，大寒下元头一天己丑为己巳年腊月二十八，上元己卯为己巳年腊月十八，而大寒节本身在腊月二十四。这个节气的上元头一天跑到节气的前边，这就是"超神"。

又如庚午年十一月初九甲子，为冬至上元第一天，而十一月初六已交冬至节，节气本身在上元第一天之前，即符头未到节气先至，这就是"接气"。

"正授"的例子可举己巳年（公元 1989 年）农历二月十三上元己卯，这一天子时交春分节，符头和节气碰到了一天，这就是"正授"。而到下一个节气清明时，又成了"超神"。

"超神""接气"这两个词很难理解，过去的奇门书中也都没有解释清楚。以我之见，"神""气"两个字应视作主词，"超""接"两字是限定、修饰主词的。甲子、己卯等上元第一日的干支为符头，称作"神"，"超神"就是超越了节气的符头。"气"就是节气，"接气"就是跑到前头去迎接节气的符头。

"超神"在开始时，符头只超过节气一两天，以后逐渐超得越来越多，到超过九天时就要"置闰"。所谓置闰，就是重复一个节气，即把某个节气的上、中、下三元再重复一次。如在芒种节置闰，芒种上、中、下三元为阳遁六、三、九局，就是在芒种下元阳遁九局之后，接着最后一天（芒种下元第五天），按照日辰次序向下排，再安排阳遁六局、阳遁三局、阳遁九局，然后才开始夏至上元阴遁九局。置闰的三元称作"闰奇"。

需要注意的是，并非在哪一个节气都可以置闰，置闰只能在特定的两个节气中进行。这两个节气就是芒种和大雪，如果不是在这两个节气时，即使超过十天也不能置闰。为什么呢？这是因为这两个节气恰在二至（冬至、夏至）之前。阳遁从冬至开始，阴遁从夏至开始，在二至之前的节气置闰，就是在阳遁或阴遁开始之前把符头调整好，使符头和节气尽量接近，而不致超过得过多。

研究奇门须备一本标有每天日辰干支的万年历（有些万年历只标明每月初一、十一、三十一这三天的干支）。自己标上当年每个节气的上、中、下三元每元的第一天，就将万年历变为"奇门历"。这种标注工作必须从万年历上前一年的大雪节排起。为什么要这样做呢？就是看大雪节符头超过节气的天数是不是在九天或九天以上，符头超过节气九天就要置闰。该置闰而不置，就会致使第二年所有节气的各元发生错差。

因为定局排局时无论日和时，都要排比六十甲子，所以必须写一张六十甲子表，以便随时查看。这个表要给六甲和每旬从甲到癸都编上号，用起来就方便多了。

	1	2	3	4	5	6	7	8	9	10
一	甲子	乙丑	丙寅	丁卯	戊辰	己巳	庚午	辛未	壬申	癸酉
二	甲戌	乙亥	丙子	丁丑	戊寅	己卯	庚辰	辛巳	壬午	癸未
三	甲申	乙酉	丙戌	丁亥	戊子	己丑	庚寅	辛卯	壬辰	癸巳
四	甲午	乙未	丙申	丁酉	戊戌	己亥	庚子	辛丑	壬寅	癸卯
五	甲辰	乙巳	丙午	丁未	戊申	己酉	庚戌	辛亥	壬子	癸丑
六	甲寅	乙卯	丙辰	丁巳	戊午	己未	庚申	辛酉	壬戌	癸亥

最后，我们以《超接闰奇歌》来总结这一部分的内容：

闰奇闰奇有妙诀，神仙不肯分明说。

甲己二日号符头，子午卯酉为上列。

寅申巳亥配中元，辰戌丑未下元节。

节过符兮符超节，闰积原来为准则。

节前得符谓之超，节后得符谓之接。

有时超过近一旬，便当置闰真妙绝。

要知置闰在何时？端在芒种与大雪。

超神接气苦能明，便是天边云外客。

三、九宫·六仪·三奇

九宫是排局的框架和阵地，它是洛书与后天八卦的结合。中宫之数为五，寄于坤宫。这样，依照次序便是：

一宫坎（北），二宫坤（西南，中五宫寄此宫），

三宫震（东），四宫巽（东南），

五宫中（寄于坤），六宫乾（西北），

七宫兑（西），八宫艮（东北），

九宫离（南）。

已明白九宫是排局的框架和阵地，那么又是用什么来排局呢？就是六仪和三奇。

六仪就是：戊（甲子）、己（甲戌）、庚（甲申）、辛（甲午）、壬（甲辰）、癸（甲寅）。

三奇就是：乙奇（日奇）、丙奇（月奇）、丁奇（星奇）。

排局时的次序是：戊、己、庚、辛、壬、癸、丁、丙、乙。

所谓几局，就是排局时甲子戊居于几宫，一局就是甲子戊在坎

一宫，二局就是甲子戊在坤二宫，其他各局依次类推。

例如阳遁一局的排法便是从坎一宫起甲子戊，仪奇次序的排法如下：

甲子戊 坎一宫	甲戌己 坤二宫	甲申庚 震三宫	甲午辛 巽四宫	甲辰壬 中五寄坤二宫	甲寅癸 乾六宫	星奇丁 兑七宫	月奇丙 艮八宫	日奇乙 离九宫

阳遁一局排法

阳遁二局的排法是从坤二宫起甲子戊，仪奇次序如下：

甲子戊 坤二宫	甲戌己 震三宫	甲申庚 巽四宫	甲午辛 中五寄坤二宫	甲辰壬 乾六宫	甲寅癸 兑七宫	星奇丁 艮八宫	月奇丙 离九宫	日奇乙 坎一宫

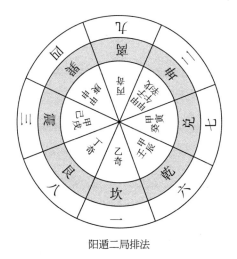

阳遁二局排法

　　阳遁其他各局依次类推来排，原则是：顺布六仪，逆布三奇。

　　再举两个阴局的例子。

　　阴遁九局的排法是从离九宫起甲子戊，甲戌己在艮八宫，甲申庚在兑七宫，等等：

| 甲子戊 离九宫 | 甲戌己 艮八宫 | 甲申庚 兑七宫 | 甲午辛 乾六宫 | 甲辰壬 中五寄坤二宫 | 甲寅癸 巽四宫 | 星奇丁 震三宫 | 月奇丙 坤二宫 | 日奇乙 坎一宫 |

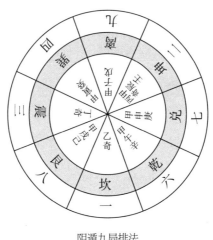

阴遁九局排法

　　阴遁八局的排法是从艮八宫起甲子戊，甲戌己在兑七宫，甲申

庚在乾六宫，等等：

日奇乙　　离九宫

月奇丙　　坎一宫

星奇丁　　坤二宫

甲寅癸　　震三宫

甲辰壬　　巽四宫

甲午辛　　中五寄坤二宫

甲申庚　　乾六宫

甲戌己　　兑七宫

甲子戊　　艮八宫

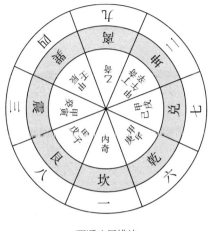

阴遁八局排法

阴遁其他各局排法依次类推，原则是：逆排六仪，顺布三奇。

四、八门·九星·八神

奇门活盘主要为三层，上为天盘，中为门盘，下为地盘。所谓上层象天列九星，中层象人开八门，下层象地定八宫。

八门就是：休门、生门、伤门、杜门、景门、死门、惊门、开门。

九星就是：天蓬星、天任星、天冲星、天辅星、天英星、天芮星、天柱星、天心星、天禽星。

八门、九星在活盘没有转动以前，在阴阳十八局中的位置是固定的，各局门、星的位置都是一样的：

坎一宫	坤二宫	震三宫	巽四宫	中五寄坤二宫	乾六宫	兑七宫	艮八宫	离九宫
休门	死门	伤门	杜门	死门	开门	惊门	生门	景门
天蓬星	天芮星	天冲星	天辅星	天禽星	天心星	天柱星	天任星	天英星

一般说门和星的次序，是从坎一宫休门天蓬星开始，顺时针方向旋转的，这就是：

休、生、伤、杜、景、死、惊、开。

蓬、任、冲、辅、英、芮、柱、心、禽。

《直符直使歌》说：

坎居一位是蓬休，芮死坤宫第二流。

更有冲伤居三震，四巽辅杜总为头。

禽星死五心开六，柱惊常从七兑游。

唯有任星居八艮，九寻英景问离求。

星、门在盘上的排列如下图所示：

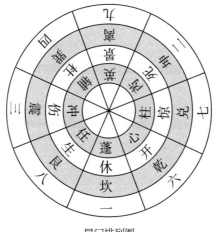

星门排列图

现在谈八神。八神就是直符、螣蛇、太阴、六合、勾陈（下有白虎）、朱雀（下有玄武）、九地、九天。在活盘上，八神分别置于八宫，放在最上层的小盘中，这个小盘称为八诈门，简称神盘。阳遁、阴遁八神的排列有所不同，阳遁顺排（顺时针），阴遁逆排（逆时针）。

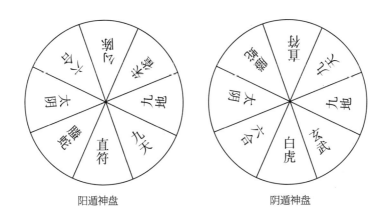

阳遁神盘　　　　　　　　　阴遁神盘

前面我们谈了九宫、六仪、三奇、八门、九星、八神。现在我们通过阳遁一局和阴遁九局，把这些因素全部纳入活盘之中，画为如下两图。在这两幅图中，神盘、天盘、地盘、门盘是俱全的。

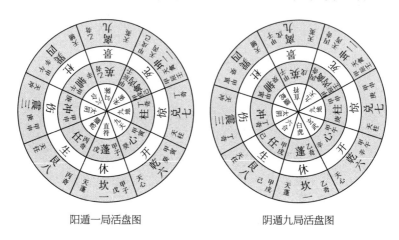

阳遁一局活盘图　　　　　　　　阴遁九局活盘图

通过以上内容，我们掌握了奇门遁甲的排局，这是奇门的第一道难关。通不过这一关就永远入不了门。但这仅是第一道难关，要掌握时家奇门，还必须通过第二道难关，这就是如何根据时辰来转动活盘，从而来判断这个时辰中各个方位的吉凶利弊，为行为选择吉方吉时，决定行为的去取和方式。在研究如何根据时辰转动各局活盘之前，为了集中精力通过两道难关，先暂时不要追寻八门、九星、八神等的吉凶含义。奇门的吉格凶格共有四五十个，判断事物性质和方位吉凶，除了参看奇门而外，主要就根据这些格，但这都比较容易，奇门之难，难在入门。

奇门的排局和根据时辰如何转动活盘这两道难关通过了，就好像六爻筮学会了装卦。

五、时辰干支

虽说是时家奇门，但用盘时究竟用十八局中哪一局活盘，却依据节气和日辰干支，所以我们在前边一直未涉及时辰。然而在根据节气和日辰干支已定为某局之后，就要根据正时来转动活盘，这时的主要依据则是当时时辰（正时）的干支。

时辰的地支比较好办，它就是占测的正时，可以根据钟表的北京时间推知，其关系是：只知道时辰的地支，还无法转动活盘，要正确地转动活盘，还必须同时知道时辰的天干（简称时干）。时干可以从日辰的天干（简称日干）和时支推知。

因为甲子日开始的时辰为甲子，十二个时辰的最后一个为乙亥，到乙丑日的头一个时辰接着乙亥就是丙子。依次推排，丙寅日的第一个时辰为戊子，丁卯日的第一个时辰为庚子，戊辰日的第一个时辰为壬子。

23	0	1	2	3	4	5	6	7
	子		丑		寅		卯	

7	8	9	10	11	12	13	14	15
	辰		巳		午		未	

15	16	17	18	19	20	21	22	23
	申		酉		戌		亥	

从甲子日到戊辰日共五天，正好一局。戊辰日的最后一个时辰是癸亥。每天十二个时辰，五天从甲子开始。到第五天最后一个时辰癸亥，正好把六十个甲子排完。到第六日己巳日，时辰又从甲子开始。这样，拿日干来说，甲日和己日的时辰完全相同，头一个时辰为甲子；乙日和庚日的时辰完全相同，头一个时辰为丙子；丙日和辛日的时辰完全相同，头一个时辰为戊子；丁日和壬日的时辰完全相同，头一个时辰为庚子；戊日和癸日的时辰完全相同，头一个时辰为壬子。

从日干推算当日子时时干的口诀是：

甲己还加甲，乙庚丙作初，

丙辛从戊起，丁壬庚子居，

戊癸何方发？壬子是直头。

知道了子时的天干，其他十一个时辰的天干就可以依次推出。这样，每天十二个时辰的天干地支就都可以由日干和当时的北京时间推知了。例如要推求壬日十四点的干支，十四点为未时，日干为壬，"丁壬庚子居"，第一天的子时为庚子，接下去的时辰为辛丑、壬寅、癸卯、甲辰、乙巳、丙午、丁未，壬日十四点为丁未时。

知道了正时的干支，就可以正确地拨转活盘。

六、直符直使及活盘拨转法

直符其实就是九星，但不是泛指所有的星，而是在特定时间中的某一个星。随阴阳遁及其局数的不同和时辰的不同，即有不同的直符。十个时辰有一个共同的直符。这是因为在活盘中，一宫管十个时辰，满十个时辰后就移到下一宫。拿六十甲子来说，也就是一旬一个直符，其旬头（甲子戊、甲戌己、甲申庚、甲午辛、甲辰壬、甲寅癸）都分别标在地盘各宫中。以阳遁一局为例，甲、己日有十个时辰以天蓬星为直符，这十个时辰就是甲子、乙丑、丙寅、丁卯、戊辰、己巳、庚午、辛未、壬申、癸酉。这是因为这十个时辰的旬头甲子戊所在宫中的星就是天蓬星，所以这十个时辰是以天蓬星为直符的。甲、己所剩的两个时辰甲戌和乙亥，则和乙、庚日中的丙子、丁丑、戊寅、己卯、庚辰、辛巳、壬午、癸未八个时辰，都以甲戌己为旬头同处于坤二宫中，以天芮星为直符。乙、庚日甲申、乙酉、丙戌、丁亥四个时辰，和丙、辛日中的戊子、己丑、庚寅、辛卯、壬辰、癸巳六个时辰，则以甲申庚为旬头，同居震三宫中，以天冲星为直符。其余时辰，都是这样，十个为一组，分别以冲、辅、禽、心、柱、任、英各星为直符。

实则在确定了用哪一局之后，只要知道了时辰的干支，就可以根据时辰干支找到直符，完全用不着再去考虑日辰了。找的办法是看时辰的旬头是六甲中的哪一个，看它处在地盘的哪一宫，则这一宫中的星，就是该时辰的直符。例如阳遁一局，时辰为辛丑，辛丑的旬头为甲午辛（可参看六十甲子表），甲午辛在地盘的巽四宫中，这一宫的星为天辅，则天辅星就是阳遁一局辛丑时的直符。又如时辰为丁亥，丁亥的旬头为甲申庚，甲申庚在震三宫，震三宫为天冲星，即知阳遁一局丁亥时直符为天冲星。

直使就是八门，不过也不是泛指所有的门，而是特定时间中所确定的某一个门，即正时所属旬中旬头所在宫所临的门。仍以阳遁一局为例：甲子、乙丑、丙寅、丁卯、戊辰、己巳、庚午、辛未、壬申、癸酉十个时辰，以休门为直使；以甲戌为旬头的十个时辰和以甲辰为旬头的十个时辰，都以死门为直使；以甲申为旬头的十个时辰，以伤门为直使；以甲午为旬头的十个时辰，以杜门为直使；以甲寅为旬头的十个时辰，以开门为直使。

因为阳遁一局兑七、艮八、离九三个宫为三奇而不是六仪，所以这三宫中的门即惊、生、景三门在阳遁一局中不可能是直使。同样的道理，这三宫中的星，即天柱、天任、天英三星在阳遁一局中不可能是直符。

现在举两个寻直符和直使的例子。以阴遁九局为例，如正时为丁酉，丁酉属甲午旬，甲午在乾六宫，据《直符直使歌》"禽星死五心开六"，乾六宫星为天心，门为开门。所以阴遁九局丁酉时直符为天心，直使为开门。再如阴遁九局乙卯时，乙卯旬头为甲寅，甲寅在巽四宫，"四巽辅杜总为头"，所以阴遁九局乙卯时天辅星为直符，杜门为直使。

弄清了直符、直使，就可以根据时辰的干支来拨动天盘的直符和门盘的直使，构成这个时辰的定局。根据这个定局，就可以选择吉时吉方和推断事物的性质、踪迹，等等。

那么，知道了时辰干支、直符、直使之后，怎样来正确地拨转天盘、门盘和神盘呢？各拨转到什么位置呢？这是一个极为重要的问题，可以说是奇门遁甲入门的第二道难关。下面，我们就集中来谈这个问题。

关于这个问题，只要记住两句话就行了，这就是"直符随时干，直使随时宫"，说得具体些就是，天盘直符加地盘时干之宫，门盘直使加地盘时支之宫。所谓地盘时干之宫，就是六仪或三奇为时辰天干的那个宫；所谓时支之宫，就是从标明该旬旬头之宫按阳顺阴逆推出来的相应之宫。

例如阳遁一局丙寅时，丙寅属甲子旬，甲子旬直符为天蓬，直使为休门。丙寅时时干为丙，就把天盘天蓬星拨转到对着地盘丙奇所在的艮八宫。丙寅为甲子旬第三个时辰，从甲子旬所在的坎一宫向后推，休门应该拨动到震三宫。如果是阴遁九局丙寅时，旬头甲子在九宫，直符为天英，就把天盘的天英星拨转到丙奇所在的坤二宫。直使为景门，就将景门拨转到甲子所在的九宫向后推两位的兑七宫。阴遁推时支是逆行的，甲子时在离九宫，乙丑时在艮八宫，丙寅时在兑七宫，丁卯时在乾六宫，戊辰时在中五宫（寄坤二宫），己巳时在巽四宫，庚午时在震三宫，辛未时在坤二宫，壬申时在坎一宫，癸酉时又在离九宫。

再如阴遁九局戊戌时，戊戌属甲午旬，甲午辛在乾六宫，"禽星死五心开六"，天心星为直符，开门为直使。活盘转法是将天盘心星拨转到六仪中戊（此时为时干）所在的离九宫；将门盘开门拨转到从甲午辛所在的乾六宫算起，向前逆推四位的那一宫（因为戊戌是甲午旬的第五个时辰），六、五、四、三、二，这就是坤二宫。甲午旬第一个时辰在乾六宫，第二个时辰乙未在中五宫，第三个时辰丙申在坤二宫……其余时辰依次类推。

最后，我们谈一下神盘的拨转法则。神盘的拨法非常简单，这就是小直符对大直符，即把神盘中的直符对准当时天盘的直符就行了。

奇门虽然复杂，但只要掌握了排局，熟悉了各盘的格局和拨转活盘的原则，再根据时辰干支把天盘、门盘、神盘拨转到正确的位置，这个时辰的定局就出来了，遂这一时辰的各种吉凶情况就在活盘上显示出来了。需要顺便说明的是，一开始我们就使用了"定局"这一概念，这里又说到"定局"，实则两处"定局"的含义不同。前述"定局概说"的"定局"，重在"定"字，这时"定"字是一个动词；这里说到拨转活盘后的"定局"，重在"局"字，"定"字是一个形容词，"定局"即定型格局之意。

至此，我们已经通过了奇门入门的两道难关。

七、八门、九星、八神的含义

前面我们专门谈了八门、九星、八神，但为了集中谈定局排局，没有涉及门、星、神的吉凶含义问题，以下我们专门来谈这个问题。

（一）八门

在八门中，大体上说开、休、生三门为吉门，而伤、杜、景、死、惊五门为凶门，但凶门也各有所宜之用。现在我们分别谈八门的吉凶含义。

开门是一个吉门。开门四通八达，宜远行、见贵、求财等，百事吉利亨通。开门为金神，如临震、巽二宫，为金克木，古代哲学思想认为"金木相克"，则不吉利。门克宫为迫，吉门被迫（吉门临被克之宫），则吉事不成。

休门也是一个吉门，宜休息聚会、经商、嫁娶、参谒贵人，不可扬兵。休门为水神，临离九宫为水克火，古代哲学思想认为水火不相容，则不吉利。

生门也是一个吉门，宜营造、嫁娶、谋事、见贵等。生门为土神，如临坎一宫为土克水，则不吉利。

伤门是凶门，出入容易得病，遇灾受伤，招惹是非。但收款索债效果很好；又宜于打猎和捕捉盗贼。伤门为木神，临坤二宫、艮八宫为木克土，大凶。凶门被迫（凶门临被克之宫），则凶事尤甚。

杜门虽列入凶门，但偏于平门，也可出行、谒贵，宜于躲避藏身。杜门有闭塞阴滞之义。杜门为木神，临二、八宫则主凶。

景门算作凶门而倾向于平。景门发扬振作而不久长。宜游戏竞赛，渔猎无所得。景门临六、七宫主凶。

死门是一个凶门，出入此门，百事为凶，忌出行、修造、谋事，否则伤人损财。宜渔猎、行刑、吊丧。死门为土神，临一宫则主大凶。

惊门为凶门，不宜出行谋事，否则必遇惊恐；但宜寻求走失，追捕逃亡。惊门为金神，临三、四宫主大凶。惊门惊惶忧惧，多生怪异。

（二）九星

在九星中，辅、禽、心、冲、任为吉星；蓬、芮、柱、英为凶星。说得更具体些，辅、禽、心三星大吉，冲、任二星小吉；蓬、芮二星大凶；柱、英二星小凶。

古代经过长期占测推衍的实践，为九星总结出以下说法。

天蓬："讼庭争竞遇天蓬，胜捷名威万里同。春夏用之皆为吉，秋冬用之半为凶。嫁娶远行皆不利，修造埋葬亦间空。须得生门同丙乙，用之万事皆昌隆。"天蓬为水贼，所入之宫不宜嫁娶、营造、搬迁等，但如遇生门并合丙奇、乙奇，则可用无妨。春夏可用，秋冬助水之势，不可用。

天芮："天芮授道结交宜，行方值之最不吉。出行用事皆宜退，修造安坟祸难测。贼盗惊惶忧小口，更有宜事被官责。纵得奇门从此位，求其吉事皆虚为。"天芮为教师、朋友，故宜受道结交，不宜嫁娶、迁徙、诉讼、营造，即使得奇得门，也难为吉。天芮为土星，秋冬用之吉，春夏用之凶。

天冲："嫁娶安营产女惊，出行移徙有灾迍。修造葬埋皆不利，万般作为且逡巡。"天冲为雷祖、天帝、武士，宜出军报仇雪耻，不宜嫁娶、修造、迁徙、经商。

天辅："天辅之星远行良，修造埋葬福绵长。上官移徙皆吉利，喜溢人财百事昌。"天辅为草为民，宜远行、起造、移徙、婚娶、埋葬、请客。

天禽："天禽远行偏得利，坐贾行商皆称意。投谒贵人俱益怀，修造埋葬都丰裕。"天禽为巫为工，宜远行、做生意、埋葬、修造、见贵。

天心："天心求仙合药当，商途客旅财禄昌。主将迁葬皆吉利，万事欣逢尽高强。"天心为高道，为名医，宜治病服药、练气功、经商、迁徙、埋葬。秋冬吉，春夏凶。

天柱："天柱藏形谨守宜，不须远行及营为。商贾百事皆不利，动作立刻见凶危。"天柱为隐士，宜隐迹固守，不宜出行谋事，一切所为皆不吉。

天任："天任吉星事皆通，祭祀求官嫁娶同。斩绝妖蛇移徙事，商贾造葬喜重重。"天任为富室，求官、嫁娶、迁徙、经商，诸事皆吉。

天英："天英之星嫁娶凶，远行移徙不宜逢，上官商贾凶败死，造作求财一场空。"天英为炉火，为残患，百事不宜。

九星吉凶古代各书说法不一，出入也极大。

（三）八神

《烟波钓叟歌》说："直符前三六合位，太阴之神在前二，后一宫中为九天，后二之神为九地。九天之上好扬兵，九地潜藏可立营，伏兵但向太阴位，若逢六合利逃形。"前四句是说六合、太阴、九天、九地四吉神在神盘上的位置；后四句是说四吉神之用。

直符：禀中央土，为天乙之神，诸神之首，所到之处，百恶消散。事急可从直符所临之方出，这就是所谓"急则从神"的说法。

腾蛇：禀南方火，为虚诈之神。性柔而口毒，司惊恐、怪异之事。出腾蛇之方主精神恍惚，恶梦惊悸，得奇得门则无妨。

太阴：禀西方金，为荫佑之神，性阴匿暗昧。太阴之方可以闭城藏兵、避难。

六合：禀东方木，为护卫之神。性和平，司婚姻、交易、中间介绍人之事。六合之方宜婚娶、避害。

勾陈（下有白虎）：禀西方之金，为凶恶刚猛之神。性好杀，司兵戈、争斗、杀伐、病死。勾陈之方须防敌方偷袭。得奇门无忌。

朱雀（下有玄武）：禀北方之水，为奸谗小盗之神。性好阴谋贼害，司盗贼、逃亡、口舌之事。朱雀之方须提防奸细盗贼。得奇门则无妨。

九地：坤土之象，万物之母。为坚牢之神，性柔好静。九地之方，可以屯兵固守。

九天：乾金之象，万物之父。为威悍之神，性刚好动。九天之方，可以扬兵布阵。

八、奇门诸格

奇门吉凶诸格，重要的有四五十个之多。古人将这些格视为择时择方、趋吉避凶的基本依据。

（一）吉格

青龙回首（龙返首）：天盘六戊（甲子），地盘丙奇。作为大利。如遇门克宫或地盘为震三宫（击刑），则吉事成凶。

飞鸟跌穴（鸟跌穴）：天盘丙奇，地盘六戊（甲子）。百事洞彻。

天遁：天盘丙奇，中盘生门，地盘丁奇。生门主兴隆，又得月华之气，百事生旺，利上书、求官、行商、隐迹、婚姻等。

地遁：天盘乙奇，中盘开门，地盘六己。此遁开门通达，又得日精之蔽，百事皆吉。宜扎寨藏兵、修造、逃亡绝迹、安坟等。

人遁：天盘丁奇，中盘休门，神盘太阴。此遁得星精之蔽，其方可以和谈、探密、伏藏、求贤、结婚、交易、献策等。

云遁：天盘乙奇，中盘开、休、生三吉门之一，地盘六辛。此遁得云精之蔽，宜求雨、立营寨、造军械等。

风遁：天盘乙奇，中盘开、休、生三吉门之一，地盘为巽四宫。如风从西北方来，宜顺风击敌；如风从东方来，敌方在东方、南方，皆不可交战。

龙遁：天盘乙奇，中盘开、休、生三吉门之一，地盘坎一宫或六癸。宜求雨、习水战、修桥、穿井等。

虎遁：天盘乙奇，中盘休门，地盘六辛艮八宫。宜招降、立寨、守御等。

神遁：天盘丙奇，中盘生门，神盘九天。宜攻虚、开路、塞河、造像等。

鬼遁：天盘丁奇，中盘杜门，神盘九地。宜偷袭攻虚等。

以上九路总称"九遁"。

三奇得使：天盘乙奇，地盘甲戌、甲午；天盘丙奇，地盘甲子、甲午；天盘丁奇，地盘甲辰、甲寅。《烟波钓叟歌》表述"三奇得使"说："乙逢犬马丙鼠猴，六丁玉女遇龙虎。"通过这两句口诀记"三奇得使"非常方便。犬、马、鼠、猴、龙、虎表地盘旬头地支，分别指甲戌、甲午、甲子、甲申、甲辰、甲寅。

玉女守门：中盘直使，地盘丁奇。"玉女"指丁奇，"门"指直使之门。玉女守门就是直使加时宫时，下临地盘为丁奇。其方利宴会喜乐之事。

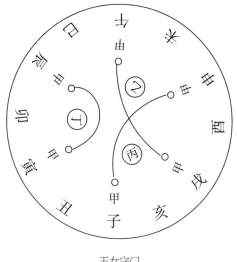

玉女守门

（二）凶格

青龙逃走（龙逃走）：天盘乙奇，地盘六辛。奴仆拐带，六畜皆伤，失财破败，百事为凶。

白虎猖狂（虎猖狂）：天盘六辛，地盘乙奇。主客两伤，不宜举事。出入则有惊恐，婚姻修造大凶，远行多有火殃。

朱雀投江（雀投江）：天盘丁奇，地盘六癸。百事皆凶，文书口舌俱消，音信沉溺，有惊恐怪异。

螣蛇夭矫（蛇乔矫）：天盘六癸，地盘丁奇。百事不利，虚惊不宁，文书官司。

太白入荧（白入荧）：天盘六庚，地盘丙奇。庚为太白金星，丙为荧惑（火星），故庚加丙称太白入荧。利客不利主，须防贼来偷营，宜于北方伏击之。为客进利，为主破财。

荧入太白（荧入白，也称火入金乡）：天盘丙奇，地盘六庚。此格利主，宜退避不宜冲击，贼恐自退。

岁格：天盘六庚，地盘丙奇。用事大凶。

月格：天盘六庚，地盘月干。用事大凶。

日格（伏干格）：天盘六庚，地盘日干。

时格：天盘六庚，地盘时干。用事皆凶。

大格：天盘六庚，地盘六癸。百事皆凶，求人不在，反招其咎；修造人财破散；出行车破马死。

上格（小格）：天盘六庚，地盘六壬。远行失迷道路，求谋破财得病。

刑格：天盘六庚，地盘六己。主官司受刑，求谋主破财、疾病。

奇格：天盘六庚，地盘乙、丙、丁三奇。出行用兵大凶。

飞干格：天盘日干，地盘六庚。交战主客两伤。

伏干格（日格）：主客皆伤，尤不利主。

天乙伏宫格：天盘六庚，地盘本时旬头。主客皆不利。求人不在，等人不来。

天乙飞宫格：天盘直符，地盘六庚。主客皆不利，尤不利客。

三奇入墓：天盘乙奇，地盘乾六宫（乙阴木长生于午，墓于戌）；天盘丙奇，地盘乾六宫；天盘丁奇，地盘艮八宫（丁阴火长生于酉，墓于丑）。三奇入墓，百事不宜，谋事尽休。

六仪击刑：

> 天盘甲子，地盘震三宫（子刑卯）；
>
> 天盘甲戌，地盘坤二宫（戌刑未）；
>
> 天盘甲申，地盘艮八宫（申刑寅）；
>
> 天盘甲午，地盘离九宫（午自刑）；
>
> 天盘甲辰，地盘巽四宫（辰自刑）；
>
> 天盘甲寅，地盘巽四宫（寅刑巳）。

六仪击刑极凶，即使六仪为直符，也不可用。

天网四张：天盘六癸，地盘时干。歌诀说："天网四张不可挡，此时行事有灾殃。若是有人强出者，立便身躯见血光。"值坎一至巽四宫，网低可匍匐而出；中五至离九宫，多高难出不用。

地网遮蔽：天盘六壬，地盘时干。不宜出兵，出行大凶。

九星伏吟：星在本宫不动。孝服损人口。

直符伏吟：天盘六甲在本宫不动，宜藏兵。

九星反吟：天盘之星加临地盘对宫。诸事皆凶。

直符反吟：天盘甲子，地盘甲午；

> 天盘甲戌，地盘甲辰；
>
> 天盘甲申，地盘甲寅；
>
> 灾祸立至，遇奇门无妨。

八门伏吟：门在原宫不动。万事皆凶。

八门反吟：门在对宫。万事皆凶，得奇也不可用。

五不遇时：时干克日干。"五不遇时知岂难，定为时干克日干。

纵有奇门亦不吉，损其日月不堪观。"百事皆凶，得奇得门也不可用。时干克日干，具体说即是：甲日庚午时，乙日辛巳时，丙日壬辰时，丁日癸卯时，戊日甲寅时，己日乙丑时，庚日丙子时，辛日丁酉时，壬日戊申时，癸日己未时。

九、奇门吉凶断要

怎样用奇门遁甲选择吉时吉方呢？古人认为，从大的方面说，定局之后，只要不是五不遇时、三奇入墓、六仪击刑等格，那么逢三奇之一与三吉门（开、休、生）之一相会，这个方位即为吉方。光有吉门而没有奇，叫作得门不得奇，也算作吉，可用；光有奇而没有吉门，叫作得奇不得门，不算吉利方位；既不得奇也不得门，就是凶的方位。如果要更细致地择时择方，就要结合吉凶格来看。首先审看奇门相合之宫，如不是凶格，即为吉方。其次看开、休、生三吉门不得奇之宫是吉格还是凶格。如为吉格，即为吉方；虽无吉格亦无凶格，尚属可用；如有凶格，即不能用。

甲为贵神，属阳木，庚为阳金，金克木，所以遁甲最忌讳庚。从奇门凶格中我们就可以看出，天盘如果为庚，往往形成凶格。吉方为什么要有乙、丙、丁三奇呢？乙为阴木，为甲之妹，而乙与庚合，甲把乙嫁给庚为妻，就保护了自己，这就像施了个美人计。甲为阳木，丙为阳火，本生火，甲为丙之父，丙是甲的儿子。丙火能克庚金而救甲。这就像儿子长得很健壮，又会武功，可以保卫父亲，是父亲敌人的克星。丙给甲当保镖，所以丙奇为吉。甲为阳木，丁为阴火，丁乃甲之女，丁阴火也能克庚救甲，就像人中的十三妹，所以丁奇为吉。

在八诈门（八神）中，六合、太阴、九地、九天都是吉神，如果那一宫得奇得门，又遇四吉神，就吉上加吉。"九天九地秘通神，太阴六合定乾坤"。《烟波钓叟歌》说："九天之上好扬兵，九地潜藏可立营，伏兵但向太阴位，若逢六合利逃形。"所以《奇门五总龟》一千零八十定局表中，每一定局中都标四吉神所在之宫。

十干在奇门遁甲中具体化为直符、三奇、六仪，所以我们在此有必要谈一下十干的赋性和寓意。

甲：为天福，劲健性直。色青，味酸。作为声音则浑浊，形体则方长，有萌动的作用。如果得时得令，可以长成栋梁之材；如果失时失令，则成为废弃之材。如果受克伤严重，则腐朽无用。但也不能生旺太过，否则漂泊无依。其性格过于自负高傲，不平易近人，对世故很生疏。

乙：为天德，湿润纤曲。色碧，味酸甜。作为声音则婉转，体质则柔嫩。得时得令则繁华茂盛，失时失令则枯萎坏朽。其性格矫揉造作，依附世情，正好和甲相反。

丙：为天威，廉简性烈。色紫赤，味苦辣。作为声音则苍劲雄壮，形体则凸现出来，就像人脚上的踝骨和上身的肚子。作用是抑和扬。得时则辉煌红火，失时则像烧过的灰。能成大材但不能持久。有促进事物转变的作用。其性格主观，刚愎自用，惹不得，难接近，但从不巴结讨好他人。

丁：为玉女，柔顺媚人。色淡红，味爽口。作为声音则清亮，形体则秀美飘洒。得时得令，可以销熔暴戾，洞察奸邪；失时失令，则穷愁呻吟。与不得志的人、寡妇等相处投机，关系可以搞得很密切；但如果不慎招惹，也极为厉害。其性格阴柔有心计，难以捉摸。

戊：为天武，暴躁、刚烈、耿介。味甜辛。作为声音则刚健雄浑，体质涩而不光滑，深而不浅显。得时得令则果敢决断，有豪杰气概；失时失令则愚笨痴呆。其性格执拗而不可强制。

己：为明堂，博大宽厚，坦率真诚。味甜辛。作为声音则婉转而恰切，体质则沉稳而静。得时得令，可以引导教化万物；失时失令，也能保持坚贞。其性格不固执，宽宏大量。

庚：为子狱，刚劲尖锐，性急。味辛辣。作为声音则雄壮而尖，形质则简单明快。得时得令则专制暴戾，失时失令就失掉固有的雄威。只可以寻找时机以柔来感化，不能硬碰硬。其性格坚决固执，只能使人屈就，决不屈服于人。

辛：为天庭，锋芒锐利。味辣。作为声音则铿锵，体性沉静，就像一个放在口袋里的锥子。其作用就像脱璞而出的玉。得时得令，可以奏出黄钟大吕的乐调；失时失令，就像瓦缶之音。

壬：为天牢，质润而没有节制。味咸。作为声音则洪大，体性圆活流转。得时得令则利物利人，失时失令则妨贤病国（处境越不好越使坏）。其性格柔而阴险，可以共患难，不可以共安乐。

癸：为天网、天藏，质重而性阴。味浊声亮，形质沉重下溺。得时得令，则攀高附势狐假虎威；失时失令，则摇尾乞怜没有尊严。其性格憨直，只知道排难解纷而分不清是非好坏。

虽然得奇得门为吉，但对于有些事情又不一定非要吉门和三奇不可，如捕猎索债可用伤门，吊唁送葬可用死门等。

用奇门选择吉时吉方，还要看衰旺休囚。如开门本为吉门，此门属金，如临坤二宫、艮八宫，土能生金，这叫得地；如在未月和秋季，叫得时。得时得地，才是真正的吉，如果在春夏或临木灾宫，金气大衰，开门也就不吉了。休门属水，生门属土，吉与不吉道理也一样。又如惊门为凶门属金，值夏、月到离宫，为囚时囚地，则凶者不能为凶。

九星也一样，也分旺衰。其歌诀是："与我同行即为相，我生之月诚为旺，废于父母休于财，囚于鬼兮真不妄。"如天蓬为水星，十、十一月相，旺于正、二月，休于四、五月，废于七、八月，囚于三、六、九、十二月。其他各星旺休仿此可推。

拿三奇来说是吉，如阴遁二局，乙奇临甲戌为得使，又到震宫旺地，又合休门，水来相生，非常得力；如合惊、开二门，乙木受金门之克，哪怕临震巽旺地，力量也减了一半。

奇仪相合是和解之象。如天盘乙奇临地盘六庚，天盘丙奇临地盘六辛，天盘丁奇临地盘六壬，天盘直符临地盘六己，天盘六戊临地盘六癸。如打仗两方必议和，比赛成平局，词讼可私了。

六辛加乙是白虎猖狂，是阴金克阴木，客兵大胜，主军必败。

如果会于开、惊二门，白虎猖狂尤甚。但如会于休门，则乙奇得水生助，水又泄金之气，如主客交锋，可能打个平手。

用奇门要分清主客。因为有些格是利客的，有些格是利主的，只有分清主客，才能正确地运用奇门，否则可能南辕北辙，事与愿违。

那么，究竟什么是客，什么是主呢？

以动静来说，动者为客，静者为主。

以动的先后来说，先动为客，后动为主。

以态度而论，积极主动为客，消极被动固守为主。

譬如甲去寻人、访问人，选将、招兵买马，则甲为客，他人、对方为主；人来寻我，他为客，我为主。拿打仗来说，出击进攻的是客，防守的是主；攻打讨伐一个地方，被打的城市、据点、部队就是主。

以活盘来说，天盘为客，地盘为主，天盘宫代表客，地盘宫代表主。

究竟是利客还是利主，要看具体的时干、具体的格，并用五行生克来衡量天盘地盘的五行生克关系。

如甲、乙、丙、丁、戊五阳时利以为客，打仗宜发动进攻，摇旗击鼓耀武扬威；日常生活中宜远行、求财、上任、迁徙、嫁娶、起造，百事皆吉。己、庚、辛、壬、癸五阴时利以为主，军事上应按兵不动，深藏不出；日常生活中百事不宜，不要有所动作。所以《烟波钓叟歌》说："若见三奇在五阳，偏宜为客自高强，忽然逢着五阴位，又宜为主好裁详。"又如"白虎猖狂""螣蛇夭矫"都不利为主，利以为客；又如伏吟格就应按兵不动，使敌人进入自己的包围圈而后动，这也是为主。"青龙逃走""朱雀投江"也是凶格，但却是为主者不害，应当为主后动，主动出击必然大败。

以活盘来说，如天英加坎宫，宫克星，水克火，水为主，故利主。天蓬加坤、艮宫，天任加震、巽宫，都是宫克星而利主。如果是天蓬加离九宫，天心、天柱加离三宫、巽四宫，天任、天禽加坎一宫，天冲、天辅加坤二宫、艮八宫，天英加乾六宫、兑七宫，均为星克宫，都是利客。

同时，还要联系到时间和克应景象。如果恰值与所利之方五行相同的月日（利主，值主方五行月日；利客，值客方五行月日），又有相应颜色的云气从相应的方位流来，所利的一方就可以大胜。例如天蓬星加离九宫，恰值时间是十一月亥日，北方有黑色云气而来，客方一定可以大胜。又譬如天冲星加乾六宫，时间为中秋，西北方有浓重的白色云气，客方一定会大败。

用奇门，首先要分清主客，定局出来之后，看相应的方位是利主还是利客，如果这个时间这个方位利主，我方就要做"主"，按兵不动；如果此时此方利客，我方就要做"客"，采取主动。

站到做主的立场上来判断吉凶，如果客生主，美满称意，会大有收益。如果天生客，就会有耗散，事情迟延难成。主客比和，行藏皆遂。如果客克主，百事失败难成，求吉反而招凶。如果主克客，许多事情也会是一场空欢喜。

古人编成《主客歌》说：

天盘动用占为客，地盘安静占主穴。

细看星官奇门知，察其刑克吉凶决。

分其日月旺相方，更辨其方云气色。

假如天蓬加九宫，旺相之月在秋冬。

喜逢壬癸亥子日，北方黑气客有功。

若还天英加一地，冬时北方主反利。

奇门星位仿此推，人在时方分仔细。

以访人为例，定局之后以所行之方地盘为所访之人，此宫天盘之星为求访者。如果天地二盘比和（如天辅临震三宫），必然能见到此人，假如这一宫又得奇得门，不但能被接见，而且会受到热情招待。如果地盘宫克天盘星，地盘为震三宫，天盘为芮、禽、任，或地盘天干克天盘天干，或地盘地支为天盘的墓库，就是这个人虽然在，但是不愿接见。如果地盘地支拿日辰来说落入空亡，就是此人的确不在，当然也不可能见到。

再如有人约了时间要来访你，按约定时间以奇门来测占。完成定局后，所来方位天盘之星为来人，为客；地盘为主，为你自己。如果合吉门，天盘星生地盘星，此人来对你有裨益，可以接见；如果天盘星克地盘星，再遇凶门凶格，则此人不可见。

十、奇门占法举隅

奇门除了选择吉时吉方以外，还和六爻占筮一样，可以用来占测日常诸事的性状、动向，以及与其他事物的关系，等等。

古人用奇门占测的主要依据是：

（1）给三奇六仪各赋以色彩、体形、性格（详见前述十干的赋性及寓意）。

（2）给九星各赋以颜色、体形。如天蓬水星，其色为白（一白、二黑、三碧、四绿、五黄、六白、七赤、八白、九紫），体形为曲；天芮星属土星，其色为黑，其形为方等。

（3）给八神各赋以特有性格（参看前述"八神"）。如直符六甲为青龙贵神，为尊贵之物及钱财等；螣蛇为丑陋、怪异、虚假之物；太阴为雕饰及与文字有关之物或飞动之物；六合为二体交连之物等。

（4）以八门五行属性推占事物，如休门为有坑坎缺陷、外有包裹之物；生门为新成之物，其身高大有峰尖；伤门为有震动有响声之物等。

（5）以诸格推占事物，如刑格主伤残破缺之物；三奇入墓为暗昧无光彩之物；玉女守门主阴私和合及宴会等事；白虎猖狂主有口张开、美而变丑之物；太白入荧主火中炼出之物等。

在奇门中，不同门类的事物有不同的占法。如占婚姻，天盘的乙奇为女方，六庚为男方，看各自落在哪一宫。如两宫生合，婚事可成；两宫相克相冲，婚事难成，成了也难美满。乙宫带击刑，女性凶悍；庚宫带击刑，男性暴烈；与所落宫生合者，其性温良。八诈门中六合为媒人，六合生乙，媒人偏向女方；生庚，偏向男方。

占出行，以日干落宫为出行之人，看出行去哪个方位，这个方位如果有吉格奇门来生日干之宫者，这次出行必然顺利。若出行之方虽无吉格奇门，此宫之六仪却与日干比合，也为出行顺利，否则不利。如果这一宫为凶门凶格来冲克日干所落之宫，为大凶之兆。若出行之方时干空亡或入日干之墓，则不利。若日干或年命刑、墓、空亡出行方位之宫，也为不利。

占小孩走失，阳遁看神盘六合所临天盘为何星，就到这个星的本宫去找；阴遁到神盘六合所临地盘之宫去寻找。阳遁时六合所临九星本宫如为坎、艮、震、巽四宫，小孩就没有走远，在附近寻找即可；如为离、坤、兑、乾四宫，小孩已经走远，可能已在外地。如果六合所落之宫为日干之墓库，远近都难找到。如果落于日辰之空亡，就到与日干相合之宫去找即可寻见。

占失盗，直使临玄武，或玄武克直使，或直使生玄武，都是被盗。玄武乘阳星（蓬、任、冲、辅、禽）为男贼，乘阴星（英、芮、柱、心）为女贼。玄武所临宫旺相，为青壮年贼，休囚为老年贼。玄武所临天盘六仪为上衣颜色，地盘六仪为裙裤颜色。如果为大贼，偷了很贵重的东西或作案猖獗，当以天蓬星为大贼，决之。

占失盗，以勾陈为捕盗之人，杜门为捕盗方位。如果勾陈所落之宫克天蓬、玄武所落之宫，贼可抓住；相反，天蓬、玄武所落之宫克勾陈所落之宫，就是贼的势力太大，捕盗者不敢下手。如果勾陈宫与蓬玄宫比合，有可能捕盗者与盗贼相勾结。勾陈与天蓬同宫，作案者就是破案者本身。至于抓住贼的时间，就以天盘为庚的那一宫去断。所临地盘为年干，构成岁格，年内可以破案；所临地盘为月干，构成月格，本月可以破案；所临地盘为时干，构成时格，即时便可破案。如果不构成这四格，则难于破案。这四个格合杜门，破案更有把握。

占疾病，以天芮星为疾病，要判断是什么病，主要依据天芮星所落之宫。这有三个途径，一个途径就是洛书的"戴九履一"方法，离宫代表头部，坤宫代表右耳右肩，巽宫代表左耳左肩，兑宫代表右胁，震宫代表左胁，乾宫代表右腿右脚，艮宫代表左腿左脚，坎宫代表阴部。天芮星落在哪一宫，可断为相应的部位有病。第二个途径是八卦的人体取象：乾为首，坤为腹，坎为耳，离为目，震为足，巽为股，艮为手，兑为口，断法与第一个途径相类。两个途径可互相参照，灵活处理。第三个途径是通过八卦五行属性与脏腑五行所属的联系。天芮星落入哪一宫，即断为相应脏腑及其经脉之病。如离宫为心为火症，坤宫为胃为腹胀，兑宫为肺为痰喘，乾宫为大肠为疮痈，坎宫为肾膀胱为泄淋疝气，艮宫为脾为虚肿，震宫为胆为血虚惊悸，巽宫为肝为中风。断病时据节气时令看天芮星所落宫天干来定寒热虚实。

占病的发展趋势，也用于芮星所落之宫来判断。天芮得生门者生，得死门者死。天芮星属土，落乾、兑二宫，土生金，病难治。落离宫，离火生土，落中五宫也为土，其病缠绵难愈。落坤、艮宫亦然。落坎宫休囚，病虽不能很快就好，但终归可以痊愈。落震、巽二宫，病受宫克，不药而愈。断病还可看病人生日天干的衰旺。病人生日之干休囚，不得奇门；又遇凶格，是大凶之象。天芮星所落之宫乘凶神凶格，病人生日之干即使旺相，年命却被天芮冲克，也为大凶。天芮落宫废没之日，其病必愈。另可看天芮落宫的十干是什么，克此干之月为病愈之期。

占胎孕生男生女，看临坤宫的天盘是什么星。如果是阳星（蓬、任、冲、辅），为男孩，阴星（英、芮、柱、心）是女孩。天禽星临坤宫是双胞胎，阳干为男孩，阴干为女孩。如果占测产妇和婴儿吉凶，地盘天芮星为产妇，所临之天盘星为婴儿。地盘天芮克天盘星，生产顺利；天盘星生地盘天芮，产期较晚，而且生产较困难。天盘星克地盘天芮，产妇有灾危；地盘星克天盘星，产儿有凶；如旺相得奇门吉格，则顺利。若天盘落入地盘之墓库，可能为死胎。天地二盘乘凶门凶格，母子俱凶。

古人占测人的命运及亲属情况，看地盘年干为父母，月干为兄弟，日干为本人，时干为子女。男占，乙奇丁奇所落之宫为妻；女占，六庚所落之宫为夫。旺相得奇，富贵运好；囚休无奇门，贫贱命运不佳。天盘六庚临乾宫，父早亡；临坤宫，母早亡。天盘六庚临官鬼、兄弟（以地盘天干比照日干推之），即兄弟姐妹关系不好。六庚临时干，子女少而难养。生门得奇，产业丰足；生门天盘为六庚，背井离乡。生门在离、坤、兑、乾，日干在坎、艮、震、巽，必须迁居，才能富起来；生门在坎、艮、震、巽，日干在离、坤、兑、乾，即使祖业很丰厚，自己也难利用。生门、日干都在坎、艮、震、巽，一生安享富贵；都在离、坤、兑、乾，必须到外地去才能闯出好局面。日辰空亡，时辰为空亡之对冲，少年时无依无靠；时辰空亡，日辰为空亡之对冲，老来孤单。日干临墓绝之宫，一生愁眉不展。日干之宫得飞鸟跌穴、青龙回首之吉格，总能出人头地。以地盘年、月、时三干占亲属，其所临之天盘为辛（天庭）、壬（天牢），一生抑郁难伸。如遇八门反伏，将有灾危；遇吉门吉格，则命运亨通。

关于奇门克应

奇门克应主要包括十干克应（甲隐藏于"六仪"之下，故克应关系为"三奇""六仪"九个天干）、八门克应、九星克应和三奇到宫克应等。

一、十干克应

（一）六乙

乙加乙（即天盘乙奇加地盘乙奇，以下俱仿此，不再注明）为"日奇伏吟"：不宜谒贵求名，只可安分守身。

乙加丙为"奇仪顺遂"：吉事为迁官进职，凶事为夫妻离别。

乙加丁为"奇仪相佐"：文书事吉，百事皆可为。

乙加戊为"利阴害阳"：门逢凶迫，财破人伤。

乙加己为"日奇入雾"：被土暗昧，门凶必凶；得开门为地遁。

乙加庚为"日奇被刑"：争讼败产，夫妻怀私。

乙加辛为"青龙逃走"：奴仆拐带，六畜皆伤。

乙加壬为"日奇入地"：尊卑悖乱，官讼是非。

乙加癸为"华盖逢星宫"：遁迹修道、隐匿藏形、躲灾避难为吉。

（二）六丙

丙加乙为"日月并行"：公谋、私为皆吉。

丙加丙为"月奇悖师"：文书逼迫，破耗遗失。

丙加丁为"月奇朱雀"：贵人文书吉利，常人平静。得生门为天遁。

丙加戊为"飞鸟跌穴"：谋为百事，吉顺洞彻。

丙加己为"大悖入刑"：囚人刑杖，文书不行。吉门得吉，凶门转凶。

丙加庚为"火入金乡"：门户破败，盗贼耗失。

丙加辛为"谋事就成"：病人不凶。

丙加壬为"火入天罗"：为客不利，是非颇多。

丙加癸为"华盖悖师"：阴人害事，灾祸频生。

（三）六丁

丁加乙为"人遁吉格"：贵人加官进爵，常人婚姻财喜。

丁加丙为"星随月转"：贵人越级高升，常人乐中生悲。

丁加丁为"奇入太阴"：文书即至，喜事遂心。

丁加戊为"青龙转光"：贵人升迁，常人威昌。

丁加己为"火入勾陈"：奸私仇冤，事因女人。

丁加庚为"文书阻隔"：行人必归。

丁加辛为"朱雀入狱"：罪人释囚，官人失位。

丁加壬为"五神互合"：贵人恩诏，讼狱公平。

丁加癸为"朱雀投江"：文书口舌俱消，音信沉溺。

（四）六戊

（甲子）戊加乙为"青龙合灵"：门吉事吉，门凶事凶。

戊加丙为"青龙返首"：动作大吉；若逢迫、墓、击刑，吉事成凶。

戊加丁为"青龙耀明"：谒贵求名吉利；若值墓、迫，惹是招非。

戊加戊为"伏吟"：凡事闭塞阻滞，静守为吉。

戊加己为"贵人入狱"：公私皆不利。

戊加庚为"值符飞宫"：吉事不吉，凶事更凶。

戊加辛为"青龙折足"：吉门生助，尚可谋为；若逢凶门，主招灾、失财、有足疾。

戊加壬为"青龙入天牢"：凡阴阳皆不吉利。

戊加癸为"青龙华盖"：吉格者吉，招福；门凶多乖。

（五）六己

甲戌己加乙为"墓神不明"：地户蓬星宜遁迹隐形，为利逸。

己加丁为"朱雀入墓"：文状词讼，先曲后直。

己加戊为"犬遇青龙"：门吉谋望遂意，上人见喜；门凶枉劳心机。

己加己为"地户逢鬼"：病者必死，百事不遂。

己加庚为"利格反名"：词讼先动者不利，阴星有谋害之情。

己加辛为"游魂入墓"：大人鬼魂，小人家先为祟。

己加壬为"地网高张"：狡童佚女，奸情伤杀。

己加癸为"地刑玄武"：男女疾病垂危，词讼有囚狱之灾。

（六）六庚

（甲申）庚加乙为"太白蓬星"：退吉进凶。

庚加丙为"太白入荧"：占贼必来，为客进利，为主破财。

庚加丁为"亭亭之格"：因私昵起官司，门吉有救。

庚加戊为"太白天乙伏宫"：百事不可谋为，凶。

庚加己为"刑格"：官司被重刑。

庚加庚为"太白同宫"（又名"战格"）：官灾横祸，兄弟雷攻。

庚加辛为"白虎干格"：远行必凶，车折马死。

庚加壬为"上格"：远行失迷道路，男女音信难通。

庚加癸为"大格"：行人至，官司止。生产母子俱伤，大凶。

（七）六辛

（甲午）辛加乙为"白虎猖狂"：人亡家败，远行多殃，尊长不喜，车船俱伤。

辛加丙为"干合悖师"：荧惑出现，占雨无，占晴旱，占事必因财致讼。

辛加丁为"狱神得奇"：经商获倍利，囚人逢赦宥。

辛加戊为"困龙被伤"：官司破败屈抑。守分吉，妄动祸殃。

辛加己为"入狱自刑"：奴仆背主，讼诉难申。

辛加庚为"白虎出力"：刀刃相接，主客相残。逊让退步稍可，强进血溅衣衫。

辛加辛为"伏吟天庭"：公废私就，讼狱自罹罪名。

辛加壬为"凶蛇入狱"：两男争女，讼狱不息，先动失理。

辛加癸为"天牢华盖"：日月失明，误入天网，动止乖张。

（八）六壬

（甲辰）壬加乙为"小蛇日奇"：女子柔顺，男人嗟叹。占孕生子，禄马光华。

壬加丙为"水蛇入火"：官灾刑禁，络绎不绝。

壬加丁为"干合蛇刑"：文书牵连，贵人匆匆，男吉女凶。

壬加戊为"小蛇化龙"：男人发达，女产婴童。

壬加己为"凶蛇入墓"：大祸将至，顺守斯吉，词讼理屈。

壬加庚为"太白擒蛇"：刑狱公平，立剖邪正。

壬加辛为"螣蛇相缠"：纵得吉门，亦不能安。若有谋望，被人欺瞒。

壬加壬为"蛇入地罗"：外事缠绕，内事索索。若遇吉门吉星，庶几免蹉跎。

壬加癸为"幼女奸淫"：家有丑声，门吉星凶，反祸福隆。

（九）六癸

（甲寅）癸加乙为"华盖蓬星"：贵人禄位，常人平安。

癸加丙为"华盖悖师"：贵贱逢之，上人见喜。

癸加丁为"腾蛇夭矫"：文书官司，火焚莫逃。

癸加戊为"天乙会合"：吉格，财喜婚姻，吉人赞助成合。若门凶迫制，反祸官非。

癸加己为"华盖地户"：男女占之，音信皆阻，躲灾避难为吉。

癸加庚为"太白入网"：以暴争讼力平。

癸加辛为"网盖天牢"：占病占讼，死罪莫逃。

癸加壬为"复见腾蛇"：嫁娶重婚，后嫁无子，不保年华。

癸加癸为"天网四张"：行人失伴，病讼皆伤。

二、八门克应

（一）开门

        开门欲得照临来，奴婢牛羊百日回。

        财宝进时地户入，兴隆宅舍有资财。

        田园招得商音送，巳酉丑年绝户来。

        荫袭子孙多拜授，紫衣金带沐恩回。

开门属乾，乾中有亥，乾纳甲壬，金动水生，水生而生万物，故为滋生万物之初，又为天门，所以吉也。若得乙奇相合，得日精之所蔽；与丙奇合，得月精所蔽；与丁奇合，得太阴所蔽。凡有谋为，宜名正言顺，公事从之而百吉百泰。若为阴私之事，必被他人泄漏，反遭凶咎。喜乾、兑之宫为相气。入坎宫为金水相生，如母顾子，所以为吉。艮宫入墓，震宫为迫，巽宫反吟，离宫金被火克，俱不利。

开加开：主贵人、宝物、财喜。

开加休：主见贵人、财喜及开张铺店，贸易大利。

开加生：主见贵人、谋望，所求遂意。

开加伤：主变动、更改、移徙，事皆不吉。

开加杜：主失脱，刊印书契，小凶。

开加景：主见贵人、因文书事不利。

开加死：主官司惊惧，先忧后喜。

开加惊：主百事不利。

开加甲、戊：财名俱得。

开加乙：小财可求。

开加丙：贵人印绶。

开加丁：远信必至。

开加己：事绪不定。

开加庚：道路词讼，谋为两歧。

开加辛：阴人道路。

开加壬：远行有失。

开加癸：阴人失财，小凶。

占身命：金、水命者吉利；土命平稳；火、木二命主官司、疾病、破财、不利。

（二）休门

> 休门最好聚资财，牛马猪羊自送来。
>
> 外日婚姻南方应，迁官进职坐京台。
>
> 定进羽音人产业，居家安庆永无灾。

休门之水，故为至阴之地，实系宝瓶宫。万物以水为生气，发扬于外；以水为死气，收敛归根而藏精于内。子者，乃一阳复始之初，草木值此而萌动，返本还源之门，所以吉也。休门与丁奇合，下临太阴为人遁，得星精所蔽，百事为吉。旺于震宫，相于坎宫，生于乾、兑宫，皆吉。坤、艮、中宫被土克制，巽宫入墓，离宫反吟，不利。

休加休：求财、进人口、谒贵，吉，朝见、上官、修造，大利。

休加生：主得阴人财物，谒贵谋望，虽迟应吉。

休加伤：主上官、喜庆，求财不得。有亲故分产、变动事，不吉。

休加杜：主破财，失物难寻。

休加景：主求望，文书、印信事不至，反招口舌，小凶。

休加死：主求文书、印信、官司事，或僧道、远行事，不吉，占病、凶。

休加惊：主损财，招非并疾病、惊恐事。

休加开：主开张店肆及见贵、求财、喜庆事，大吉。

休加甲、戊：财物和合。

休加乙：求谋重，不得；求轻，可得。

休加丙：文书，和合，喜庆。

休加丁：百讼休歇。

休加己：暗昧不宁。

休加庚：文书词讼，先结后解。

休加辛：疾病退愈，失物不得。

休加壬、癸：阴人词讼牵连。

占身命：木命者大利；金命者脱耗；土命者灾疾；火命者大凶。丙、丁、戊、己、巳、午、辰、戌、丑、未年月日时者不利。

（三）生门

生门临着吉星辰，人旺畜孳每称情。

子丑年中三七月，黄衣捧笏到门庭。

蚕丝谷帛皆丰足，朱紫儿孙守帝廷。

南方商信田土进，子孙禄位至公卿。

生门在艮宫，艮在寅位。天开于子，地辟于丑，人生于寅，天气至此而三阳俱足，开泰从此，而万物皆生。阳回气转，天地好生之情而广及万物，仁道生焉，所以为至吉之门。临乾、兑二宫为旺；临坤、艮、中宫为相；临坎宫为迫，震宫被木克制，巽宫入墓，皆不吉。生于离宫，吉。

生加生：主远行、求财吉。

生加伤：主亲友变动，道路不吉。

生加杜：主阴谋，阴人破财，不利。

生加景：主阴人、小口不宁及文书事，后吉。

生加死：主田宅官司，病主难救。

生加惊：主尊长财产、词讼，病迟愈，吉。

生加开：主见贵人，求财大发。

生加休：主阴人住处，求望财利，吉。

生加甲、戊：主嫁娶、求财、谒贵，皆吉。

生加乙：主阴人生产迟，吉。

生加丙：主贵人、印绶、婚姻、书信、喜事。

生加丁：主词讼、婚姻、财利，大吉。

生加己：主得贵人维持，吉。

生加庚：主财产争讼、破产失，不利。

生加辛：主官事、疾病，后吉。

生加癸：主婚姻不成，余事皆吉。

占身命：火、土、金命者大利；水、木命者不利，多厄难。忌甲、乙、寅、卯年月日时；若壬、癸命，主肿胀，凶。

（四）伤门

伤门不可说，夫妇又遭迍。

疮疼行不得，折损血财牺。

天灾人枉死，经年有病人。

商音难得好，余事不堪闻。

伤门之木，正值春分之时，津液自内而出，发扬于外，以致根本泄之太过，所谓以外华而内虚，不能胜其劳。况二月中嫩甲不能当霜露之寒，因谓之伤，所以凶也。伤门得奇，唯宜捕捉盗贼、渔猎、索债、赌钱等事则吉，若上官、出行、嫁娶、商贾、修造，皆不利，大凶。

伤加伤：主变动，远行折伤，凶。

伤加杜：主变动、失脱、官司、桎梏，百事皆凶。

伤加景：主文书、印信、口舌、动挠、啾唧。

伤加死：主官司、印信，凶。出行，大忌。占病，凶。

伤加惊：主亲人疾病忧惧，谋伐不利，凶。

伤加开：主贵人，开张有走失变动之事，不利。

伤加休：主阳人，变动，或托人谋干财名不利。

伤加甲、戊：主失脱难获。

伤加乙：主求谋不得，反防盗失财。

伤加丙：主道路损失。

伤加丁：主音信不实。

伤加己：主财散人死。

伤加庚：主讼狱被刑杖，凶。

伤加辛：主夫妻怀私、怨訾。

伤加壬：主囚盗牵连。

伤加癸：讼狱被冤，有理难申。

占身命：水、火、木命者吉；金命者主病；土命者凶，官司、刑杖。

（五）杜门

> 杜门原是木，犯者灾祸频。
>
> 亥卯未年月，遭官入狱迤。
>
> 生离并死别，六畜逐时瘟。
>
> 落树生脓血，祸害及子孙。

杜门属木，时值夏初，发生于外而津液已泄，阳气亢极，一阴将至。木性至此而力屈，欲收敛而不能收敛，欲生旺而力已尽，又不泄其力以实其子孙，而待于伏藏其子于坚密之处，恐有伤于子，故谓之杜门小凶。杜门为藏形之方，宜躲灾、避难、塞穴、捕捉，余事皆不利。

杜加杜：主因父母疾病，田宅出脱事，凶。

杜加景：主文书、印信阻隔，阳人、小口疾病。

杜加死：主田宅，文书失落，官司破财，小凶。

杜加惊：主门户内忧疑惊恐，并有词讼事。

杜加开：主见贵人、官长，谋事主先破己财，后吉。

杜加休：主求财有益。

杜加生：主阳人、小口、破财及田宅，求财不成。

杜加伤：主兄弟相争，田产破财。

杜加甲、戊：主谋事不成，密处求财得。

杜加乙：主宜暗求阳人财物，得主不明至讼。

杜加丙：主文契遗失。

杜加丁：主阳人讼狱。

杜加己：主私谋、害人、招非。

杜加庚：主因女人讼狱被刑。

杜加辛：主打伤人，词讼、阳人、小口，凶。

杜加壬：主奸盗事，凶。

杜加癸：主百事皆阻，病者不食。

占身命：火命者发贵，水命者发富，木命者平稳，金命者疾病，土命者官司凶。若金年月日时（庚、辛、申、酉）或土年月日时（戊、己、辰、戌、丑、未）者不利。如逢水、火年月日时（壬、癸、亥、子、丙、丁、巳、午）者吉。

（六）景门

景门主血光，官符卖田庄。

祸灾应多有，子孙受苦殃。

外亡并恶死，六畜也见伤。

生离与死别，占者须提防。

景门夏令之气，万物壮旺，将老之时，与死门坤宫相近，又为阳之盛气，天数至此时，将有杀物之情。虽主上明下亮之方，亦不全吉。唯利文书之事，因为次吉。宜上书、献策、奏对、选拔将士，吉，余者不利。坤、艮、中宫吉，震三巽四宫平，坎一宫反吟、乾六兑七宫迫，大凶。

景加景：主文状未动，有预先见之意，内有小口忧患。

景加死：主官讼，争田宅事，多啾唧。

景加惊：主阳人、小口疾病，事凶。

景加开：主官人升迁，吉；求文印更吉。

景加休：主文书遗失，争讼不休。

景加生：主阴人生产大喜，更主求财旺利，行人皆吉。

景加伤：主亲眷口舌。

景加杜：主失脱文书，散财后平。

景加甲、戊：主因财产词讼，远行吉。

景加乙：主讼事不成。

景加丙：主文书急迫，火速不利。

景加丁：主因文书、印状招非。

景加己：主官事牵连。

景加庚：主讼人自讼。

景加辛：主阴人词讼。

景加壬：主因贼牵连。

景加癸：主因奴婢刑。

占身命：火命、水命者大凶，金命者疾病，木命者、土命者贵。若值金、水年月日时（庚、辛、申、酉、壬、癸、亥、子）者，不利。

（七）死门

死门之方最为凶，修造逢之祸必侵。

犯者年年财产退，更防孝服死人丁。

死门之凶，天地令行，大肆肃杀之威。草柳色变，木逢叶落，故为凶象。若得奇相助，吊死、捕捉、狩猎之事，有得吉者，顺天之序而然也，不可弃。

死加死：主官司稽留，印信无气，凶。

死加惊：主因官司不结，忧疑、患病，凶。

死加开：主见贵人，求印信、文书事，大利。

死加休：主求财物事，不吉；若问僧道求方，吉。

死加生：主丧事，求财得，占病，死者复生。

死加伤：主官司动而被刑杖，凶。

死加杜：主破财，妇人风疾，腹肿，阻绝，凶。

死加景：主因文契、印信、财产事见官，先怒后喜，不凶。

死加甲、戊：主作伪财。

死加乙：主求事不成。

死加丙：主信息忧疑。

死加丁：主老阳人疾病。

死加己：主病讼牵连不已，凶。

死加庚：主女人生产，母子俱凶。

死加辛：主盗贼，失脱难获。

死加壬：主讼人自讼、自招。

死加癸：主嫁娶事，凶。

占身命·主有孝服、病死之凶，水、木命并年月日时（壬、癸、亥、子、甲、乙、寅、卯）者，大凶。余平。

（八）惊门

惊门不可论，瘟疫死人丁。

辰年并酉月，非祸入门庭。

惊门气肃，物数苍老，本无生气，故凶。但天地存好生之心，不欲杀尽，而生蒜麦，亦不得已而杀也。此门虽凶，若谀词、献诈、捕捉、设疑、伏兵皆吉，亦不可弃也。

惊加惊：主疾病、忧虑、惊疑。

惊加开：主忧疑、官司、惊恐，又主上见喜，不凶。

惊加休：主求财事，或因口舌、求财事，迟吉。

惊加生：主因妇人生忧惊，或因求财生忧惊，皆吉。

惊加伤：主因商议同谋害人，事泄惹讼，凶。

惊加杜：主因失脱、破财，惊恐，不凶。

惊加景：主词讼不息，小口疾病，凶。

惊加死：主因宅中怪异而生是非，凶。

惊加甲、戊：主损财、信阻。

惊加乙：主谋财不得。

惊加丙：主文书、印信、惊恐。

惊加丁：主词讼牵连。

惊加己：主恶犬伤人致讼。

惊加庚：主道路损折、贼盗，凶。

惊加辛：主女人致讼，凶。

惊加壬：主官司囚禁，病者，大凶。

惊加癸：主被盗，失物难获。

占身命：主词讼、官灾、口舌、血光之事，若值丙、丁、巳、午年月日时者，凶；甲、乙、寅、卯年月日时者，亦不利。

三、九星克应

（一）天蓬

天蓬属水，宜安抚边境，修筑城池，兴作土木，培固堤防，屯兵戍守，保障一方。

秋冬亥、子月日，加九宫，利于客，可以捣巢破敌，掩其不备。

若埋葬、立券、斩草，遇乙、庚日时，六乙日奇加此星上，主雷电交加，大风一阵，双鸟至，后主子孙兴旺，官禄不绝。

其余须得奇门会合，方为全吉。

天蓬即贪狼星。

（二）天芮

天芮属土，宜屯兵固守，保疆卫国，训练士卒，从师受道入山，兴作土木，利于悠久之事。

四季（辰、戌、丑、未）、申、酉月日，加一宫，利为客；加震三、巽四宫，利为主。

若立券、埋葬、斩草、破土，遇甲、己日时，六丙月奇加此星上，主二人乘马或鹏鹤双来，后主子孙富贵，世代官禄。

其余须得奇门会合方吉。

天芮即巨门星。

（三）天冲

天冲属木，宜选将出师交战，宜鸣金击鼓，呐喊摇旗。

春夏巳、午月日加坤二、艮八宫，利为客，加乾六、兑七宫利为主，左将大胜。

秋冬不得成功，只宜执仇、捕捉。若嫁娶，离散；上官到任，文吏坠马；移徙，女人病死；竖造，修方三年不吉，唯离宫丙、午、丁三山无祸。埋葬，主出少亡、残疾、痨瘵人。

若会合奇门则吉，不合则凶。

天冲即禄存星。

（四）天辅

天辅属木，最宜选将出师，交锋大战，捣巢破阵扫穴。

春夏寅、卯、巳、午月日加坤二、艮八宫，利为客，加乾六、兑六宫，利为主，左右将俱大胜，得地千里。秋冬不得成功。

若嫁娶，多子孙；修造、埋葬，合巽、离、震、坎四山，不出百日得横财。上官文迁武升，入官诉讼得理，有罪遇赦，应举高第。商贾出行得财。若得奇门会合尤吉。

天辅即文曲星。

（五）天禽

天禽属土，最宜选将出师，交锋大战，鸣金击鼓，呐喊摇旗。四时皆吉。不战用谋，敌人自服。

加坎一宫，利为客；加震三、巽四宫，利为主。

又宜祭祀、驱疫、遣祟、赏功、受爵、拜将、封侯、上官、应举、远行、商贾、移徙。

开门求亲、谒贵、嫁娶、祈祷、入官、竖造。

中宫并二十四山向埋葬、立券、交易，后主子孙世代登科大吉。

天禽即廉贞星。

（六）天心

天心属金，最宜选将出师，交锋大战，捣巢破敌，扩土开边，秋冬得地千里。

加震三、巽四宫，利为客；加离九宫，利为主。左右皆大胜。

又宜疗病、合药、祈晴、祷雨、逐邪、驱祟、上官、应举、受封、远行、商贾。

开门移徙、嫁娶、竖造、埋葬、斩草、破土，后主子孙繁衍，世登黄甲，官禄累代不绝。若合奇门尤吉。

天心即武曲星。

（七）天柱

天柱属金，宜屯兵固守，训练士卒，坚壁筑垒，养锐，待为客之时方可动。

秋冬亥、子日月加震三、巽四宫，利为客；加离九宫，利为主。须合奇门方吉。妄动主军破马伤，左右皆失利，宜藏隐蓄粮。

其余纵得奇门亦平吉也。

天柱即破军星。

（八）天任

天任属土，宜立国邑，安社稷，化人民，纪大义，选将出师，交锋大战，四时皆吉，得地千里。

加坎一宫，利为客；加震三、巽四宫，利为主。

若嫁娶，生贵子；上官速迁，应举中试；面君、谒贵、求财，一应俱吉。竖造、埋葬、斩草、破土，若与奇门会合，主子孙繁衍，世代科甲官禄。

天任即左辅星。

（九）天英

天英属火，宜面君、谒贵、上策、干求、升迁、应举、求财、上官、嫁娶。

若师用武，于巳、午月日加乾六、兑七宫，利为客；加坎一宫，利为主。唯竖造主火光，生产主死鬼，诸凡合奇门者化凶为吉。若埋葬、斩草、破土合奇门者，主子孙超越寻常。

天英即右弼星。

四、三奇到宫克应

（一）乾宫

六乙到乾，名曰"玉兔入天门"，吉。

天冲、天辅加六宫，在季夏、秋月，或庚、辛、申、酉日，有白色气来，助主胜。一名"玉兔入林"。

六丙到乾，名曰"天成天权"，凶。

有白云气从西北或西方来助，主胜。天英加乾六宫在夏月，有赤色云气来，助客胜，一名"光明不全"。

六丁到乾，名曰"火到天门"，吉。

丙、丁、巳、午日，有赤色云气从正南方来，助客胜，一名"火照天门""玉女游天门"。

（二）坎宫

六乙到坎，名曰"玉兔投泉"，吉。

天英加坎一宫在秋冬月，或壬、癸、亥、子日，有黑色云气从北方来，助主胜。又名"玉兔饮泉"。

六丙到坎，名曰"丙火烧壬"，吉，主胜。

天任、天禽、天芮加坎一宫在辰、戌、丑、未日月，有黄色云气从东北或西南方来，助客胜。一名"火投水池"。

六丁到坎，名曰"朱雀投江"，吉。

（三）艮宫

六乙到艮，名曰"玉兔步贵宫"，吉。

天蓬临艮八宫，在戊、己、辰、戌、丑、未月日，有黄色云气来，助主胜。

六丙到艮，名曰"凤入丹山"，吉。

有黄色云气从东北或西南方来，助主胜。天辅、天冲加艮八宫在冬春月，有青色云气从东方来，助客胜。

六丁到艮，名曰"玉女乘云"，吉。

甲、乙、寅、卯日，有青色云气从正东或东南方来，助客胜，一名"玉女游鬼门"。

（四）震宫

六乙到震，名曰"日出扶桑"，吉。

天任、天禽、天芮临震三宫在冬春月，或甲、乙、寅、卯日，有青云来，助主胜。

六丙到震，名曰"月入雷门"，吉。

有青色云气从正东或东南方来，助主胜。天柱、天心加震三宫在秋月，有白色云气从正西或西北方来，助客胜。

六丁到震，名曰"最明"，吉。

庚、辛、申、酉日，有白色云气从正西或西北方来，助客胜。

（五）巽宫

六乙到巽，名曰"玉兔乘风"，吉。

天任、天禽、天芮临巽四宫在冬春月，或甲、乙、寅、卯日，有青色云气来，助主胜。

六丙到巽，名曰"火行风起"，又为"神龙助威"，吉。

天心、天柱加巽四宫在季夏、秋月，有白色云气来，助客胜。

六丁到巽，名曰"美女留神"，吉。

秋月或庚、辛、申、酉日，有白色云气从正西或西北方来，助客胜。

（六）离宫

六乙到离，名曰"玉兔当阳"，吉。

天柱、天心加离九宫在春夏月或丙、丁、巳、午日，有赤色云气来，助主胜。

六丙到离，名曰"月照端门"，吉。

有云气从正南方来，助主胜。天蓬加离九宫在秋冬月数壬。癸日，即贵人升丙午正殿。

六丁到离，名曰"乘龙万里"，壬、癸、亥、子日，有黑色云气从正北方来，助客胜。

（七）坤宫

六乙到坤，名曰"玉兔入坤中"，吉。

天蓬临坤二宫在四季（辰、戌、丑、未）月或辰、戌、丑、未日，有黄色云气来，助主胜，一名"玉兔暗日"。

六丙到坤，名曰"子居母舍"，吉。

云气从西南方来，助主胜。天辅、天冲加坤二宫在冬春月或甲、乙、寅、卯日，有青色云气从正东或东南方来，助客胜。

六丁到坤，名曰"玉女游地户"，吉。

（八）兑宫

六乙到兑，名曰"玉兔受制"，平平。

天冲、天辅加兑七宫在季夏、秋月或庚、辛、申、酉日，有白色云气来，助主胜，一名"玉兔游宫"。

六丙到兑，名曰"凤凰折翅"，凶。

白色云气从正西或西北方来，助主胜。天英加兑七宫在春夏月及丙、丁、巳、午日，助客胜。

六丁到兑，平平。

丙、丁、巳、午日，有赤色云气从南方来，助客胜。

色子、八卦、二进制

　　老教授辛介夫先生告诉我，"不管三七二十一"这句话，原本是从"色子"（骰子）来的。色子是一个六面体，为"六合"（前后左右上下）的象征。其六个面点数的布置，"1"和"6"相对，"2"和"5"相对，"3"和"4"相对，相对两面的点数相加（1＋6，2＋5，3＋4），其和皆为"7"。六面组成三对，正好是三个"7"，全部点数的总和便是"三七二十一"。色子掷下去，掷色子的人对出现的点数是睁大眼睛关注的，绝不会"不管三七二十一"。

　　说起"七"这个数便有了名堂。一星期是七天，而"星期"西方称"礼拜"，来源于基督教的礼拜活动，叫作"星期"便打上了中国文化的烙印。把周而复始的七天和天上的七个星体联系起来，就是所谓"七曜"，也称"七政"。我上初小时，老师便向我们进行中国古文化的濡染，在教室前头张贴的课表上，没有星期一、星期二等，代替它们的是"七曜"，星期日为"日曜日"，星期一到星期六依次为"月曜日""火曜日""水曜日""木曜日""金曜日""土曜日"。《易经》复卦卦辞有"七日来复"的话，似乎易的作者在三千年前早就说破了西方七天为一礼拜的事，过了礼拜日又回到了礼拜一，这不是"七日来复"吗！在西汉易学家创立的十二辟卦中，从"姤"的一阴生，到"复"的一阳生，正是经过了七个卦。至于二十八宿的每方各有七宿组成一灵（青龙、白虎、朱雀、玄武），人的面部有七窍，人的感情有七类（喜、怒、哀、乐、爱、恶、欲），都是成于自然而非人为的安排。

色子六面的点数，可以说是代表了八卦中乾、坤以外的六个卦。这样说读者定会感到莫名其妙：赌博游戏的色子这玩意儿怎么会和神圣的八卦联系起来呢？这得从二进制数学和莱布尼茨编码谈起。

所谓"二进制"，我用外行的非数学语言做如下表述，就是初位为1，此位及其后各位，都是成了当位数的二倍，便向上进位。所谓莱布尼茨编码就是阴爻为"0"，阳爻为"1"。按二进制和莱布尼茨编码，刊于朱熹《周易本义》卷首的"伏羲八卦次序""伏羲六十四卦次序"，都是绝对严格有序的，不信，你可以自己验证。如果把八卦和六十四卦换算成数字，计算的原则是每卦从上爻依次按二进制向下计算。因为二进制是从上到下，而传统易学数爻则是从下到上，所以我们先按二进制的要求给传统的爻位称呼重新编序：六爻重卦的上爻为①，五爻为②，四爻为③，三爻为④，二爻为⑤，初爻为⑥；三爻经卦从上到下依次为①、②、③。这样一来，每个卦都可换算为一个数字。具体计算方法是：遇阴爻则为零，遇阳爻则视其爻位而计数，①为1，②为1×2，③为2×2，④为4×2，⑤为8×2，⑥为16×2。西方数学的二进制，在北宋易学中称之为"加一倍法"，邵雍（康节）先生对此有极深的领悟和创造性的发挥，其实这正是《易传》中说的"太极生两仪，两仪生四象，四象生八卦"。用上述计算办法，伏羲六十四卦乾、夬、大有、大壮……坤，其数则为63、62、61、60……0。

这里，我们先抛开六十四重卦不说，只来谈三爻八经卦的计数。八卦计数可用如下表式来说明：

乾

兑

离

震

巽

坎

艮

坤

1

1×2

2×2

0

1×2

2×2

1

0

2×2

0

0

2×2

1

1×2

0

0

1×2

0

1

0

0

0

0

0

$1 + 2 + 4 = 7$

$0 + 2 + 4 = 6$

$1 + 0 + 4 = 5$

$0 + 0 + 4 = 4$

$1 + 2 + 0 = 3$

$0 + 2 + 0 = 2$

$1 + 0 + 0 = 1$

$0 + 0 + 0 = 0$

这样，八经卦的计数则为乾 7、兑 6、离 5、震 4、巽 3、坎 2、艮 1、坤 0。搞"梅花易数"的人对先天八卦的次序都能倒背如流：乾一、兑二、离三、震四、巽五、坎六、艮七、坤八。这是先天八卦次序，这个次序和每卦计数是两回事，但两者有联系，这种联系就是，排序时计数越大，排位越先，先天八卦次序就成了极好理解的事实。

最后，我们把话题再归到色子上来，依我们上面的计算，色子六面的点数就是六个卦，即 1 点艮卦，2 点坎卦，3 点巽卦，4 点震卦，5 点离卦，6 点兑卦，而没有乾、坤两卦。

在八卦中，乾坤为父母，其他六卦为六子卦（长男震、长女巽、中男坎、中女离、少男艮、少女兑），"易传"又说乾坤是易的门户，非常重要。色子六面所含的卦只有六子卦而没有乾坤，大约色子的创制者因为色子用于赌博，不用于正道，故特意抽去了最重要的两卦。所以色子的造设虽然在不少方面出于易的深刻涵蕴，却是严重残缺的易象了。

风角的文化背景

在历史的长河中，时光往往要湮灭一些东西。我国易学文化遗产中的不少重要内容，如今已被人们遗忘。看看当今的易坛，易占、奇门、六壬、风水、八字等术数都非常活跃，而我们很少听说谁在搞风角术。因此我特意提出这个课题来，先开一个头，希望有兴趣的同道一起来进行研究，争取把这笔丢失的文化遗产捡拾回来。以下仅就风角的文化背景略说一二。

什么是风角？唐李贤注《后汉书·郎𫖮传》说："风角，谓候四方四隅之风，以占吉凶也。"风角就是根据风在特定的时空中刮来的方向、风力的大小、风速的迟疾、所表现的形态等具体依据，来预测将要发生的事情，以及军事客主两方的得失胜负及可能变故等的一门术数。

在现存的古籍中，记载风角术的主要有《四库全书》子部兵家类的《武经总要》和术数类的《灵台秘苑》二书。另外我自己收藏的残抄本《白猿奇书兵法杂占象词》中，有占风歌诀三十二首；咸丰元年（1851）生白虚斋藏板《奇门阐秘前编》卷四中，有风角四十二条。从这些文献中，基本上可以总结出完整的风角操作来。

为什么根据风象可以预知事物的未来发展结果呢？风角术并非随心所欲的构想，而是有着中国古代先贤的宇宙观依据和深厚的哲学背景及天文根基的。只有了解了这些，才能对风角有较深刻的认识，也才能更好地进行风角操作。

基于古人天人合一的认识，风不是没来由的东西，风是天地间的一种信号。《六家诗名物疏》引翼氏《风角》说："风者，天之号令，所以谴告人君者。"东汉的郎顗、蔡邕都说过风是"天之号令"的话。《庄子·齐物论》说"大块噫气，其名为风"，风就是天地的呼吸呃逆，山石、林木、洞穴等，就像天地的鼻子、嘴巴、耳朵，这些窍穴做各种不同的应和，就形成各种形态的风，即所谓人籁、地籁、天籁。《天中记》引东汉张奂的话说："风为号令，动物通气。四正四维风者，阴阳乱气激发而起者也。犹人之内气因喜怒哀乐激越而发也。故春气温，其风温以和，喜风也；夏气盛，其风飙以怒，怒风也；秋气劲，其风清以凄，清风也；冬气实，其风惨以烈，固风也。"这是四季之风，也是四正之风。随着方位的不同，还有四维之风。四维的土气不同，风的温凉、大小、徐疾也就不同。所以风表现出来的是天地自然之性。四正四维之风，统称八风。在中国人的宇宙观中，时间空间是融和一体的，八风既是八

方之风，也是八节之风。关于八个节气之风，《易纬》说："立春
条风，春分明庶风，立夏清明风，夏至景风，立秋凉风，秋分阊
阖风，立冬不周风，冬至广莫风。"这是从时间上说的。关于八个
方位之风，《吕氏春秋》说："何谓八风？东北曰炎风，东方曰滔
风，东南曰薰风，南方曰巨风，西南曰凄风，西方曰飂风，西北曰
厉风，北方曰寒风。"这是从空间上说的。《黄帝风经》则认为，风
之性，得金之气则凉，得木之气则温，得火之气则炎，得水之气则
烈。这是从五行上说的。

　　《周礼·春官宗伯》把风分为十二种，认为从这十二种风可以
观察天地自然的和谐性。《黄帝内经·生气通天论》也说："夫自古
通天者生之本，本于阴阳。天地之间，六合之内，其气九州九窍、
五脏、十二节，皆通乎天。"以空间论，天地六合九州上下，以时
间论，十二辰十二个月十二个节气，与人的九窍五脏，都本于阴阳
二气，所以相通相感相应。东汉经学家郑玄解释说，为什么有十二
种风呢？这是有客观的实验依据的。子、丑、寅、卯、辰、巳、
午、未、申、酉、戌、亥十二辰，都有十二音律方面的一律与之相
对应，通过实验可以知道当时的时间、风，与相应的律和不和。其
法是，把葭灰放在与代表某一个月的律管里，把律管埋在地下，管
口冲上露在外边，到了相应的节气，葭灰就会吹出。清惠士奇《礼
说》卷九对节令、气、风、土、音律的关系做这样的解释："十二
月之音，以候十二月之气。气至则风动，风动则吹灰。古之制管
以候气者，所以候风也。然气应有早晚，灰飞有多少。说者谓吹

灰不出为衰，全出为猛，半出为和，岂其然。风出乎土，故候风必于土，古有候风地动仪，盖保章氏之术也。"所以风角术和纳音有着极密切的关系。当然这种实验到汉代已经失传。据《礼记·月令》载：孟春之月，其音角，律中太簇；孟夏之月，其音徵，律中中吕；孟秋之月，其音商，律中夷则；孟冬之月，其音羽，律中应钟。蔡文姬《胡笳十八拍》第十二拍有"东风应律兮暖气多，知是汉家天子兮布阳和"的话，在中国古典律学中，五律之宫商角徵羽，对应五行之土金木火水，五方之中西东北南，而且与节气相联系，与地气吹动律管之葭灰相联系。正因为风与地域和音乐关系密切，所以古代把民歌叫"风"。《诗经》中分"风""雅""颂"，"风"即指各地的民歌。《左传》记载，鲁襄公十八年（前555）楚国攻打郑国，晋国人听到这个消息都有点恐慌，大音乐家师旷却认为没有妨碍，他说："吾骤歌南风，又歌北风，南风不竞，多死声，楚必无功。"郑玄注释说："歌者吹律以歌八风，南方音微，故曰不竞。"据孔颖达疏，所谓"音微""不竞"，就是不能与律声相应的意思。从音乐来判断军事胜败，这在现代人看来，的确匪夷所思。其实乐师参与军事是古代的一种制度。《周礼·春官宗伯》曰："大师，执同律以听军声，而诏吉凶。"郑玄注说："大师，大起军师。兵书曰：王者行师出军之日，授将弓矢，士卒振旅将张弓大呼，大师吹律合音。商则胜，军士强；角则军扰多变失士心；宫则军和士卒同心；徵则将急数怒军士劳；羽则兵弱少威明。"师旷歌南风北风，便是"执同律以听军声，而诏吉凶"。

宋玉在《风赋》中分出"雌风"和"雄风"，他说吹向楚襄王的是"大王之雄风"，老百姓不能与之共享，吹向老百姓的那叫"庶人之雌风"。他认为，这两种风各起于何处，所经路径，性情品质，所起作用，都是有所不同的。《国语》虢文公谏周宣王、史伯对郑桓公都说到"协风"。三国时的韦昭注说，"协风"就是应时的协和之风，统治者应当能够听知协和之风，因时顺气，以化育万物，使之乐生。协风也称"祥风""瑞风""景风"，古人认为，政治清明，大自然便刮祥和之风。舜弹五弦琴歌《南风》："南风之薰兮，可以解吾民之愠兮。南风之时兮，可以阜吾民之财兮！"这"南风"就是协风。在古人的意识中，风并不是一种纯粹的自然物，而是与人事相关联的，这正是以风象推知人事的哲理依据。正因为如此，古代有许多跟人事相关的风的名堂，如"离合风"（列子御风而行，风至草木发生，去则摇落，谓之离合风）、"龙德风"（来久长，不摇树木枝叶，离地三二丈）、"羊角风"（曲而上行的旋风）、"君子风"（清明而离地不及二三尺者）、"石尤风"（阻行之风）、"落梅风"（五月梅雨季节之风）、"花信风"（三至五月应楝花、梅花等应时到来之风）等。唐李淳风《乙巳占》对风有一系列命名："发屋折木者，曰'怒风'；扬沙卷石者，曰'狂风'；四转五复者，曰'乱风'；卒起乍有乍无者，曰'暴风'；独鹿蓬勃者，曰'勃风'；扶摇羊角者，曰'飘风'；风来清凉温和尘埃不起者，曰'和风'。"

古人对风的观察研究是非常细微的。《乙巳占》对风的远近这样判断："凡风动，初迟后疾，其来远；初急后缓，其发近。"又有一个量化估算："动叶十里，鸣条百里，摇枝二百里，堕叶三百里，折小枝四百里，折大枝五百里，飞沙石千里，拔大树根五千里。"古人还根据飞鸟的形态以判断风向。东晋葛洪《抱朴子》说："鸥鸢展翅不能动，去地四十里风力猛壮，可验有刚风世界。"北宋温革《琐碎录》说："鱼逆水而上，鸟向风而立，取其鳞羽之顺也。有微风不知所从来，但观鸟之所向。"

有一次东方朔在未央宫前殿侍奉汉武帝。他对武帝说，殿后柏树上有鹊立枝上，东向而鸣。武帝问他何以知之。他说，这是以人事推知的，因为刮的是东风，鹊尾长，傍风则顺，背风则蹶，鹊一定是顺风而立的。鸟的行为常常与风的情况相应，风占与鸟占便连在一起，所以《隋书·经籍志》中有《风角鸟情》两种。把风放到易学的构架中来，又有一系列的概念和原理。

"通"的易学诠释

    "易"是一种灵动深刻的东方哲学。在《易传》中有对"通"的多角度阐发，总的精神是强调运动变化和流通，提醒人们不要封闭、固守、凝冻、否隔。

    《周易》中最突出的是"通泰"思想。认为事物对立的双方要每时每刻相互交流沟通，否则，会使事物发生阻隔，导致倾覆。这一思想通过"泰""否"两卦进行了精辟的阐释。乾（天）下坤（地）上为泰卦。《象》曰："天地交而万物通也，上下交而其志同也。"由于矛盾对立面的交流沟通，使事物通泰而富于活力。坤（地）下乾（天）上为否卦。《象》曰："天地不交而万物不通也，上下不交而天下无邦也。"《象》曰："天地不交，否。否终则倾，何可长也？"由于否隔，最终导致事物的灭亡。

    事物的运动变化是绝对的，"通"是运动变化的结果。《易·系辞》里把这个道理讲得非常深刻。宇宙中的万事万物没有静止不变的，而表现为"变动不居，周流六虚，上下无常，刚柔相易"。易用乾坤作为世界运动变化的总纲，"阖户谓之坤，辟户谓之乾，一阖一辟谓之变，往来不穷谓之通"，"穷则变，变则通，通则久"。事物走到极尽，则向对立面转化。而变动则通顺，通顺则长久。唐人李鼎祚以历史进化为例解释这个道理。他说，先民进入渔猎本来是一种进步，但人口越来越多，经其捕猎，禽兽越来越少。这就造成了"穷"的境况。于是，神农氏教民种植，这就是"穷则变"。这一变之后，柳暗花明，社会发生一个大的进步，这就是"变则通"。农业社会维持了数千年，还不是"通则久"吗？新中国成立以来的历史进程，从十年动乱到改革开放，到进入社会主义现代化，达到长治久安，正是"穷则变，变则通，通则久"这一哲理的生动体现。

人是社会的主体，所以人类中的先进分子，应当对社会经济文化的通达交流起能动主导作用。《易·系辞》说："圣人有以见天下之动而观其会通。"又说："通其变，遂成天下之文。"这揭示了一个十分重要的道理，就是依凭这种运动变化、沟通交流，人类文化才能得到进化发展。到了信息社会，这种沟通交流变得更加重要，甚至成为科学文化进步发展的关键所在。

阴阳即世界

在我的青少年时代，农村中有一种特殊职业的人——阴阳先生。这种人为数不多，几个村子才有一个。越是有钱人家，越用得上他们，谁家要看一处好坟地，或是要盖新房子，或是庄子的风水有了什么纰漏，就把穿长袍的阴阳先生请去。阴阳先生端一饼罗经，转前转后，忽远忽近，这里瞧瞧，那里望望，嘴里咕哝一些听不懂的话。这种人为什么叫阴阳先生？我那时猜想，大约因为他们是沟通阴间和阳间的人。后来知识多起来，才知道了"阴阳"两字的博大。司马迁的父亲司马谈作《论六家要旨》，打头的一家便是阴阳家，而第六家的道家，也是"因阴阳之大顺"。《庄子·天下》谈六经时说："易以道阴阳。"易是诸家所守的世界观总纲，《周易》本身就说"一阴一阳之谓道"。可见，阴阳即世界，认识把握了阴阳，就认识把握了世界。易，就是通过阴阳哲学去探索宇宙，描述人生的。

　　一分为二，二分为四，四分为八，在数学上为二进制，宋人称
"加一倍法"。《周易》从宇宙生成论的角度说："太极生两仪，两仪
生四象，四象生八卦。""两仪"就是阴阳。翻开《周易》，首先映
入眼帘的便是由"一"和"--"组成的六十四卦画，这两个像破折
号一样的符号叫"爻"，"一"叫阳爻，"--"叫阴爻。阴阳爻组成
八卦，八卦相重成为六十四卦。中国先圣的伟大，就伟大在对宇宙
及万事万物能进行最高度的概括，这种最高度、最抽象的概括，却
是用最直观的图像符号去完成的。据说伏羲氏仰观象于天，俯观法
于地，观日月星辰、水火风土、树木花草、鸟兽虫鱼，不但外观万
物，还反观自身。在这个坚实的基础上，便用卦来概括自然界和人
类社会，而卦便是由最基本的符号因素即阴阳爻组成的。

　　"一""--"是怎样来的？来自土块？来自结绳？来自算
筹？还是来自"近取诸身"的男女性器官？可以不再究诘，但由
"一""--"所代表的阴阳概括了世界万事万物的一切存在状态，则
是毫无疑义的。在宇宙间，阴阳无往而不在，它是事物的性质、状
态、位置、时段等。阴阳既是抽象的，又是具体的。太阳为阳，月
亮为阴；男人为阳，女人为阴；南为阳，北为阴；白为阳，黑为
阴；上为阳，下为阴；外为阳，内为阴。对立的事物有阴阳，个体
事物的不同层面又有阴阳。

　　阴阳是相互对立的，黑白分明，水火不容。阴阳又是互相依存
的，"没有黑就没有白，没有恨就没有爱，没有糊涂就没有明白"。

阴阳是协同的、互补的，"万物负阴而抱阳，冲气以为和"，平衡成序，相得益彰。阴阳又互藏互寓，你中有我，我中有你，男性身上有"阿尼玛"（女性因素），女性身上有"阿尼姆斯"（男性因素）。阴阳又互相转化，盛极而衰，否极泰来。阴极生阳，冬至一阳生；阳极生阴，夏至一阴生。

有人会惊诧起来，这不是对立统一律和辩证法吗？是的，《周易大传》反复阐发的就是这些。为省简篇幅，我们节制着不援引《周易》原文，但用这种独特的哲学谈自然、社会、人生，谈得如此简明、透彻、深刻，却是确定无疑的事实。这只有在东方的中国哲学中才是可能的。过去，为了保证马克思主义哲学的崇高地位，总是不敢客观地肯定《周易》哲学的深度和高度，实在不能回避这种客观存在时，便冠以"朴素"二字，作为不敢与马克思主义哲学比并的标记，这当然是不诚实、不实事求是的非马克思主义态度和做法。

论"象"与"占"

我写的几本书都是术数类的，但我又好像属于义理派，这是为什么呢？应当说，我的生命追求在术数，而我的职业和处境又不宜染指术数。在这方面，我是一个矛盾的人。其实，我身上的矛盾还很多，这只是诸多矛盾中的一种。今天我所谈的这个题目，是尝试一次义理与术数的拥抱。

在中国作为一个庞大文化体系的术数，西方没有；中国的汉字，外国也没有，不可能有。为什么《周易》成为中国文化的总纲？为什么每一字都包含了形、音、义的方块字成了承载中国文化的载体一直被中国人用了几千年并将一直使用下去？根源在哪里？根源就在于中国人的思维是易象思维。汉字起始的本质是象形的。伏羲画卦和仓颉造字，都是仰观天文、俯察地理，近取诸身、远取诸物而完成的，都是一种"象"的创造。所以汉代的许慎在《说文解字》的"叙"里，原封不动地用了《易·系辞》中的那段话。文字和卦都是用来阐发"道"的，"术"是受"道"和"理"的统御的，脱离了"理"的"术"，永远只能停在低层次。

中国的元文化是道器文化。"形而上者谓之道，形而下者谓之器"。"道"是统领"器"的，"器"是体现"道"的。所以在中国古代，不管谈哪一门业务，都要从"道"谈起。先秦诸子都谈"道"，各派的"道"虽然有异，但根子上没有什么大的不同，就像在云层下面各有不同的天空，但到云层之上都是灿烂的阳光，原因就在于《易经》是他们共同尊崇的经典。齐梁时代的《文心雕龙》是谈文艺的，而开卷第一篇就是《原道》，"人文之元，肇自太极，幽赞神明，易象惟先"。把"文"的根子追到"道"，追到天地、两仪、三才、五行。三才、五行"实天地之心，心生而言立，言立而文明，自然之道也"。日本现在许多方面还保留着中国古代的文化意识，譬如咱们说"茶艺"，日本叫"茶道"；咱们叫"书法"，日本叫"书道"。《老子》说"道可道，非常道"，道普遍存在于生活中，但什么是道，很难用语言说清。《庄子》则反过来用平凡事物来说"道"，庖丁解牛（《庄子·养生主》）是说道，匠石运斤成风（《庄子·徐无鬼》）、佝偻承蜩（《庄子·达生》）都是用一种绝技在说道，这就是一种易象式的表达法。庖丁解牛那样娴熟，那样干练，那样轻松，简直是一种艺术表演，他是一种享受，观众看了也是一种享受，而他说："臣之所好者道也，进乎技矣！"不要看他是一个手艺人，他所好的就是"道"，比技术高了一个层次。我想咱们搞术数，更应当接近"道"，理解"道"，把握"道"，像杀牛的庖丁一样好"道"，而不应当把术数搞成一种仅用来混饭吃的技艺。

本文主要是谈"象"的，也还是从"道"谈起。其实"易"就是"道"。清初的陈梦雷说过，"易"包括"理""数""象""占"四个方面。从现代的观点来分析，可以说"理"是直接阐发和描述"道"的；"象"和"数"则是通往"道"的介质；"占"是利用"象""数"介质去靠近"道"的，但永远不可能达到"道"本体，只是对"道"的某种体证。《易·系辞》说："是故'易'者，象也。象也者，像也。""象"对"易"来说是非常重要的，因为通过"象"这个介质可以认识万物，表现万物，判断万物。为什么叫"象"呢？因为"象"这个符号性质的东西，与它所象征的事物很相像（"象也者，像也"），所以把同构的相像的事物归为一类，用一个"象"来代表。为什么要这样呢？又说"书不尽言，言不尽意"。文字不能把语言完全表达出来，语言又不能把心里所想的意思完全表达出来。那么怎么办呢？圣人有办法，"圣人立象以尽意"，用"象"来解决问题。把"象"摆出来，直接看这个"象"，就把语言说不尽、文字写不尽的无穷无尽的意思全部表达出来了。"象"很简括，很直观，但内涵无比丰富，一看到这个"象"，就把所蕴含的意思像参禅所说的心印那样，一下子展现出来，使人心里豁亮了。文艺理论有一句话，叫"形象大于思想"，说的就是这个道理。举个例子，你用语言文字描述宇宙，说不管物质世界还是精神世界，绝没有单纯的白，也没有单纯的黑；宇宙万物是由无数阴阳对立的事物组成的，这对立的事物还互相依存，互相依赖，你中有我，我中有你，而且可以互相转化；这种转化是渐进的，不是直线的；往往事物达到极峰，就会向对立面转化……这许多道理可以不说，也可以不写，只用一个"象"就可以把全部道理都表达净尽。这个"象"就是阴阳鱼太极图。

那么追问一下，"象"是怎么来的？圣人是怎样立这个"象"的？《易·系辞》说："圣人有以见天下之赜，而拟诸其形容，象其物宜，是故谓之象。""象"不是随便来的，它是圣人经过仰观俯察，研究了世间万事万物的特征和本质，从而模拟出各种符号性的图像，以显现各类事物的形状和容貌（"拟诸其形容"），用来象征各自的结构特点和文理（"象其物宜"）。这种符号性的图像，就是"象"。"象"是把动态属性相同、结构相近、功能相似、可以相感相应的事物归为一类，成为一个"象"，然后用一个既有概括性又有直观具象性的东西，来代表它们这一类，这就形成一个"象"。最典型的就是八卦，《说卦传》就是专门论述这个问题的。

八卦的每一卦是一个"象"，由八卦组成的六十四卦，就更是一个个复杂的"象"。既然六十四别卦都是具体感性的"象"，这时候要用它们来说哲理，就不是用思辨的语言，而是用"象"来说话。用思辨的语言讲道理，就是干巴巴的单纯的大道理，用"象"来讲道理，形象大于思想，闻听者可以发挥联想功能，把道理体察得很深切，而且每个人会有各自的体察。因为这个"象"具有表象性、直观可感性、整体性和模糊性，这便潜在着无限的信息量供人们去认识和研究，也具有巨大的灵活性，使人可以发挥能动创造性。在占筮中，这种"象"就是卦象，占卜就是以"象"为钥匙，来开启认识事物和判断事物的神秘大门的。占算的事物与"象"在易中有着特定的联系，通过这种联系，要占算的事物就会被找寻出来，其性质、特征、与周围事物的关系、发展的前景，就都可以得出结论来。除了卦象还有爻象，易象系统有三百八十四爻。例如，占乾卦初爻为老阳，它的爻象就是一条潜伏在深渊中不动的龙；如果乾卦五爻为老阳，这就是一条腾飞于空中可以呼风唤雨大有作为的龙。占算的事物如为潜龙，就应当等待时机成熟，不宜盲动；如为飞龙，就应不失时机放开手脚大干一番。

动态属性相同、结构相似、功能相近的事物属于一个"象"，这些事物与相应的"象"相互之间便能发生感应，它们的德性、发展方向就可依据这个"象"予以判断。所以《易·系辞》说："易，无思也，无为也，寂然不动，感而遂通天下之故。"《易·咸卦·象传》说："观其所感，而天地万物之情可见矣。""象"与相应的事物可以相感，这是客观的相感，同时主客之间也存在相感的问题，所以同样的卦，不同的人会有不尽相同的判断，其原盖在所感深浅之不同。

论“道”与“术”

　　“坐而论道”现在成了一个贬义词，是说那些只会清谈不干实事的人的。实则“坐而论道”当初本来是一个颂扬词，“坐而论道”的是最了不起的人。你知道“坐而论道”这个词，最先出现在什么地方？哪一部书中？这个词可不是出在一部等闲的书里，它出在儒家一部重要的经典里，这就是“十三经”之一也是“三礼”之一的《周礼》里面。

　　《周礼》这部书很奇特，学者们研究了两千多年，现在还值得再研究。这部书从细部看是谈官制的，但从大框架上看，可以说是一部地理书、堪舆书。官职为啥要如此设置？跟时间、空间、季节、五运六气都有什么关系？它是讲这个东西的。这部书共六章，即“天官冢宰”“地官司徒”“春官宗伯”“夏官司马”“秋官司寇”“冬官考工记”。每章开头都有这样一段话：“惟王建国，辨方正位，体国经野，设官分职，以为民极。"你看，国王建立都城，要选址，确定方位，坐山朝向，并划定区域，划分城区与郊区的界限，在这个基础上才"设官分职"，作为百姓行事的标准。你看，这不是一部地理书吗！"冬官考工记"，说的是六部之一的工部，是专管建筑和制造业的。在工部里，官有六等，最高一等就是"坐而论道"的，最低一等就是有技术搞操作的，叫"百工"。"坐而论道"的不能多，在金字塔的顶端；搞操作的不能少，所以叫"百工"。

《周礼》原文说，"或坐而论道；或作而行之；或审曲面势，以饬五材，以辨民器"，"坐而论道，谓之王公；作而行之，谓之士大夫；审曲面势，以饬五材，以辨民器，谓之百工"。坐在那里讨论大道理的，称之为王公；起身执行政务的，称之为士大夫；观察材料的曲直、性质、形状，整治金木水火土，制作器具的，就是百工。不懂技术的，地位最高；最有技术的，地位最低。原因是道高于术，术低于道，道统御术，术以道为灵魂。这好比在数学领域里，你叫陈景润给某企业当会计，他可能难以胜任，而且各种算法门类，他也未必能操作得了。又譬如珠算中的"狮子滚绣球""斤秤歌"，过去三家村的老头能打得滚瓜烂熟，科学院院士却未必会。

"道"是体认事理规律的大眼光。"道"字最原始的意义就是"路"。过去说"不能光顾着埋头拉车，还要抬头看路"，这是一种告诫。《易·系辞》说"形而上者谓之道，形而下者谓之器"，中华文化重"道"，"道"统领"器"。中国学术中不管哪个专业，都得从"道"谈起，受"道"所驭，合于"道"就能立住，不合就是扯淡，野狐禅。《齐民要术》是北魏时期的一部农书，作者贾思勰在这部书的"序"中说"圣人不耻身之贱也，愧道之不行也"。《文心雕龙》是一部文学理论书，开头第一篇却是《原道》，谈"道"是文学的纲领和灵魂。《四库全书提要》谈到《周易》时说"易道广大，无所不包"，是天文、地理、兵法、乐律、算术等的总纲。为什么易道包揽这么多，就因为"易"是谈"道"的，这些学术门类的内部规律，都脱离不开"道"的统领，而"易"正是阐发"道"的。

这些年易学行里常喊"理术并重"，我看里边有问题。这种提法把"理"和"术"分开来看成对立的两个东西。搞操作的虽然嘴上喊"理术并重"，心里却想，只要有秘术、有绝招，测得准、应验多，就能震人，就能红火，就能成名，就能赚钱，学那些空理论有什么用。不搞操作的，往往只记些理论教条，安于"我是义理派"。这两种想法都离开了"道"。所以我以为根源还是对"道"的认识问题。"道"和"术"是不可分离的，"可离，非道也"（《中庸》）。离开"道"的"术"，是一种没有生命没有灵魂的死"术"，这种"术"，永远高不了，活不起来。

现在许多人都自称可以了达阴阳，百发百中，其实都是说大话。话说得越大，离"道"越远。稍有头脑的人就能听出你这些大话本身就是背道而驰的。这些人对"道"毫无兴趣。《庄子》里写到一个姓丁的厨师（庖丁）。他为文惠君宰牛说："臣之所好者道也，进乎技矣！"从道术层次上讲，现在能达到庖丁这种水准的人，少之又少。现在"大师"满天飞，这很可笑，大师不是当时人说了算，而要受时间受历史的检验。譬如说唐代的杨筠松、明清之际的蒋大鸿是地理风水方面的大师，这是时间和历史筛选出来的，过了几百上千年，仍被人们尊崇、学习。你真要成为大师，首先要学好道，以道驭术，把"术"建立在中国文化深厚的背景上，庶几有些希望，否则想成为大师，都是一句空话。

由于种种原因，现在是一个出不了大师的时代，主要原因是不重道，不重德。即使现在最红火、最权威的易界人士，要不了五十年，都会被历史遗忘，更不要说名垂青史了。这也不怪任何人，完全是时代使然，风气、气数使然。佛祖说已到了末法时代，人的慧根都退化了，大环境不能跟以前比了，怎么明心见性？搞堪舆出不了能被历史积淀下来的大师级人物，是同样的道理。

《烟波钓叟歌》白话新注

阴阳顺逆妙难穷。

阴阳是中国古代哲学构建的基本概念，这一概念体现了宇宙中一切事物对立统一、相磨相荡发展变化的基本规律。奇门遁甲分阳遁、阴遁。阳遁顺布六仪，逆布三奇；阴遁逆布六仪，顺布三奇。冬至一阳生，故冬至后为阳遁；夏至一阴生，故夏至后为阴遁。阳顺而阴逆，以体现天地四时的阴阳消长变化。

二至还乡一九宫。

"二至"指冬至、夏至。冬至后为阳遁，冬至上元为阳遁一局，从坎宫起甲子。坎宫洛书数为一，故为坎一宫。冬至从坎一宫起甲子布六仪。夏至后为阴遁，夏至上元为阴九局，从离宫起甲子。离宫洛书数为九，故为离九宫。夏至从离九宫起甲子布六仪。"乡"

字在这里和"向"字相通，是说"二至"分别从一宫和九宫开始布六仪。

若能了达阴阳理，天地都来一掌中。

如果能够领会洞悉阴阳相对相依、变化流转的道理，对世界就可以通过高度概括的规律来把握，天地万物的信息，就可纳于一掌之中。这是说奇门演示宇宙万象的微妙作用。

轩辕黄帝战蚩尤，涿鹿经年苦未休。

偶梦天神授符诀，登坛致祭谨虔修。

神龙负图出洛水，彩凤衔书碧云里。

因命风后演成文，遁甲奇门从此始。

这八句是说奇门遁甲的起源。即黄帝联合炎帝部族大战蚩尤于涿鹿时，天神授图和书，黄帝命风后（伏羲后裔）据"图"与"书"演成奇门遁甲。这是不可信的。不但黄帝时谈不到奇门遁甲，就是两汉时，也没有记载奇门遁甲的任何史料。只是到南北朝时，才有关于八门九星的片断文字。

一千八十当时制，太公删成七十二。

吕望（即姜子牙）参与发展奇门之说，也是不可信的传说。所谓风后一千八十局，乃时家奇门的实际定局数。一年二十四节气，每个节气十五天，共三百六十天；每天十二个时辰，三百六十天共四千三百二十个时辰。但这四千三百二十个时辰在排局时，共有四次重复，以阳遁九局为例：冬至上元、惊蛰上元、清明中元、立夏中元，都是阳遁一局；小寒上元、立春下元、谷雨中元、小满中元，都是阳遁二局；大寒上元、雨水下元、春分上元、芒种中元，都是阳遁三局；冬至下元、惊蛰下元、清明上元、立夏上元，都是阳遁四局；小寒下元、立春中元、谷雨上元、小满上元，都是阳遁五局；大寒下元、雨水中元、春分下元、芒种上元，都是阳遁六局；冬至中元、惊蛰中元、清明下元、立夏下元，都是阳遁七局；小寒中元、立春上元、谷雨下元、小满下元，都是阳遁八局；大寒中元、雨水上元、春分中元、芒种下元，都是阳遁九局。阴遁的十二个节气中局的重复也和阳遁一样。所以一年四千三百二十个时辰因为有四次重复，实际硬局数则为一千零八十个。姜太公删奇门为七十二局，并无史料可证，故不可信。所谓七十二局，是指一节三元，二十四节气则为七十二元，每元一局，即七十二局。七十二局说的是活局，而这七十二活局正如上述所举，是重复了四次，实际活局数则为十八个。每个活局可演为六十个硬局，十八个活局可演为一千零八十个硬局，七十二个活局则演为四千三百二十个硬局，这是包括各次重复在内的。

逮于汉代张子房，一十八局为精艺。

张良发展奇门，恐怕和黄帝时创制奇门、吕望发展奇门之说一样，都是宋元时代人的伪托之说，不足为信。所谓张良一十八局，是指活局而言，这已和流传到现在的奇门用法完全一样了。

十八个活盘，阳遁九局，阴遁九局，每盘可演六十个时辰，十八个活盘可演为一千零八十个硬局，代表了全年每个时辰在内。

先须掌上排九宫。

奇门排局的构架是后天八卦与洛书的结合。四正卦为震东三、离南九、兑西七、坎北一，四隅卦为艮东北八、巽东南四、坤西南二、乾西北六，中五。除中央外，其他八宫的方位正好与地图相反。

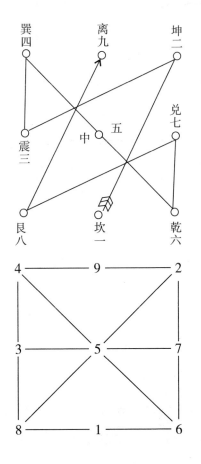

纵横十五在其中。

这是说九宫洛书数的奇妙性。如果用线把四隅卦连起来，则成为一个正方形。这个正方形四条边的三数之和皆为十五，两条对角线上的数字之和也各为十五。再把四边形两个对边的中点连起来，这两条线上各自数的和也是十五。

次将八卦论八节。

奇门排局与二十四节气密切相关，其中"二至"（冬至、夏至）、"二分"（春分、秋分）和"四立"（立春、立夏、立秋、立冬）正好居于八卦的位置。"二至""二分"当四正卦：冬至一宫坎卦，夏至九宫离卦，春分三宫震卦，秋分七宫兑卦。"四立"当四隅卦：立春八宫艮卦，立夏四宫巽卦，立秋二宫坤卦，立冬六宫乾卦。这八节上元的局数，便是各节所居的宫数，即冬至上元为阳遁一局，立春上元为阳遁八局，春分上元为阳遁三局，立夏上元为阳遁四局，夏至上元为阴遁九局，立秋上元为阴遁二局，秋分上元为阴遁七局，立冬上元为阴遁六局。

一气统三为正宗。

"一气统三"就包括它自己在内的三个节气，这三个节气的局数是依次相连的。起统领作用的节气，都是居于八卦正位的，就是冬至、立春、春分、立夏、夏至、立秋、秋分、立冬。冬至、小寒、大寒上元局数分别为阳遁一、二、三局；立春、雨水、惊蛰上元分别为阳遁八、九、一局；春分、清明、谷雨上元分别为阳遁三、四、五局；立夏、小满、芒种上元分别为阳遁四、五、六局。夏至后阴遁，"一气统三"的三节上元局数相逆依次相连。夏至、小暑、大暑上元局数分别为阴遁九、八、七局；立秋、处暑、白露上元分别为阴遁二、一、九局；秋分、寒露、霜降上元分别为阴遁七、六、五局；立冬、小雪、大雪上元分别为阴遁六、五、四局。

阴阳二遁分顺逆。

冬至到芒种用阳遁，阳遁是顺布六仪、逆布三奇；夏至到大雪用阴遁，阴遁是逆布六仪、顺布三奇，阴阳遁排局时分布奇仪的顺逆次序正好相反。如冬至上元阳遁一局，坎一宫起甲子戊，坤二宫甲戌己，震三宫甲申庚，巽四宫甲午辛，中五宫甲辰壬，乾六宫甲寅癸，兑七宫丁奇，艮八宫丙奇，离九宫乙奇。又如夏至上元阴遁九局，离九宫起甲子戊，艮八宫甲戌己，兑七宫甲申庚，乾六宫甲午辛，中五宫甲辰壬，巽四宫甲寅癸，震三宫丁奇，坤二宫丙奇，坎一宫乙奇。另外直使随时宫转动活盘时，也体现着阳顺阴逆的原则。

一气三元人莫测。

五日为一元，一个节气为十五日，共三元。每元第一日天干为甲或己，若以地支论，每元第一日的地支，上元为子、午、卯、酉，中元为寅、申、巳、亥，下元为辰、戌、丑、未。

五日都来换一元。

其所以五日为一元，是因为一日十二个时辰，五日正好六十个时辰，一元即为一局，把从甲子到癸亥六十个时辰排完。这五日的规律是：以天干而论，每元第一日为甲、己，第二日为乙、庚，第三日为丙、辛，第四日为丁、壬，第五日为戊、癸。从六十甲子表上来看，以甲子、甲戌、甲申、甲午、甲辰、甲寅为旬头，每元正好为半旬。甲子至戊辰五日为上元，己巳到癸酉五日为中元，甲戌至戊寅五日为下元；己卯至癸未五日为上元，甲申至戊子五日为中元，己丑至癸巳五日为下元；甲午至戊戌五日为上元，己亥至癸卯五日为中元，甲辰至戊申五日为下元；己酉至癸丑五日为上元，甲寅至戊午五日为中元，己未至癸亥五日为下元。

超神接气为准的。

每个节气的上元第一天的天干地支叫作符头。符头天干为甲或己，地支为子、午、卯、酉四者之一，所以符头无非甲子、甲午、己卯、己酉。"神"即指符头；"气"乃谓节气。符头跑在节气之前，是超过了节气的"神"，所以叫作"超神"。符头落在节气之后，也就是节气跑在符头之前，好像是跑到前边去迎接符头的节气，所以叫作"接气"。符头和节气如果正好遇到同一天，这叫"正授"。因为一个月的实际长度并不正好是三十日，而是略多于三十日，即三十日零五时二刻，所以用六十甲子去排时，甲子、乙丑、丙寅、丁卯、戊辰五日上元已经排完了，而实际时间第五天还没有过完。这样干支就无形中跑到了实际时间的前边，节气是按实际时间安排在时间的实际位置上的，所以符头就超在节气的前边，形成超神，而且随着时间的推移，一元比上一元超得多。如果任其超下去，奇门历就会紊乱，所以是不准超过十天的。超过八天尚可不理，超过九天就要"置闰"。就是把一个节气的上、中、下三元按固有的局数再重复一遍。这实际上是把纪日的干支人为地朝后拉，而让它接近于实际时间。纪日干支超过节气在十天以下，而置闰所重复的时间是十五天，因为每个节气的上元干支必须保持为甲子、甲午、己卯、己酉，所以置闰必须置一个完整的节气即十五天，而不能置五天或十天。本来是嫌符头超节气太多而置闰，但置闰为十五天，超过符头超节气时间五天以上，所以每次置闰都不得不"矫枉过正"。本来是超神，一置闰就成为接气。因为实际时间比干支长，所以节气又渐渐朝后拖，节气超过符头的时间越来越少，逐渐接近于正授；到了特定的某一天，符头和节气便遇到了一天，成为正授。但由于实际时间长于纪日干支，所以正授是不会保持不变的，到下一个节气，就又成为超神，而且超得越来越多，直至再次置闰。

认取九宫为九星。

九星为天蓬、天任、天冲、天辅、天英、天芮、天柱、天心、天禽。每星分别主一个宫，天蓬主坎一宫，天任主艮八宫，天冲主震三宫，天辅主巽四宫，天英主离九宫，天芮主坤二宫，天柱主兑七宫，天心主乾六宫，天禽主中五宫寄坤二宫。每星的五行属性与所主宫相应：天蓬属水，天任属土，天冲属木，天辅属木，天英属火，天芮属土，天柱属金，天心属金，天禽属土。

八门又逐九宫行。

八门配八宫为：休门坎一宫，生门艮八宫，伤门震三宫，杜门巽四宫，景门离九宫，死门坤二宫，惊门兑七宫，开门乾六宫。

九宫逢甲为直符。

直符就是特定时辰里相应宫中的星，它和六甲是相联系的。找寻某一特定时辰的直符，是通过六甲旬头进行的。以阳遁一局为例，以甲子为旬头的十个时辰（甲子、乙丑、丙寅、丁卯、戊辰、己巳、庚午、辛未、壬申、癸酉）属坎一宫，天蓬主坎一宫，所以这十个时辰的直符都是天蓬。以甲戌为旬头的十个时辰（甲戌、乙亥、丙子、丁丑、戊寅、己卯、庚辰、辛巳、壬午、癸未）属坤二宫，天芮主坤二宫，所以这十个时辰的直符都是天芮。以甲申、甲午、甲辰、甲寅为旬头的各时辰，直符俱仿此推寻。

八门直使自分明。

寻直使与推寻直符方法相同。直使就是特定时辰里相应宫中的门。直使也和六甲相联系，寻找某一时辰直使为哪个门，也是通过六甲进行的。以阴遁九局为例，以甲子为旬头的十个时辰属离九宫，离九宫为景门，所以阴遁九局甲子、乙丑、丙寅、丁卯、戊辰、己巳、庚午、辛未、壬申、癸酉十个时辰以景门为直使；甲戌、乙亥、丙子、丁丑、戊寅、己卯、庚辰、辛巳、壬午、癸未十个时辰属艮八宫，以生门为直使。以甲申、甲午、甲辰、甲寅为旬头的各时辰，直使可照此法推寻。

符上之门为直使，十时一位堪凭据。

因为九星和八门都分配在一定的宫中，所以每个星都与一定的门相应。同理，时辰的直符和直使是相应的。天蓬为直符，则休门为直使；天任为直符，则生门为直使；天冲为直符，则伤门为直使；天辅为直符，则杜门为直使；天英为直符，则景门为直使；天芮、天禽为直符，则死门为直使；天柱为直符，则惊门为直使；天心为直符，则开门为直使。每个直符和每个直使都是管十个时辰，满十个时辰后，就移入另一宫，时辰就成为以另一个旬头为首的十个时辰，直符、直使也都变为另一个，这就是"十时一位"的意思。

直符常遣加时干。

这一句和下一句，说的都是拨转活盘的法则。这一句是说天盘的拨转法，就是确定了直符之后，就把天盘直符拨转到对着标有时辰天干的地盘那一宫去。如阳遁一局辛卯时，辛卯为甲申旬，甲申庚在震三宫，此宫星为天冲，故天冲为直符。辛卯时的时干为辛，甲午辛在巽四宫，"直符加时干"，便把天盘的天冲星拨转到巽四宫（即辛所在的宫）去。又如时辰为乙未，乙未旬头为甲午，甲午在巽四宫，此宫星为天辅，故天辅为直符。乙未时的时干为乙，乙在离九宫，"直符加时干"，就把天盘的天辅星拨转到乙奇所在的离九宫去。

直使逆顺遁宫去。

这一句是说门盘的拨转法，在六十甲子表上从正时的旬头数起，数到正时其数为几，便从旬头（也是直符）所在之宫按照阳遁顺次、阴遁逆次的原则数起，飞数到数满，所落之宫就是直使应该加临之宫。如阳遁一局辛卯时，辛卯旬头为甲申，甲申在震三宫。从甲申数到辛卯，其数为八，便从震三宫算起，顺飞八个宫：三、四、五、六、七、八、九、一，直使应加临坎一宫。旬头在震三宫，伤门为直使，就将伤门拨转到坎一宫。又如时辰同样为辛卯，却为阴遁九局，旬头甲申在兑七宫，惊门为直使，便将惊门逆飞八个宫，七、六、五、四、三、二、一、九，即惊门加于离九宫。

六甲元号六仪名。

六甲就是甲子、甲戌、甲申、甲午、甲辰、甲寅，甲为天之贵神，常隐遁于六仪之下，所以叫作"遁甲"。六仪就是戊、己、庚、辛、壬、癸。甲子同六戊，甲戌同六己，甲申同六庚，甲午同六辛，甲辰同六壬，甲寅同六癸。一般在每局活盘的天盘和地盘上，都同时标有各宫的六甲和六仪。

三奇即是乙丙丁。

拿十干说，在活盘上旬头皆为甲，又为戊，六仪中还有己、庚、辛、壬、癸，再加上乙、丙、丁三奇，这样十干就齐全了。三奇中乙为日奇，丙为月奇，丁为星奇。定局中得门得奇的方位为吉，为什么三奇为吉呢？甲为天之贵神，为阳木，六仪中的庚为阳金，阳金克阳木，庚对贵神最有威胁，而乙、丙、丁都能作用于庚金而救甲，所以乙、丙、丁三奇为吉。具体说，乙与甲同为木而乙为阴木，故乙为甲之妹，乙与庚相合（十干中乙与庚合，甲与己合，丙与辛合，丁与壬合，戊与癸合），乙合住庚则甲可免受庚之克。丙为阳火，木生火，阳木甲为阳火丙之父，丙为甲之子，而丙阳火可克庚阳金，使庚无力克甲，甲从而得救。丁为阴火，木生火，丁为甲之女，丁也可克庚金而救甲。这就是说，乙、丙、丁皆为甲之亲属，又都能制伏庚而使甲得救，所以乙、丙、丁三奇为吉。

　　　　阳遁顺仪奇逆布，阴遁逆仪奇顺行。

见前"阴阳二遁分顺逆"一句之注。

　　　　吉门偶尔合三奇，值此须云百事宜。

有的版本后句作"万事开三万事宜"。拨转天盘直符、门盘直使定局之后，先看开、休、生三吉门在哪一宫。如果三吉门之一又合乙、丙、丁三奇之一，这个方位基本上可以肯定是吉利方位，宜出行、修造、婚娶、埋葬，百事大吉。如果只有吉门而不合三奇，也大致吉利可用；只有奇而不合吉门，不算吉方。如果既非吉门，又不得奇，即为凶方，不可用。

更合从旁加检点，余宫不可用微疵。

这是说三吉门以外的各宫究竟是吉是凶，就要仔细审看，主要是根据吉凶诸格看各宫是吉是凶。得吉格（如"九遁"、飞鸟跌穴、青龙回首、玉女守门、三奇得使、义、和、制等）则为吉；得凶格（如火入金乡、太白入荧、青龙逃走、白虎猖狂、朱雀投江、螣蛇夭矫、六仪击刑、五不遇时、反伏吟、天网四张等）则为凶。

三奇得使诚堪使，六甲遇之非小补。

天盘三奇之一与地盘特定之六甲相遇，则成得使之格，百事大吉。即天盘乙奇，地盘甲戌、甲午，为乙奇得使；天盘丙奇，地盘甲子、甲申，为丙奇得使；天盘丁奇，地盘甲辰、甲寅，为丁奇得使。

乙逢犬马丙鼠猴，六丁玉女骑龙虎。

这是进一步具体解释三奇得使。犬即甲戌，马即甲午，"乙逢犬马"指乙奇遇甲戌、甲午。鼠指甲子，猴指甲申，"丙鼠猴"是说天盘丙奇遇地盘甲子、甲申为丙奇得使。玉女即丁奇，龙指甲辰，虎指甲寅，"六丁玉女骑龙虎"，是天盘丁奇遇地盘甲辰、甲寅为丁奇得使的形象说法。

又有三奇游六仪，号为玉女守门扉。

古书中关于"三奇游六仪"的解释不尽合理通达。如明代池本理这样注说："三奇游六仪者，乃天上三奇乙丙丁，地下三奇甲戊庚，游于甲子戊、甲戌己、甲申庚、甲午辛、甲辰壬、甲寅癸，此六仪也。"使人不知所云。茅元仪《武备志·景祐遁甲符应经纂·释三奇游六仪（即玉女守门时）》说："六仪者，六甲也；三奇者，乙丙丁也。谓乙丙丁游六仪之上。甲子旬有庚午，甲戌旬有己卯，甲申旬有戊子，甲午旬有丁酉，甲辰旬有丙午，甲寅旬有乙卯，此时玉女守门之时也。"即三奇游六仪就是天盘乙、丙、丁三奇游于六仪之上，但三奇游六仪为什么就是玉女守门，仍然没有解释明白。《遁甲演义》则说："三奇游六仪者，乃天上乙丙丁游于甲子戊、甲戌己、甲申庚、甲午辛、甲辰壬、甲寅癸之六仪也。玉女守门者，谓丁为玉女而会会天乙直使之门也。"好像三奇游六仪和玉女守门根本就没有什么关系。各书对三奇游六仪的解释，都是说了活盘转动时的现象，而不是一种静态的格局，这样看来，三奇游六仪便是一个无谓的概念。

依我之见，这里的"三奇"不是指乙、丙、丁三奇，而是特指丁奇，丁奇也可称作"三奇"。池本理注"三奇即是乙丙丁"一句时，有"乙为一奇，丙为二奇，丁为三奇"话。这样理解，"三奇六仪"就和"玉女守门扉"有了关系。所谓"三奇游六仪"，是指地盘丁奇游于时间的六仪之下（旬头即六仪。注意：这里的"旬"是十个时辰，不是十天），无论哪一旬，都有构成玉女守门的时间，这就是甲子旬的庚午时，甲戌旬的己卯时，甲申旬的戊子时，甲午旬的丁酉时，甲辰旬的丙午时，甲寅旬的乙卯时。所以"又有三奇游六仪，号为玉女守门扉"两句，上句表因，下句表果，是说由于三奇（丁奇）游于六仪之下，在不同旬中出现，相应地每一旬中都出现一个玉女守门的时辰。

现在再来解释玉女守门。玉女守门就是按照时辰拨转门盘"直使随时宫"时，门盘直使所临地盘宫中正好为丁奇。丁奇为玉女，定局后，它正好下临直使之门，故称玉女守门。为什么不管阴遁阳遁的哪一局，都是甲子用庚午、甲戌用己卯、甲申用戊子、甲午用丁酉、甲辰用丙午、甲寅用乙卯而为玉女守门呢？从甲子数起，到庚午为第七数，我们知道，直符临丁奇为玉女守门。再请看六十甲子表，甲子为戊，按照直使随时宫时的次序为戊、己、庚、辛、壬、癸、丁，到第七数正好下临丁奇。从甲戌数起，到己卯为六数，甲戌为己，直使随时宫为己、庚、辛、壬、癸、丁，到经六数正好下临丁奇。从甲申数起，到戊子为五数，甲申为庚，从庚到丁亦为五数，直使这时加临于丁。甲午到丁酉为四数，甲午为辛，直使随时宫为辛、壬、癸、丁，四数下临丁奇。甲辰到丙午为三数，甲辰为壬，直使随时宫为壬、癸、丁，三数下临丁奇。甲寅到乙卯为二数，甲寅为癸，直使随时宫飞一位为二数即下临丁奇，故己卯时为玉女守门。

若作阴私和合事，请君但向此中推。

从文气上看，这两句好像说的是玉女守门之用，但从前人的注释和引文中可知，这两句和下文相联系，是说天三门、地四户之用，所以这两句是和下文倒装的句子。天三门、地四户之方可进行推测阴私和合之事。

天三门兮地四户，问君此法如何处？

太冲小吉与从魁，此是天门私出路。

求天三门之法是做成两层的活盘，上下盘各分为十二宫。下盘各宫分别写十二地支——子、丑、寅、卯、辰、巳、午、未、申、酉、戌、亥。上盘各宫分别写十二月将——（正月亥）登明、（二月戌）河魁、（三月酉）从魁、（四月申）传送、（五月未）小吉、（六月午）胜光、（七月巳）太乙、（八月辰）天罡、（九月卯）太冲、（十月寅）功曹、（十一月丑）大吉、（十二月子）神后。下盘十二地支顺时针依次而排，上盘十二月将逆时针依次而排。求天门时，以上盘当月月将，加下盘正时时支，则从魁、小吉、太冲三个方位即为天三门。所以最好将这三个月将重点标注，使之醒目。

需要注意的是，所谓当月月将，一定要在过了该月中气以后才能使用；否则便用上月月将。十二个月的中气从正月到十二月分别为雨水、春分、谷雨、小满、夏至、大暑、处暑、秋分、霜降、小雪、冬至、大寒。

天三门图示

　　求地四户也是做成两层活盘，上下各分为十二宫。下盘于各宫中顺时针依次写十二地支为月建——十一月建子，十二月建丑，正月建寅，二月建卯，三月建辰，四月建巳，五月建午，六月建未，七月建申，八月建酉，九月建戌，十月建亥。在上层盘中于各宫外圈顺时针依次写十二地支代表时支。内圈顺时针依次写建、除、满、平、定、执、破、危、成、收、开、闭。建与子在一宫，除与丑在一宫，其余依次而推。求地四户时以上盘时支，加下盘当月月建，则上盘除、定、危、开所落的四个方位即为地四户。为了醒目，除、定、危、开可特别标出。

地四户图示

六合太阴太常君，三辰元是地私门。

更得奇门相照耀，出门百事总欣欣。

地私门跟"贵人"相联系，"贵人"是由日干决定的，分阳贵人和阴贵人。因此我们先说"贵人"，然后再谈地私门。

《阳贵人歌》说：

庚戊见牛甲在羊，乙猴己鼠丙鸡方。

丁猪癸蛇壬是兔，六辛逢虎贵为阳。

这就是说庚日丑、戊日丑为阳贵人，甲日未为阳贵人，乙日申为阳贵人，己日子为阳贵人，丙日酉为阳贵人，丁日亥为阳贵人，癸日巳为阳贵人，壬日卯为阳贵人，辛日寅为阳贵人。

《阴贵人歌》说：

> 甲贵阴牛庚戊羊，乙阴在鼠己猴乡。
>
> 丙猪丁鸡辛遇马，壬蛇癸兔属阴方。

这就是说甲日丑为阴贵人，庚日未、戊日未为阴贵人，乙日子为阴贵人，己日申为阴贵人，丙日亥为阴贵人，丁日酉为阴贵人，辛日午为阴贵人，壬日巳为阴贵人，癸日卯为阴贵人。为了简明醒目，我们把不同日辰的阴、阳贵人归纳如下（阳贵加〇，阴贵加□）：

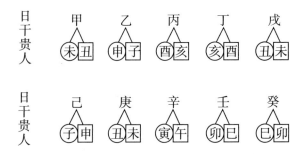

求地私门须做成阳贵、阴贵两个活盘。日支为亥、子、丑、寅、卯、辰，用阳贵活盘；日支为巳、午、未、申、酉、戌，用阴贵活盘。阳贵活盘的上盘分十二宫，自子至亥顺时针方向依次写螣蛇、朱雀、六合、勾陈、青龙、天空、白虎、太常、玄武、太阴、天后、贵人十二神。阴贵活盘上盘十二宫排十二神，次序与阳贵活盘相逆，自子至亥顺时针方向依次排列为天后、太阴、玄武、太常、白虎、天空、青龙、勾陈、六合、朱雀、螣蛇、贵人。无论阴

阳活盘，贵人都在亥位。阴、阳贵活盘下十二宫顺时针方向排十二
地支。求地私门时，先审看日支，看用阴贵人还是用阳贵人。日支
为亥至辰，用阳贵人；为巳至戌，用阴贵人。再审看日干，看贵人
为哪个地支，然后把上盘的贵人加到下盘的这个地支上去，六合、
太阴、太常三个方位即为地私门。例如丁亥日，日支为亥，用阳贵
人，日干为丁，丁阳贵为亥，即用阳贵活盘，将上盘贵人加到下盘
亥上，六合在寅，太阴在酉，太常在未，寅、未、酉三方即为地私
门。又如辛丑日，日支为丑，用阳贵人，日干为辛，辛阳贵为寅，
即用阳贵活盘，将上盘贵人加到下盘寅上，六合、太阴、太常分别
为巳、子、戌，则巳、子、戌三方位为地私门。阴贵人的例子，如
乙未日，乙阴贵为子，以阴贵活盘上盘贵人加于下盘子上，太阴为
寅，太常为辰，六合为酉，则寅、辰、酉三方位即为地私门，如得
奇门即可用。还有一种以月将加用时求地私门的办法，此处从略。
以日辰求地私阴阳二贵活盘如下：

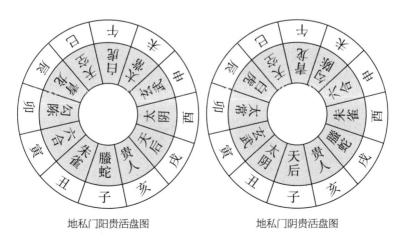

地私门阳贵活盘图   地私门阴贵活盘图

太冲天马最为贵，卒然有难宜逃避。

但当乘取天马行，剑戟如山不足畏。

求天马的活盘分十二宫，二层。下盘顺时针方向分宫写过了本月中气之后，则以当月月将神（正月亥登明、二月戌河魁、三月酉从魁等）加时支，未过本月中气，则以上月月将神加时支，拨转好后，寻上盘太冲所临下盘地支，即为天马方。

太冲天马活盘图

如果列为图表，则每月各时天马方如下：

时辰 月份	子时	丑时	寅时	卯时	辰时	巳时	午时	未时	申时	酉时	戌时	亥时
正月	辰	巳	午	未	申	酉	戌	亥	子	丑	寅	卯
二月	巳	午	未	申	酉	戌	亥	子	丑	寅	卯	辰

时辰 月份	子时	丑时	寅时	卯时	辰时	巳时	午时	未时	申时	酉时	戌时	亥时
三月	午	未	申	酉	戌	亥	子	丑	寅	卯	辰	巳
四月	未	申	酉	戌	亥	子	丑	寅	卯	辰	巳	午
五月	申	酉	戌	亥	子	丑	寅	卯	辰	巳	午	未
六月	酉	戌	亥	子	丑	寅	卯	辰	巳	午	未	申
七月	戌	亥	子	丑	寅	卯	辰	巳	午	未	申	酉
八月	亥	子	丑	寅	卯	辰	巳	午	未	申	酉	戌
九月	子	丑	寅	卯	辰	巳	午	未	申	酉	戌	亥
十月	丑	寅	卯	辰	巳	午	未	申	酉	戌	亥	子
十一月	寅	卯	辰	巳	午	未	申	酉	戌	亥	子	丑
十二月	卯	辰	巳	午	未	申	酉	戌	亥	子	丑	寅

得奇得门即为吉言。这样的吉方，在事情从容时可以等待选择；如果突然之间遇到紧急危难，很难遇有得奇得门的吉方可用，这时可向天马方位避难，虽刀枪剑戟如林，亦无所伤。

三为生气五为死，胜在三兮衰在五。

能识游三避五时，造化真机须记取。

"三"和"五"指时辰从六甲数起，所到之数。如甲、己之日，甲子时到丙寅时为"三"，为生气；到戊辰时为"五"，为害气、死气。故丙寅时利行百事，戊辰时凶，百事不可举。游三避五也称"之三避五"。

就中伏吟为最凶，天蓬加着地天蓬。

天盘天蓬星加临地盘天蓬星，九星皆在本宫未动，为九星伏吟。六甲为旬头，故六甲时直符在本宫未动，八门亦在本宫未动，为星符伏吟，亦为八门伏吟。伏吟最凶，主孝服损人口，不宜用兵，但宜于收敛财货。

天蓬若到天英上，须知即是反吟宫。

天盘原在坎一宫之天蓬星，加临于地盘离九宫天英之上，所加者恰为对宫，这叫九星反吟。如冬至上元阳遁一局甲、己日乙丑时，地盘离九宫为乙奇。直符随时干，天盘坎一宫天蓬星加临离九宫，这是直符反吟，亦为九星反吟。星符反吟如得奇门尚不为凶，不然灾祸立至，故不宜举兵动众。

八门反复皆如此，生在生兮死在死。

假令吉宿得奇门，万事皆凶不堪使。

直使随时宫时，门在本宫不动，为八门伏吟；如果直使加临时宫时恰为对宫，为八门反吟。如冬至上元阳遁一局甲、己日甲戌时，死门为直使，在原宫不动，这是八门伏吟；又如壬申时，直使休门加临离九宫，此为八门反吟。八门反伏吟，万事皆凶，即使得奇门，也不可用。

六仪击刑何太凶，甲子直符愁向东。

戌刑在未甲刑虎，寅巳辰辰午刑午。

六仪击刑指天盘六甲之地支加临于它所刑地支之宫。如甲子直符加临震三宫，震宫地支为卯，子刑卯，故为击刑；甲戌直符加临坤二宫，未在坤二宫，戌刑未，故甲戌直符加临坤二宫为击刑；寅在艮八宫，申刑寅，故甲申直符加艮八宫为击刑；午在离九宫，午自刑，故甲午直符加临离九宫为击刑；辰在巽四宫，辰自刑，故甲辰直符加临巽四宫为击刑；巳在巽四宫，寅刑巳，故甲寅直符加临巽四宫为击刑。以上六种情况称六仪击刑，极凶，其时不可用事。

三奇入墓好思推，甲日那堪见未宫。

丙奇属火火墓戌，此时诸事不须为。

更加天乙来临六，月奇临六亦同论。

三奇入墓指乙、丙、丁三奇下临其墓库地支所在之宫。乙阴木长生于午，墓于戌，戌在乾六宫，故乙奇临乾六宫为乙奇入墓。丙为阳火，火墓在戌，戌在乾六宫，故丙奇临乾六宫为丙奇入墓。丁阴火长生于酉，墓于丑，丑在艮八宫，故丁奇临艮八宫为丁奇入墓。三奇入墓百事为凶，纵然得吉门也不可举事。

又有时干入墓宫，课中时下忌相逢。

戊戌壬辰兼丙戌，癸未丁丑一同凶。

时干入墓，即时支为时干之墓库，故对特定的时支而言，为时干入墓。丙为阳火，墓在戌，故丙戌时为时干入墓。丁为阴火，墓在丑，故丁丑时为时干入墓。戊为阳土，墓同阳火在戌，故戊戌时为时干入墓。己为阴土，墓同阴火在丑，故己丑时为时干入墓。壬为阳水，墓在辰，故壬辰时为时干入墓。癸为阴水，墓在未，故癸未时为时干入墓。时干入墓的时辰为凶，不可用。丙戌、丁丑、戊戌、己丑、壬辰、癸未六个时辰为时干入墓，不可用，此不审看活盘定局即可知。

五不遇时龙不精，号为日月损光明。

时干来克日干上，甲日须知时忌庚。

五不遇时就是时辰的天干克日辰的天干。阳干克阳干，阴干克阴干，阳干阴干各有五个，故称五不遇时。有歌诀说："甲日怕庚己怕乙，乙辛庚丙最为殃。丙壬丁怕癸时恶，辛丁壬愁戊不良。戊畏甲兮君莫用，癸应嫌己莫相当。"具体说来，五不遇时就是：甲日庚午时，乙日辛巳时，丙日壬辰时，丁日癸卯时，戊日甲寅时，己日乙丑时，庚日丙子时，辛日丁酉时，壬日戊申时，癸日己未时。根据具体日干，五不遇时可以推出。如日干为甲，甲为阳木，其五不遇时之时干应为克阳木之阳金，即六庚，日干时干都已知，则时支可推，"甲己还加甲"，甲日子时时干为甲，甲子、乙丑、丙寅、丁卯、戊辰、己巳、庚午，甲日五不遇时为庚午。又如丁日日干为丁，为阴火，其五不遇时之时干当为克阴火之阴水，即癸。日干为丁，时干为癸，"丁壬庚子居"，丁日子时时干为庚，庚子、辛丑、壬寅、癸卯，丁日五不遇时为癸卯。其他日之五不遇时，可仿此以时干推之。

　　　　奇与门兮共太阴，三般难得总加临。

　　　　若还得二亦为吉，举措行藏必遂心。

　　太阴为八神之一。阳遁八神从直符起，顺时针方向依次为直符、螣蛇、太阴、六合、勾陈、朱雀、九地、九天。阴遁八神从直符起，逆时针方向依次为直符、螣蛇、太阴、六合、白虎、玄武、九地、九天。在一个定局中，某宫天盘为乙、丙、丁三奇之一，门盘为开、休、生三吉门之一，这叫得奇得门，如神盘又合太阴、六合、九地之一，称为"三诈"。得奇得门合太阴，叫"真诈"；合九地，叫"重诈"；合六合，叫"休诈"。真诈宜隐遁、养生；重诈宜求财、上任；休诈宜合药、治病。三诈并宜嫁娶、远行、经商。三诈有十分之利；得奇得门而无诈，得七分之利；有门有诈而无奇，或有奇有诈无门，并不吉。

　　　　更得直符直使利，兵家用事最为贵。

　　　　常从此地击其冲，百战百胜君须记。

　　池本理注这四句，主要是谈"亭亭"和"白奸"。求亭亭和白奸，可用求太冲天马的活盘。以天月将加正时时支，神后所临之宫就是亭亭。如正月雨水节气之后某日，午时用事，就以天月将亥（登明）加午，神后（子）临未宫，未宫即亭亭，背未击其对冲（丑），百战百胜。亭亭是天之贵神，而白奸为天之奸神。求白奸的方法是以上盘天月将加下盘时支，下盘的寅、午、戌三宫，如遇上盘的寅、申、巳、亥（即"孟神"）所加临，则此宫即白奸之方。在寅、申、巳、亥这四个孟神中，白奸合于巳、亥，格于寅、申，如遇下盘寅、午、戌之上盘孟神为巳或亥，则既背亭亭又背白奸为宜；如加临下盘寅、午、戌之孟神为寅或申，则背亭亭击白奸可胜。

天乙之神所在宫，大将宜居击对冲。

假令直符居离九，天英坐取击天蓬。

天乙就是天盘直符，打仗坐背天盘直符所临之方以击对冲之方，必胜。这是"三胜"中的阳遁第一胜。所谓三胜，第一胜指直符之宫，这要分阴遁、阳遁，阳遁指天盘直符所临之宫，阴遁指地盘直符所居之宫。第二胜指九天宫；第三胜指生门所临之宫，以合三奇为好。例如阳遁三局甲、己日丁卯时，天盘直符天冲临离九宫，正南为第一胜；九天在巽四宫，东南为第二胜；生门合丁奇于兑七宫，正西为第三胜。又如阴遁八局甲、己日己巳时，地盘直符居艮八宫，东北为第一胜；九天在乾六宫，西北为第二胜；生门与丁奇合震三宫，正东为第三胜。

与三胜略有相应，有五不击：第一不击天乙宫（天盘直符所临之宫）；第二不击九天宫；第三不击生门宫；第四不击九地宫；第五不击直使宫。

甲乙丙丁戊阳时，神居天上要君知。

坐击须凭天上奇，阴时地下亦如之。

若见三奇在五阳，偏宜为客自高强。

忽然逢着五阴位，又宜为主好裁详。

无论阴遁阳遁，时干为甲、乙、丙、丁、戊五阳干的时辰，皆宜为客，打仗要采取主动，先行举兵，大造声势，摇旗击鼓，耀武扬威。另外如远行、求财、迁徙、嫁娶、起造等，百事皆吉。因为五阳时利以为客，而天上星代表客，地盘星代表主，所以说"神居天上"。此时背坐天上星旺相得奇而克地盘星之方，必可大胜。时干为己、庚、辛、壬、癸五阴干的时辰，无论阳遁阴遁，皆宜为主，打仗宜固守后动，潜藏不出，日常生活中出行、上任、婚姻、移徙、起造等，百事不利，宜于暗中做准备工作。所谓五阳五阴，指子午以东为阳，子午以西为阴，不是五行中阳木、阴木、阳火、阴火的阴阳。

直符前三六合位，太阴之神在前二。

后一宫中为九天，后二之神为九地。

八诈门中八神从直符开始其次序是直符、螣蛇、太阴、六合、勾陈（白虎）、朱雀（玄武）、九地、九天。按照这个次序，阳遁顺时针方向排，阴遁逆时针方向排。这四句说的是八神中四吉神的排列位置。

九天之上好扬兵，九地潜藏可立营。

伏兵但向太阴位，若逢六合利逃形。

这四句接上四句说四吉神之用。九天所临之宫宜于为客，出兵进击；九地之宫宜于为主，屯兵驻守；太阴之宫可暗中埋伏军队，不易被发现；六合之宫利于逃亡形迹。

天地人分三遁名，天遁月精华盖临。

地遁日精紫云蔽，人遁当知是太阴。

"九遁"包括天遁、地遁、人遁、云遁、风遁、虎遁、龙遁、神遁、鬼遁。其中最重要的为天遁、地遁、人遁，称为"三遁"。

生门六丙合六丁，此为天遁自分明。

生门合天盘丙奇，下临地盘丁奇，为天遁。如阳遁四局乙、庚日乙酉时，天心为直符，加时干六乙于震三宫，开门为直使，加兑七宫，则生门合天盘丙奇，下临丁奇于坎一宫，为天遁。又如阴遁六局戊、癸日庚申时，天蓬为直符，休门为直使，庚申为甲寅旬第七个时辰，时干六庚在巽四宫，故天蓬、休门俱加临于巽四宫，则生门合天盘丙奇下临丁奇于离九宫，为天遁。

开门六乙合六己，地遁如斯而已矣。

开门合天盘乙奇，下临地盘六己，为地遁。如阳遁一局丙、辛日辛卯时，辛卯属甲申旬，在震三宫，天冲为直符，伤门为直使，天冲直符加六辛于巽四宫，伤门直使加坎一宫，则开门合天盘乙奇下临六己于坤二宫，为地遁。

休门六丁共太阴，欲求人遁无过此。

休门合天盘丁奇，又合神盘太阴，为人遁。如阳遁七局乙、庚日丙子时，天任为直符，生门为直使。直符加时干六丙于中五宫寄坤二宫，直使加于坎一宫，则休门合天盘丁奇、八诈门太阴于乾六宫，为人遁。

要知三遁何所宜，藏形遁迹斯为美。

天、地、人三遁最宜隐遁形迹，不易被发现。同时宜行百事，吉无不利。

庚为太白丙荧惑，庚丙相加谁会得?

《诗经·小雅·大东》云："东有启明，西有长庚。"庚指太白金星。丙为阳火，故为火星，也称荧惑。天盘六庚加会地盘丙奇、天盘丙奇加会地盘六庚，会形成两个凶格。

六庚加丙白入荧。

天盘六庚加地盘丙奇为太白入荧，金入火乡，受克而凶。此时宜防敌方偷袭。例如冬至下元阳遁四局甲、己日壬申时，时干六壬在艮八宫，以天辅直符加临艮八宫，杜门直使加震三宫，则天盘六庚加临丙奇于二宫，为太白入荧。

六丙加庚荧入白。

荧入太白又称火入金乡，为天盘丙奇加临地盘六庚。如打仗此时闻敌兵来，应当退避，不宜冲击。如谷雨上元阳遁五局丙、辛日戊戌时，甲午辛为旬头，天任为直符，生门为直使，时干戊在五宫，以直符天任加临中五宫（寄坤二宫），生门直使加震三宫，则天盘六庚下临丙奇于震三宫，为太白入荧；而天盘丙奇下临六庚于兑六宫，为荧入太白。

白入荧兮贼即来，荧入白兮贼须灭。

白入荧须防贼来，荧入白贼恐自退，二格都是不宜冲击。有歌诀说："二星相入凶气横，任得奇门慎勿行。此星若也移方去，金火之神是恶神。"

丙为悖兮庚为格，格则不通悖乱逆。

"悖"或作"勃"。天盘六庚下临年、月、日、时之干，则构成岁格、月格、日格、时格。同样，天盘六丙下临年、月、日、时之干，则构成岁悖、月悖、日悖、时悖。悖是乱的意思，遇悖，主纲纪紊乱，百事为凶。

丙加天乙为勃符，天乙加丙为飞勃。

"符勃"，《五总龟》作"直符"，《遁甲演义》作"勃符"，俱误。天盘丙奇加地盘直符应为"符勃"。如小寒上元阳遁二局甲、己日癸酉时，天芮为直符，时干在兑七宫，天盘天芮星加兑七宫，天盘丙奇下临坤二宫直符天芮星，则为符勃。天盘直符加地盘丙奇为飞勃。如大暑下元阴遁四局丁、壬日丙午时，直符为天英，加乾六宫丙奇之上，即为飞勃。

庚加日干为伏干。

天盘六庚加临地盘日干，为伏干格，伏干格也称日格，战斗主客皆伤俱不利，尤不利主。故歌诀说："日干若遇六庚临，此名伏干格相侵，若是斗战须不利，大都为主必遭擒。"如谷雨上元阳遁五局甲子日壬申时，天禽星为直符，时干壬在离九宫，以禽星加临离九宫，则天盘六庚加临五宫日干，为伏干格。

日干加庚飞干格。

当日日干在天盘，临于地盘六庚，为飞干格，此时战斗主客两伤，尤不利客。如惊蛰上元阳遁一局乙丑日辛巳时，天芮为直符，加于时干六辛所在之巽四宫，则天盘日干六乙加临于六庚所在之震三宫，即为飞干格。

加一宫兮战在野，同一宫兮战于国。

这两句说六庚与直符发生的情况。"加一宫"指天盘六庚加于地盘直符；"同一宫"指以甲申庚为直符，称为"天乙太白"，直符与六庚同行，加于地盘时干所在之宫。"加一宫"主战斗于郊野，凶。"同一宫"主战斗于城邑，凶，主客俱不利。

庚加直符天乙伏。

天盘六庚加地盘直符，为天乙伏宫格，交战主客皆不利，尤不利主。如谷雨中元阳遁二局甲、己日壬申时，天芮为直符，时干在乾六宫，以天芮加乾六宫，天盘天辅六庚下临二宫直符，为天乙伏宫格。

直符加庚天乙飞。

天盘直符加地盘六庚，为天乙飞宫格。此时不宜出战，主客两不利，尤不利客。歌诀说："飞宫是何星，直符加六庚。两敌不堪争，为主似还赢。"如雨水上元阳遁九局甲、己日庚午时，天英为直符，时干六庚在坤二宫。以天英加坤二宫，则为天乙飞宫格。

庚加癸兮为大格。

天盘六庚加地盘六癸为大格。此时百事为凶，远行车破马死；造作人财破散，遗失不可复得；寻人不在，反招其咎。如秋分下元阴遁四局甲、己日丙寅时，天辅为直符，时干在乾六宫，以天辅加乾六宫，则天盘天芮六庚下临六癸于艮八宫，这就是大格。

加己为刑最不宜。

天盘六庚加地盘六己为刑格。刑格出军车破马伤，中道而止；士卒逃亡，追之反招其咎；求谋反破财、损名、得病。有歌诀说："六庚加六己，赤地须千里。远行车马堕，军兵半路止。"如大寒上元阳遁三局甲、己日丙寅时，此时六庚在中五宫寄坤二宫，以直符天冲加时干六丙于坎一宫，则天盘天禽六庚下临六己于巽四宫，这就是刑格。

加壬之时为上格。

天盘六庚加地盘六壬为上格，也叫伏格，此时行师不利。如小满上元阳遁五局丙、辛日己亥时，天任为直符，加时干六己于乾六宫，则天盘天柱六庚下临六壬于离九宫，即为上格。

又嫌岁月日时逢。

此仍说天盘六庚。天盘六庚加地盘年干，为岁格，用事大凶。如辛丑年谷雨上元阳遁五局甲、己日癸酉时，岁干在艮八宫，以直符天禽加于时干所在之坎一宫，则天盘天柱六庚下临岁干六辛于艮八宫，即为岁格。

天盘六庚所加地盘为月朔（每月初一）日干，为月朔格，简称月格，用事大凶。如立春上元阳遁八局月朔干为己，己日丁卯时，天任为直符，时干六丁在五宫，以直符加时干于中五宫（寄坤二宫），即得天盘天蓬星六庚，下临月朔干六己于九宫，这就是月朔格，简称月格。或以天盘六庚加地盘月建之干为月格。

天盘六庚，加临地盘当日日干，为日干格，简称日格。日格用事大凶。如霜降上元阴遁五局甲、己日丙寅时，天禽为直符，时干六丙在兑七宫，以天禽直符加兑七宫，则天冲六庚下临日干六己于巽四宫，此为日干格。

天盘六庚，加临地盘正时时干，为时干格，简称时格，也称伏干格。时格不可举兵，用事大凶。如立春下元阳遁二局丙、辛日己丑时，天辅为直符，时干六己在震三宫，以天辅加震三宫，则天盘六庚临时干六己于震三宫，这就是时干格。从这个例子可以看出，如果甲申庚为直符，则以甲申为旬头的十个时辰，皆有时干格。

更有一般奇格者，六庚谨勿加三奇。

此时若也行兵去，匹马只轮无返期。

天盘六庚加地盘乙、丙、丁三奇，为奇格。对奇格要具体分析，如果是加于地盘、丙奇、丁奇，同时地盘又为天英、景门，这是地盘火克天盘金，为下克上，不利为客，先举者败而难返。如果天盘六庚是加于地盘乙奇，地盘又为天冲天辅、伤门杜门，这是天盘金克地盘木，为上克下，不利为主而利以为客，先举者必胜，一人可敌千万人。

六癸加丁蛇夭矫。

天盘六癸加地盘丁奇，为螣蛇夭矫。此时百事不利。歌诀曰："六癸加六丁，夭矫迷路程。忧惶难进步，端坐却不营。"如清明上元阳遁四局丙、辛日戊子时，戊子旬头为甲申庚，天心为直符，时干六戊在巽四宫，以直符加巽四宫，即得天英入癸下临丁奇于坎一宫，这就是螣蛇夭矫。

六丁加癸雀入江。

丁属火为南方朱雀，癸属水，故天盘六丁加地盘六癸为朱雀投江。主失脱文书或文书牵连，或有火灾，用兵防奸，百事皆凶。歌诀曰："六丁加六癸，朱雀入水流。口舌犹未罢，官事使人愁。""或有诉讼，自陷刑狱。或闻火起，不必往救。"如立冬下元阴遁三局甲、己日壬申时，壬申旬头为甲子，甲子戊在三宫，天冲为直符。时干六壬在艮八宫，以天冲加艮八宫，即得天盘丁奇下临六癸于兑七宫，这就是朱雀投江。

六乙加辛龙逃走。

乙为木，为东方青龙；辛为金，为西方白虎。金克木，龙虎相斗，龙将逃遁，故六乙加辛为青龙逃走。此时不宜举兵，百事不利，举事客方反伤，失财、遗亡、破败。如小暑中元阴遁二局丙、辛日己亥时，己亥旬头为甲午，天任为直符，时干六己在坎一宫，以直符加坎一宫，则天盘乙奇下临六辛于艮八宫，即为青龙逃走。

六辛加乙虎猖狂。

天盘六辛加地盘乙奇，辛金为客而克乙木，故为白虎猖狂。此时不宜举事，主客两伤，求财有灾，婚姻、修造大凶，举动、出入、战斗必有惊诈。如立秋上元阴遁二局甲、己日壬辰时，天芮为直符，时干六壬在兑七宫，以直符加兑七宫，则天盘天任六辛临乙奇于震三宫，即为白虎猖狂。

请观四者是凶神，百事逢之莫措手。

"四者"指蛇夭矫、雀入江、龙逃走、虎猖狂，此四格皆凶，百事不利。在十干中，只有阳干克阴干为合，其他皆不为合。阴干克阳为宫，如辛克甲，辛即为宫；阳干受阳干之克、阴干受阴干之克，皆不为和。乙与辛、丁与癸四干皆为阴干，互克为凶，所以四格皆凶不可用。

丙加甲兮鸟跌穴。

丙火为朱雀，甲木为鸟之巢穴，故天盘丙奇加地盘甲子为飞鸟跌穴。此时出兵、修造、葬埋、宴乐，举动皆利，百事为吉。此时从生门击死门，一人可敌万人。如大寒中元阳遁九局甲、己日辛未时，辛未旬头为甲子，天英为直符，时干六辛在震三宫，以天英加震三宫，则天盘六丙临甲子于离九宫，即为飞鸟跌穴。

甲加丙兮龙返首。

甲木为青龙，下生丙火，故天盘甲子加地盘丙奇为青龙返首。其吉与雀投江略同，虽无吉门亦可用事，如能合奇更吉。如冬至上元阳遁一局甲、己日丙寅时，天蓬为直符，时干六丙在艮八宫，以天蓬加艮八宫，则天盘天蓬甲子临地盘丙奇于艮八宫，即为青龙返首。

只此二者是吉神，为事如意十八九。

这两句是总结以上诸格而言的。意思是说，十干相加多为凶格，只有飞鸟跌穴、青龙返首为大吉，举事十之八九可遂心如意。

八门若遇开休生，诸事逢之总称情。

伤宜捕猎终须获，杜好邀遮及隐形。

这四句与下四句是说八门吉凶。开、休、生三门为吉门，用事可称情遂意。开门宜远行、征讨、见贵、求名、求财，所向百事通达。休门宜休整、治兵、习业、聚会、嫁娶，百事皆吉。生门宜营造、经商、谋事、见贵、求财。伤门为凶门，出入易得疾病受灾伤，但宜于狩猎、捕鱼、索债、追捕盗贼。杜门也是凶门，但宜于隐身藏形。

景上投书并破阵，惊能擒讼有声名。

若问死门何所主，只宜吊死与行刑。

景门宜上书、破阵、突围、派遣使者；惊门宜捕逃、斗讼；死门宜吊唁、送葬、执行死刑。以上八门，开、休、生为吉门，可用事出其下，若能合三奇、吉星更好，为上吉；其他五门为凶门，应避之，一般举事不可出其下。这叫"趋三避五"。

蓬任冲辅禽阳星，英芮柱心阴宿名。

蓬星在坎一宫，当地支之子位，节气为冬至，冬至一阳生，冬至以后为阳遁，故冬至至芒种各星为阳星，中五宫禽星也是阳星。英星在离九宫，当地支之午位，节气为夏至，夏至一阴生，夏至以后为阴遁，故夏至至大雪各星为阴星。此二句及以下二十句都是说九星。

辅禽心星为上吉，冲任小吉未全亨。

大凶蓬芮不堪使，小凶英柱不精明。

天辅、天禽、天心三星为大吉之星；天冲、天任为次吉之星；天蓬、天芮为大凶之星，即使得奇得门，也不可用；天英、天柱为半凶之星，如果得奇门，尚可用。

大凶无气变为吉，小凶无气亦同之。

上面六句所说的九星吉凶，是抛开各星的旺衰条件而孤立地谈九星吉凶的。如果把九星的"旺、相、休、囚、死"（即五行旺衰状态）考虑进去，其吉凶作用就会发生复杂的变化。凶星不得旺相之气，则难施逞其威，其凶便会减弱以至消失。吉星如逢旺相，则吉事可成；吉星若遇休囚，则失去吉的作用而不为吉。另一种说法认为，大凶之星得旺相之气，则为小凶，小凶之星得旺相之气，则为中平。明代《三元经》说："大凶旺相凶却小，小凶旺相号中平。吉星旺相吉无比，若不完气也中平。"

> 要识九星配五行，各随八卦考羲经。
>
> 坎蓬星水离英火，中宫坤艮土为营。
>
> 乾兑为金震巽木，旺相休囚看重轻。

九星的五行所属，是与各星所配的卦相联系的。《周易》后天八卦从正北的坎卦开始，按顺时针方向旋转，各卦及其所配星的五行如下：

坎卦正北属水，天蓬在坎一宫，故为水星。

艮卦东北属土，天任在艮八宫，故为土星。

震卦正东属木，天冲在震三宫，故为木星。

巽卦东南属木，天辅在巽四宫，故为木星。

离卦正南属火，天英在离九宫，故为火星。

坤卦西南属土，天芮在坤二宫，故为土星。

兑卦正西属金，天柱在兑七宫，故为金星。

乾卦西北属金，天心在乾六宫，故为金星。

中央属土，天禽在中五宫寄坤二宫，故为土星。

与我同行即为相，我生之月诚为旺。

废于父母休于财，因于鬼兮真不妄。

对于一个特定的五行来说，生我者为父母，我生者为子孙，我克者为妻财，克我者为官鬼。九星各旺于我生之月，相于同一五行之月，死（废）生我之月，因于官鬼之月，休于妻财之月。

假令水宿号天蓬，相在初冬与仲冬。

旺于正二休四五，其余仿此自研穷。

天蓬为水宿，相于亥、子月（同属水），旺于寅、卯月（水生木），废于申、酉月（金生水），休于巳、午月（水克火），因于辰、戌、丑、未月（土克水）。

天任、天禽、天芮为土宿，相于辰、戌、丑、未月（同属土），旺于申、酉月（土生金），废于巳、午月（火生土），休于亥、子月（土克水），因于寅、卯月（木克土）。

天冲、天辅为木宿，相于寅、卯月（同属木），旺于巳、午月（木生火），废于亥、子月（水生木），休于辰、戌、丑、未月（木克土），因于申、酉月（金克木）。

天柱、天心为金宿，相于申、酉月（同属金），旺于亥、子月（金生水），废于辰、戌、丑、未月（土生金），休于寅、卯月（金克木），因于巳、午月（火克金）。

急则从神缓从门。

所谓"急则从神"，就是事情危难紧急，没有选择三奇和吉门的余裕时间，便可从天盘直符所在之宫及地盘直符所在之宫而去，可保吉利无虞。如冬至上元阳遁一局甲、己日乙丑时，逢星为直符，时干六乙在离九宫，以直符加时干，则天盘直符在离九宫，地盘直符在坎一宫，如有急事，可从正南天乙（天盘直符六戊）或正北地盘直符甲子戊下去，皆可吉利。所谓"缓从门"，就是事缓从容，即可选择三奇吉门之方而往。

三五反复天道亨。

"三"指三吉门，"五"指五凶门。这句话的意思是说，虽然有时得三吉门，有时得五凶门，反复变化无穷，而顺应天道，或从神或从门，却可以做到亨吉无凶。

十干加伏若加错，入库休囚吉事危。

拨动活盘直符随时干，不构成凶格，则此时可用；如构成凶格，则不可用。这与时干有直接关系，如时干入墓、时干克日干、十干伏吟、六仪击刑、三奇入墓，举事欲吉反凶。另外须注意定局中天盘时干之宫：

六甲之时，加阳星为开时，百事吉；加阴星为阖时，百事凶。

六乙之时，遭攻击逃亡者从天上六乙出，不易被发现。

六丙之时，从天上六丙出，用事无忧，入官可以升迁，行商定能获利，出兵可以大胜。

六丁之时，从天上六丁起，到太阴可以藏匿，利于娶妇、入官、商贾，用兵可大胜。

六戊之时，从天上六戊出，百事皆吉，宜征伐、远行、谋事。

六己之时，天上六己用事皆凶，只宜私下制订计划。

六庚之时，天上六庚为天狱最凶，百事不利。

六辛之时，天上六辛为天庭，诸事不利。将兵主胜客死。

六壬之时，天上六壬为天牢，远行、入官、移徙、嫁娶等，百事皆凶，用事必出现对头。

六癸之时，天上六癸为天藏，从天上六癸出，则众人不易发现，宜远遁绝迹，不宜行一切世俗之事。

十精为使用为贵，起宫天乙用无遗。

阴阳十遁，阳遁直使起于一宫，终于九宫；阴遁直使起于九宫，终于一宫。一宫与九宫直门相冲，一、九之和为十。一宫为子，九宫为午，子午之东，阳气用事，故冬至到芒种为阳遁；子午之西，阴气用事，故夏至到大雪为阴遁。乙为日奇，丙为月奇，丁为星奇。奇门遁甲体现了天地万物的情理，三光的运行，四地的往复，阴阳的变化，如能体察此理，则用之为贵，可以出神入化。

天目为客地为主，六甲推兮无差理。

劝君莫失此玄机，洞微九宫扶明主。

天盘为客，地盘为主。以六甲为时之旬头以布奇仪，仔细推勘，万物之理尽在其中。以日辰干支论，日辰可分为五种：

宝日：干生支。如甲午、乙巳、丙戌、丙辰、戊申、己酉、庚子、辛亥、壬寅、癸卯，为上吉之日。

义日：支生干。如甲子、乙亥、丙寅、丁卯、戊午、己巳、庚辰、庚戌、辛未、辛丑、癸酉，为次吉之日。

和日：干支比和。如丙午、丁巳、戊辰、戊戌、己丑、己未、庚申、辛酉、壬子、癸亥，为次吉之日。

制日：干克支。如甲戌、甲辰、乙丑、乙未、丙申、丁酉、戊子、己亥、庚寅、辛卯、壬午、癸巳，为中平之日。

伐日：支克干。如甲申、乙酉、丙子、丁亥、戊寅、己卯、庚午、辛巳、壬辰、壬戌、癸未、癸丑，为极凶之日。

参透奇门玄机，深察九宫变化，可以借此辅佐开明有德的君主。

宫制其门不为迫，门制其宫是迫雄。

门克宫为"迫"，宫克门为"制"，门生宫为"和"，宫生门为"义"。门克宫称作门被迫，吉门被迫，则吉事不成；凶门被迫，则凶事尤甚。如开门临震三宫（金克木），休门临离九宫（水克火），生门临坎一宫（土克水）、景门临兑七宫、乾六宫（火克金），为吉门被迫，则吉事不成。如伤门、杜门临坤二宫、艮八宫（木克土），死门临坎一宫（土克水），惊门临震三宫、巽四宫（金克木），为凶门被迫，则为凶更甚。

天网四张无路走，一二网低有路通。

三至四宫行入墓，八九高强任西东。

天盘六癸所临之宫为天网四张，当视其网之高低而分别对待之。六癸临几宫，则天网高几尺。临巽四宫，高四尺，一、二、三、四尺为尺寸低，可匍匐而出；临乾六宫，高六尺；临兑七宫，高七尺；临艮八宫，高八尺；临离九宫，高九尺，六、七、八、九尺，其高过人，不可用。歌诀曰："天网四张不可当，此时用事有灾殃。若是有人强出者，立便身躯见血光。虫禽尚自避于网，事忙匍匐出六墙。假令立分丙辛日，时用隅中另四张。"春分、秋分和四立节气中丙、辛日，用癸巳时。

节气推移时候定，阴阳顺逆要精通。

三元积数成六纪，天地未成有一理。

请观歌里精微诀，非是贤人莫传与。

一节三元，即三候，每元五日，全年七十二候，共三百六十日。以干支相配，从甲子到癸亥，一轮六十日为一纪，则一年共成六纪。这种数的关系体现了理，它在天地未分之前就是存在的。这里所持的是先于事物而存在的客观唯心主义世界观。最后两句说，《烟波钓叟歌》里所说的道理微妙精深，不可以妄传非人，否则他们会用来干坏事，所以一定要传给贤明有德之人。

跋

费秉勋先生是当代陕西享誉全国的著名文化学者，享有"神秘教授"之美誉，身边人都亲切地敬称他为费老。在中国古典文学、古典哲学、古典舞蹈等领域，费老均有异于常人的卓越建树；在学界、佛界、读书界，费老都享有口碑，其声名与影响力早已穿越时空，跨越国界，成为很多人心目中的神秘偶像。

《中国古典文学的悲与美》是一部悲悯而富有质感的学术通俗著作。美中，有悲回肠荡气；悲中，有美余音绕梁。这是作者给予我们真切而富含哲理的启示。作者基于悲与美的文学底蕴，伏低身段，亲近草根，围绕两者交相辉映、相互因果及彼此消长的依存共生关系，展开生动、有趣、绘声绘色的论述。作者博闻强记，学识渊博；娓娓道来，从容不迫；条分缕析，舒缓有致；循序渐进，深入浅出；照顾话头，前呼后应；言之有物，论之有据；左右逢源，触类旁通。旁征博引像龙宫探宝，信手拈来似囊中探物。记性与悟性互补，趣味与学问共生，感性与理性同步，逻辑性与条理性完美结合，学术性与通俗性浑然一体。再难的疑点在作者笔下都能春风化雪，再神秘的面纱在作者笔下都能云破月来，再枯燥的学说在作者笔下都宛若莲花盛开。貌似老生常谈，实则别出心裁；分明义正词严，却又委婉动听；绝不耳提面命，只会循循善诱。读这类文章，会产生这样的奇妙感觉："曲径通幽处，禅房花木深""白头宫女在，闲坐说玄宗""因过竹院逢僧话，又得浮生半日闲"。总之是每次阅读，身心翼然，不啻享受精神饕餮盛宴。

老子说："玄之又玄，众妙之门。"《中国古典哲学的玄与美》涉及的便是"玄之又玄"的学问，开启的便是"众妙之门"。费老深谙"道可道，非常道"之奥妙，偏从"常道"说起，鞭辟入里，谈笑之间，纵横上下五千年，把读者的心思、心智顷刻带进一个神秘、神奇、神性的世界。那些神乎其神的现象犹如雨后彩虹，抑或海市蜃楼，亦幻亦真，玄妙里自有费老的一番奇思妙解。却原来所谓神呀、巫呀，等等，并非迷信的产物，而是先民在认识人生、认识世界、认识自然过程中的智慧归集，自有其存在的客观必然性与主观合理性。

在《中国古典哲学的玄与美》中，费老以鲜活、生动、个性的费氏语言与浅白、缜密、理性的费式思维，将中国古典哲学中玄与美的辩证关系及其内在联系阐释得明白如画、淋漓尽致。貌似蜻蜓点水，时常点到为止，却收点化之功，使读者会心一笑而心领神会。贾平凹把费秉勋誉为"贯通老人"真是恰如其分，他贯通天地人、贯通文史哲、贯通儒道释，唯因贯通，所以胸有成竹，又无障碍。谈玄说道随心所欲，天文地理如数家珍，神奇古怪举重若轻，信手拈来便是证据，脱口而出便是道理，水到渠成便是结论。

噫，这样的著作，谓之黄钟大吕真恰如其分！如听高僧说禅，三言两语就能引起人读下去的兴趣，不知不觉就能使人在阅读中获取知识，受到启迪，冷不丁醍醐灌顶，不由自主拍案称绝！典籍浩繁，他能删繁就简；叙事弘达，他能大而化之；鱼龙混杂，他能去伪存真；酸腐之论不绝于书，他能化腐朽为神奇。在此书中，每篇文章貌似各自独立，实则一以贯之，一脉相承。用阎振俗先生的话说："放下来一堆堆，提起来一串串。"那就是"玄"与"美"呀！用白居易的诗句来形容，可能更妥帖——"嘈嘈切切错杂弹，大珠小珠落玉盘"！智慧之光聚集而闪烁，使读者不能不惊呼：中国古典哲学，玄是玄了些，但真美！

出版《中国古典哲学的玄与美》正当其时。费老既摒弃了酸腐论者炒剩饭式误人子弟的拾人牙慧之论，又屏蔽了浅薄学者人云亦云蛊惑人心的迷信之说。在史海钩沉中有所甄别，又有所鉴赏，在中西结合中有所扬弃，又有所侧重。既保持学术的严肃与清醒，又保持思想的独立与深邃；既揭开神秘的面纱使人耳目一新，又拂去迷信的灰尘使人若有所思、若有所悟。于此，已见费老的良苦用心；于此，中国古典哲学之美大放异彩。但愿并相信，此书出版后能开启读者心门，给读者内心世界注入文化自信的清流，并使之转化为文化自美与自觉。

阅读《中国古典舞蹈的韵与美》，不能不拍案惊奇！中国古典舞蹈源远流长，其本身所具有的历史魅力、所携带的文化信息、所凝聚的审美意识、所生成的生命元素、所伴随的时代节奏，在此书中熠熠生辉，俯拾即是，一览无余！

果然费秉勋！中国古典舞蹈在他的笔下，就像恐龙被复活了一般，不但令人眼界大开，而且令人脑洞大开，不知不觉便步入了神话般舞蹈艺术的历史长廊。费老质朴、耐读的文字就像蝴蝶翻飞，既唤起旷古幽远的历史记忆，又焕发出返老还童般的亘古生机。却原来舞蹈在漫长的中国文明里川流不息，像浪花飞溅，像波涛涌现，像贝壳散落学海书山。古老的舞蹈，并不新奇，却在费老笔下显得如此神乎其韵；似乎司空见惯，却在费老笔下别有韵致；好像稀松平常，却在费老笔下余韵袅袅。政治、经济、文化，都被舞蹈包藏，又被舞蹈神化，更被舞蹈展现得淋漓尽致。

这样的文字，这样的叙事，这样的论说，任是对古典舞蹈一无所知，也能感知个中玄奥，也能窥视个中真相，也能觉悟个中妙谛。如此见微知著，如此举一反三，如此从容淡定，非博览群书不能游刃有余，非见多识广不能纵横捭阖，非才思敏捷不能得心应手，非神来之笔不能异彩纷呈。作为饱学之士，费老抱有古典审美情怀，人在低处赏心悦目，神在高处优游抒情，疏通舞蹈源头几无遗漏，爬梳历史细节几无遗留，把旮旯拐角的遗珠都归集于笔端、纸上，而付诸字里行间。他天生异禀，世事洞明，奇思妙想里有灵性飞动，取材如囊中探物，引证如顺手牵羊，解说如庖丁解牛。阅读不知不觉中变成悦读，审美细胞瞬间被激活，想象空间不留神被拓宽，眼前豁然一亮，直如"云破月来花弄影"——古典舞蹈之大美如莲花盛开。"留连戏蝶时时舞，自在娇莺恰恰啼"，真真口吐莲花也！

文学、哲学、舞蹈三位一体，你中有我，我中有你。草蛇灰线，伏脉千里，始终贯穿着费老特立独行的古典审美思想，统称之为"费秉勋古典审美三部"，是再妥帖莫过了。他的审美宽度、高度、深度，以及厚度、温度、角度，非常人能企及，乃时人所折服，可谓一枝独秀，堪称万绿丛中一点红。好有一比：雨后初霁，虹卧云霓，"落霞与孤鹜齐飞，秋水共长天一色"。噫，美哉！费老既为"贯通老人"，费老"审美三部"贯通来读，岂不妙哉！

孔　明

2023 年 9 月 8 日